HY COLLECTION 031

글로벌 개발 임팩트 투자

GLOBAL DEVELOPMENT IMPACT INVESTMENT

이 저서는 2016년 정부(교육부)의 재원으로 한국연구재단의 지원을 받아 수행된 연구임(NRF-2016S1A6A4A01018108)

글로벌 개발 임팩트 투자

GLOBAL DEVELOPMENT IMPACT INVESTMENT

주성수 지음

한양대학교 출판부

서문

'아무도 굶주리지 않는 세상'의 역사 만들기

개발협력은 그간 '원조 패러다임'에 의존해왔다. 원조국과 국제기관과 자선단체 그리고 시민들의 선의적 기부로 개발이 가능했다. 그 덕분에 MDGs, SDGs가 추진되어 작으나마 의미있는 성과를 낼 수 있었다. 처참한 빈곤과 질병에서 다소 벗어나고 가난한 집 소녀들도 점차 학교 문턱을 넘을 수 있게 되었다.

그런데 그간의 자원과 역량만으로는 개발이 커다란 결실을 맺지 못한 게 사실이다. 이 때문에 MDGs의 바통을 이어 받아 SDGs가 추진되었다. 그럼 SDGs는 무슨 돈으로 "단 한 명도 굶주리지 않게 하겠다"는 믿기 어려운 목표를 제시하는가? 총 대신 빵을 늘려야 하고, IT혁명에 녹색혁명도 결합되면 해볼 만하지 않을까.

또 과소비, 낭비로 버려지는 식량도 많고 투자처를 몰라 잠자는 자본도 엄청난 것이 지구적 현실이다. 게다가 선진 경제국과 소비자들의 과잉생산과 과소비로 지구를 오염시켜, 가뭄, 홍수, 폭염 등 기후변화의 피해는 빈곤층에 가장 많이 쏠리는, '지구적 불의'(global injustice)가 지속되고 있다.

새로운 '임팩트 투자'는 기후변화 완화 등 개발협력에 '투자 패러다임'의 등장을 알리고 있다. 임팩트 투자는 스마트 투자로 긴요하게 투자할 만한 사업에 잘 투자해 자본을 잘 굴리며 좋은 임팩트를 생산하는 사업에 더 많이 투자하는 지속가능성을 키워간다. 선도적인 원조기관과 자선기관들도 이제 부족한 원조를 보충하는 임팩트 투자를 해서 개발 임팩트가 달성되면 원금을 회수해 다른 좋은 사업들에 지속적으로 투자한다. 재정적, 사회적 지속가능성, 두 마리 토끼를 잡아가고 있다.

최대 원조국들에서는 매년 상당한 원조금을 제공하고도 잘했다는 칭찬보다는 빈곤 해결을 왜 못하느냐는 질책이 끊이지 않는다. 국민의 세금을 얼마나 잘 썼는지, 의회 감사도 시민사회 감시도 심해졌다. 이제 개발의 임팩트를 생산하지 않는 개발 사업은 세금을 쓸 생각조차 말라는 얘기들이 정치적 비판으로만 들리지 않는다. 긴축 재정의 현실에서 뉴 노말, 새로운 상식이 되고 있다.

영국과 미국을 선두로 EU 국가들도 이제 국민세금의 '금전의 가치'를 정책과 사업의 결과와 임팩트를 생산하는 전략 추진에 몰두하고 있다. 해외 원조금뿐 아니라 국내 사업비 지출에서도 계획된 결과와 임팩트를 낼 때만 약속된 자금을 결제하는 '결과지불' 제도가 공공기관에서 다양하게 개발되어 시행되고 있다.

우리나라에도 이런 글로벌 동향을 잘 파악해 정책과 사업에 응용해볼 만한가? 글로벌 임팩트 투자가 G8에서 이제 G20로 세계화되면서 우리 정부도 임팩트 투자 준비를 서두르고 있다. 사회적경제 분야부터 임팩트 투자의 활성화를 위해, 민간투자가 앞서고 공공투자가 뒷받침되는 사회적금융의 생태계를 조성하고 있다.

저자는 2017년 저서 『사회적경제와 사회적 임팩트』를 통해 사회적경제에 대한 임팩트 투자 정책을 설명했다. 이번에는 개발협력에도 임팩트 투자가 활성화되어 개발협력의 임팩트가 레버리지 되길 바랄 뿐이다. 2016년 KOICA의 〈사회적경제 접근의 혁신적 방안〉 연구를 시작으로, 같은 해 교육부가 지원한 〈개발 임팩트 투자〉 3년 연구의 결과로 이 책이 나오게 되어 기쁘게 생각한다.

2019년 노벨경제학상을 수상한 '빈곤 경제학'(Poor Economics) 교수들의 빈곤퇴치 사례들이 포함된 임팩트 프로젝트뿐 아니라 혁신적인 개발 임팩트 투자 사례들도 이 책에 담겨 있다. 또 주요 원조국과 국제기관들의 임팩트 투자 정책과 전략들을 참고하는 의미도 적지 않다. 이 책은 개발협력 전공자나 학위과정생, 정책 관리자들이 참고할 만한 전공서적이라 생각한다.

한양대학교에서 작년에 정년을 하고 명예교수로 있지만, 한양대학교 출판부 선생님들이 다시 수고해주셔서 감사하게 생각한다.

2020년 새해 아침에

저자 주성수

차례

제1장

개발 임팩트 투자 패러다임

1. 개발 임팩트와 사회적 임팩트

1) 개발 임팩트 투자란?

'개발 임팩트 투자'란 개발협력 분야의 임팩트 투자를 의미한다. '임팩트 투자' 개념은 2007년 록펠러 재단이 처음 소개해, 공공선을 위한 민간시장의 활성화 환경 조성을 위한 투자로 관심을 모았다. 개발협력 분야의 임팩트 투자는 "사회적, 환경적 재화를 생성하고 투자자에게 최소한 원금을 돌려주는 비즈니스와 기금에 투자하는 자본"으로 정의한다(UNDP 2014: 10).

개발협력에서 '임팩트 투자'에 대한 관심은 최근의 일이다. 2011년 부산 회의에서 "민간 부문은 부와 소득과 일자리를 창출하고 국내 자원을 동원해 빈곤 감소에 기여하는 핵심적인 역할"을 한다는 〈효과적인 개발협력을 위한 파트너십〉 발표문은 이제 보편적인 인식으로 정착되고 있다. 회담에 참석한 힐러리 클린튼 미국무장관은 "우리는 원조에서 투자로, 즉 실체적인 수익을 내도록 타깃을 맞춘 투자로 우리의 접근과 사고방식을 전환시켜야 한다"고 역설하였다. 그녀는 "ODA는 개도국에 유입되는 자원 중 아주 작은 일부분에 지나지 않기 때문에 ODA를 어떻게 잘 활용할 것인지를 달리 생각해봐야 한다"며 혁신과 변화를 주문했다. "개발원조가 개도국에 투자하는 기업들이 당면하는 리스크를 줄이고, 지역의 중소기업에 파이낸싱을 하도록 접근을 확대시키며, 투자에 구조적 장애물을 제거하고, 지방정부들이 지역에서 역량을 강화하도록 기술지원을 제공하는 역할을 할 수 있다"고 강조하였다.

한편 영국 고든 브라운 총리는 일찍이 2007년 UN에서 다음과 같이 강조하였다. "우리의 목표는 아무리 잘 계획되어도 정부 단독으로 달성될 수 없고, 아무리 넉넉한 자금지원이 이뤄져도 민간 부문 단독으로도 할 수 없으며, 아무리 대단한 의미가 있거나 결단력을 갖고 있어도 NGO 단독으로 이뤄질 수 없다. 함께 하는 진정한 파트너십만으로 달성될 수 있는 것이다"(UN 2013: 5). 정부-기업-NGO 삼자 파트너십을 강조한 것이다.

이같은 여러 글로벌 배경에서 2013년의 G8 〈사회적 임팩트 투자 회담〉이 지금의 개발 임팩트 투자의 역사에서 기념비적 이정표가 되었다. 사회적 임팩트 투자(social impact investment: SII)가 G8 정상회담의 의제가 되면서 국제적인 이니셔티브들이 줄지어 시행되어 왔다. 2008년 글로벌 금융위기가 확대되면서 자본주의 경제에 대한 회의, 특히 탐욕스런 민간 자본에 대한 비난이 많았던 분위기에서 새로운 혁신적 변화가 모색된 것이다.

사회적 임팩트 정상회담은 일회로 그친 형식적 회담은 아니었다. TF가 조직된 이후 G20의 임팩트 투자 협력을 위한 글로벌 임팩트 투자 플랫폼

(http://gsgii.org/)이 조직되어 연구와 개발, 임팩트 투자 시장의 활성화와 생태계 조성, 정부와 기업 등 다양한 민관 파트너십의 개발 등 인프라와 생태계 구축 단계에 진입해 있다.

2013년 회담 결과로 제시된 〈임팩트 투자: 보이지 않는 시장의 심장〉 보고서는 임팩트 투자를 '새로운 패러다임'으로 제시한다(GSG 2014: 1).[1]

> 세계는 지금 가장 심각한 사회문제들을 해결하는 방법에서 일종의 혁명적 순간에 와 있다. 이같은 혁명을 주도하는 동력은 사회적 개선을 이끄는 기업가정신, 혁신, 그리고 자본을 동력화하는 '사회적 임팩트 투자'이다. 사회적 임팩트 투자는 이미 여러 분야에서 두드러진 진전을 이뤄내고 있다. 전과자 재범율 감소, 아동보육과 노인요양, 지역사회 재생, 금융적 포용, 주택 등이 대표적인 분야들이다. 사회적 임팩트 투자는 개발국뿐 아니라 개발도상국에서도 상당한 혜택을 창출하는 잠재력을 갖고 있다.

또 OECD의 〈개발협력 보고서 2014〉에 따르면 다음과 같은 새로운 개발협력 패러다임 이동이 진행되고 있다(OECD 2014a: 28).

첫째는 원조로부터 개발협력으로의 변화다(from aid to development co-operation). 전통적인 북-남(North-to-South) 접근법이 보편적인 '우리 모두가 함께 있다'는 새로운 접근법으로 바뀌며, 남반부에 문제가 있고 북반부에 해결책이 있다는 접근법이 아니라 남-북 어디서나 문제도 해결방법도 있다는 사고방식으로의 변화이다. OECD DAC 회원국의 ODA가 가장

---

1 http://gsgii.org/wp-content/uploads/2017/05/Impact-Investment-Report.pdf

비중있는 개발협력의 지원금으로 남아 있지만, 새로운 기여자들이 등장해 ODA 영역에 새로운 변화가 일고 있다. 단일의 국민소득(GNI) 대비 가장 많은 ODA를 제공하는 국가는 아랍 에미레이트로 DAC 회원국은 아니다. 또 남-남 개발협력의 확대, BRICS 개발 은행 등 새로운 다자 이니셔티브들의 등장도 주목할 만한 새로운 변화이다.

둘째는 공여자에서 제공자로 변화다(from donor to provider). 개발협력의 제공자는 이제 더 이상 자선적 '공여자'가 아니라, 다양한 유형의 지원(기술협력에서부터 양허적 펀딩과 다른 많은 유형의 글로벌 재화의 실행주체에 이르기까지) 제공자이다. 복합적인 제공자들의 참여와 기여로 지구 전체적으로 더 많은 혜택이 제공되고 있다.

셋째는 수혜자에서 협력자로 변화다(from recipient to partner). '수혜국가'로 불리는 많은 국가들도 이제는 개발협력의 제공자이자 주관국 역할을 하고 있다. 포스트-2015 어젠다에는 모든 국가들이 공동의 이해에 기반해 국가의 역량에 따라 서로 차별화된 책임을 갖는 파트너십을 통해 글로벌 목표들을 달성할 것을 요청하고 있다.

2) 사회적 임팩트 투자의 발전

'개발' 임팩트 투자(development impact investment)에 대한 이해는 해외의 개발협력에 필요한 임팩트 투자에 앞서 국내에서 진행된 '사회적' 임팩트 투자(social impact investment)에 대한 이해가 선행될 필요가 있다. 영국, 미국, 호주 등 G8 선진 원조국은 국내의 '사회적' 임팩트 투자를 해외의 '개발' 임팩트 투자로 확장하는 강력한 동향을 보여준다. 한국 또한 국내 사회적 임팩트와 개발 임팩트 투자를 서서히 준비하는 단계에 있다.

(1) 사회적 투자와 임팩트 투자

'사회적 투자'(social investment)란 무엇인가? '사회적 투자'는 소셜 섹터(social sector) 조직들에게 사회적, 재정적 수익을 공급하는 역량을 제공하는 자본을 제공하는 것이라 정의한다.[2] 2013년 G8 〈사회적 임팩트 투자 회담〉은 이렇게 정의하며, 사회적 투자는 소셜 섹터 조직의 수입 펀딩(revenue funding) 또는 자본 투자(capital investment)로 구분한다. '수입 펀딩' 지원으로 소셜 섹터 조직은 계획된 산출 또는 결과를 생산할 수 있는 역량을 갖추게 된다. 펀딩으로 일상의 활동을 위한 운영비로, 정규적인 서비스 공급과 시행중인 프로젝트 비용으로 충당될 수 있다. 또 '자본 투자'로는 조직의 사회적 미션을 달성하는데 필요한 장기적인 역량 구축을 위한 금융으로 투자된다.

사회적 투자는 상환 가능한 투자이며, 원금과 함께 수익으로 상환될 수 있다. 소셜섹터 조직들이 소득을 창출하는 새로운 또는 기존의 활동들을 개발할 수 있는 자본이 사회적 투자이다. 이런 활동들이 수익을 창출하면 투자자에게 상환할 수 있는 여유가 발생한다. 소셜 섹터 조직들은 상업거래, 공공서비스 공급 용역, 증여, 기부 또는 이런 유형의 다양한 파이낸싱의 복합으로 수익을 창출할 수 있다. 소셜 섹터 조직들로는 비영리단체, 사회적기업 등이 대표적인 조직이다. 사회적기업은 사회적, 환경적 문제들을

---

2 소셜 섹터에 대해서는 주성수(2017) 제1장을 참조.

해결하면서 지역사회에서 주민의 삶의 질을 개선하는 활동을 하는 비즈니스 활동을 한다.

'사회적 임팩트 투자'(social impact investment: SII)는 측정가능한 사회적, 금융적 수익에 대한 명확한 기대를 갖고 있는 조직들에게 제공되는 금융이다. 공공 자금만으로 사회문제를 해결하고 사회서비스를 제공하는데 한계가 있기 때문에 민간부문의 SII의 중요성은 점차 증대되고 있다. SII에는 공적 혜택을 주는 재화와 서비스의 제공에 기여하는 민간투자가 늘고 있다. 투자자들은 시장 수익을 생산할 수 없는 조직들을 위한 펀딩을 제공하는 투자자로부터 재정수익과 사회적 임팩트에 대한 관심을 갖고 있는 전통적인 투자자에 이르기까지 다양하다. 투자자 또는 투자기관은 사회적 책임에 전혀 관심이 없는 투자로부터 사회적 책임에 대한 관심의 단계를 거쳐 환경적, 사회적, 거버넌스(ESG) 관심으로 진전하고 있다. 최근에는 임팩트 투자에 대한 관심으로 넘어오면서 환경적, 사회적, 거버넌스 기회를 추구하는 적극적인 투자, 나아가 객관적인 자료로 측정가능한 높은 임팩트의 해결에 대한 투자까지 진전되고 있다.

지난 십여년 새에 SII가 증대한 데에는 여러 배경 요인들이 있다. 먼저 시대적 배경으로 개인과 사회적 책임을 수행하는 기관들이 지역사회, 국가, 글로벌 차원의 사회문제 해결에 대한 관심과 사회공헌 활동의 확대를 우선 꼽을 수 있다(OECD 2015a: 13). 또 2008년 금융위기 이후 지속되는 경제위기 상황도 각국과 글로벌 차원의 사회문제 해결에 관심을 고조시켰다.

2008년의 금융위기는 자본주의에 대한 문제제기와 함께 '사회적'(social) 가치와 임팩트의 중요성을 글로벌 차원으로 확산시킨 시대적 전환점이 되었다. 유럽이사회(EC 2018: 84)에 따르면, "글로벌 금융위기로 (청년) 고용과 경제적 산출의 대규모 상실이 발생해 소득 배분과 성장의 포용성에 금융의 긍정적 영향에 대한 의문이 제기되었다." 이런 문제들을 반영해 보다 공정한 유형을 건설해 사회 부문을 강화하는 목표가 EU 등 주요국의 우선 전략이 되어 왔다. 유럽 사회적 권리 증진(European Pillar of Social Rights) 계획이 2017년 공표되며 '사회적' 가치와 임팩트를 강화하는 정책이 추진되었다. 평등한 기회와 노동시장 접근, 공정한 노동조건, 사회적 보호와 포용이 그것이다.

각국 정부와 국제기관들도 다양한 해결방안을 모색하고 있다. 전통적인 기관 중심의 공적 접근법을 보완하는 민간 참여의 사회적 투자 활성화에 기대하며 다양한 지원정책들이 추진되었다. 그 중 대표적인 정책이 사회적기업 육성정책이다. 1980년대 이후 지난 수십년간의 사회적기업의 활성화로 지금의 SII의 활성화가 가능해진 것으로 볼 수 있다(Noya 2009; EC 2013).

이제는 기업들도 SII에 대한 실천으로 동참하는 추세이다. 전문가들은 사회적, 환경적 요인들이 기업의 바톰라인(bottom line)에 영향을 미치며 비즈니스, 시장, 경쟁에서 주요한 요인들로 제기된 것으로 분석한다(Porter and Kramer 2011). 전통적인 시각에서는 사회적, 환경적 목표의 추구는 재정수익의 감소와 유사한 형태의 트레이드오프(trade-off)가 발생한다고 보았다. 그런데 이제 기업들은 시장 경험을 통해, SII가 재정수익과 사회적 수익, 양자 모두를 생산할 수 있다는 인식을 갖게 되었다.

(2) 사회적 임팩트 투자의 발전

'사회적 임팩트'의 성장은 '사회적 임팩트 투자'(social impact investment: SII)의 성장으로 진전되고 있다. OECD의 2015년 〈사회적 임팩트 투자〉 보고서는 SII가 경제위기를 극복하고 사회적 혁신을 갖다줄 수 있는 대안으로 제시한다. 사회적 문제들이 다양하게 제기되며 심화되는 상황에서 정부의 긴축재정 압력이 심하게 가해지면서 SII의 필요성이 더욱 높다는 것이다. SII는 "측정가능한 사회적, 재정적 수익에 대한 확고한 기대로 사회적 욕구 충족에 활동하는 조직들에 대한 금융의 제공"이라 정의되고 있다(OECD 2015a: 12). 또 "혁신적 해결방안에 재정, 공급, 규모 확장을 할 수 있는 새로운 형태의 민관 파트너십(public and private partnership: PPP)"을 비롯해, 사회적, 경제적 도전들을 해결하기 위한 공공 및 민간 자본을 효과적이고 효율적으로 배분하는 새로운 방법들을 제공할 수 있는 잠재력을 갖고 있다고 평가한다(앞글: 12).

지방, 국가, 글로벌 차원에서 사회적 문제들을 해결하는 혁신적 방안들에 대한 개인과 기관 투자자들의 관심 증대 등 다양한 요인들이 SII의 성장 가능성을 높여주고 있다. 특히 정부는 민간 부문의 모델들이 새로운 혁신적 접근법을 제시해 줄 것으로 기대하며 새로운 효과적인 민관 파트너십 방안을 모색하고 있는 중이다.

또한 G7과 호주 등 각국의 국가자문위원회 보고서들도 임팩트 투자의 새로운 혁신의 패러다임 등장을 환영하는 정책 전망을 제시한다. 영국의 국가자문위원회 보고서는 다음과 같이 강조한다(UK National Advisory Board 2014: 25).

> 사회적 임팩트 투자는 사회적 욕구를 지속가능한 방법으로 충족시키는데 도움을 주는 잠재력을 갖고 있다. 강력하며 다양한 사회적 임팩트 투자 시장을 구축해 공급되는 사회적 결과물들이 지속되고 성장할 수 있도록 보장해준다. 영국은 아직 강력한 대규모의 사회적 임팩트 투자 시장을 갖고 있지

않지만 사회적 임팩트 투자의 혁신에서는 국제적으로 주도적인 역할을 수행해왔다.

임팩트 투자는 특히 주류 투자자들의 투자에 결정적으로 의존할 수밖에 없다. 임팩트 투자가 성장을 지속하면서도 주류 투자자들의 참여가 부진하면 성장에는 한계가 있기 때문이다. 세계경제포럼(World Economic Forum 2013)은 이런 진단에서 임팩트 투자의 진전을 점검한 결과, 임팩트 투자의 주변에서 주류로의 성장을 낙관적으로 전망한다.

새로운 혁신적인 SII 접근법들은 전통적인 공공부문의 핵심적인 역할 또는 자선기관의 역할을 대체하는 것은 아니다. 시장기반의 자본 활용의 접근법으로 사회적 임팩트를 확대시키는 새로운 모델을 제시하는 보충적인 역할을 하는 것이다. 경제위기와 긴축재정의 시대에 가장 이슈로 부각되는 것은 사회서비스를 효과적, 효율적으로 제공할 수 있는 사회적경제 조직의 재정확보 방안이며, 이를 위해 SII가 뒷받침될 필요가 있다.

가장 혁신적인 사업을 운영하는 것으로 평가받고 있는 사회적기업이 당면하는 가장 심각한 문제도 안정적인 재정확보에 있다. 사회적기업은 일반적으로 재화와 서비스 판매를 통한 시장자원과 정부의 지원금과 민간의 기부나 투자 등 비시장 자원, 자원봉사자의 비금전적 자원에 의존하고 있다. 정부, 재단 등의 보조금(grant)이 사회적기업의 초기 정착 단계에 필요하지만, 보조금은 사회적기업이 점차 규모와 시장 역량을 구축함에 따라 감소될 수 있다. 사회적기업이 재정적 지속가능성을 확보하기 위해서는 장기적인 기금이 필요하다. 사회적기업은 독자적으로 자체 재정조달이 어렵지만 공공혜택을 제공하고 그럼으로써 공공비용을 절감하는 여러 영역에서 더 많은 재원이 필요하다(앞글: 25).

사회적기업이 추가적인 재정을 확보하기 위해서는 사회적기업의 성장 단계별로 필요한 다양한 민간시장의 금융상품들이 뒷받침될 필요가 있다. 그간 핵심적인 금융상품은 융자(loan)인데, 사회적기업에게는 은행 등 금융기관의 거부로 융자기회가 제공되기 어려운 환경이다. 그래서 SII와 같은 새로운 금융수단이 제시되어, 이제 막 성장 단계에 접어들고 있다. OECD(2015a: 25)에 따르면, 강력한 사회적 임팩트를 가질 수 있는 사회적기업을 지원하기 위한 적극적인 투자 선택에 초점을 맞춘 SII에 대한 관심과 활동이 성장해, 사회적기업의 규모 확대와 성장에 기여할 것이다.

3) 글로벌 임팩트 투자의 성장

(1) 사회적 임팩트 투자의 성장세

SII 시장의 규모는 2011년부터 글로벌 서베이를 시행해온 J.P. Morgan과 GIIN의 조사결과를 참고해볼 수 있다. 2014년 핵심 임팩트 투자자, 125명의 펀드 매니저, 재단, 기관 투자자, 개발금융기관을 대상으로 조사한 보고서에 따르면(GIIN 2014), 이들이 집합적으로 2013년 한해에 460억 달러의 임팩트 투자를 해서 2012년에 비해 10% 성장세를 보여주었다. 또 거래량으로는 20% 증가하였다. 2014년에는 2013년에 비해 7% 성장세를 보였고 또 거래량으로는 13% 성장했다.

또 2014년 조사결과 자신들의 포트폴리오 대부분이 임팩트 기대치와 재정수익 기대치를 달성한 것으로 나타났다(J.P. Morgan, Global Social Finance 2015). 각기 71%와 78%로 비교적 높은 편이며, 기대치 이상의 사회 임팩트와 재정 임팩트를 창출한 비중도 각기 27%와 14%에 달한다(앞글: 8). 반면에 기대치 미만의 성과를 낸 포트폴리오는 사회 임팩트에서 2%, 재정수익에서 9%에 지나지 않았다. 한편 펀드 매니저들은 2014년에 47억 달러를 조성했고, 2015년에는 71억 달러를 조성할 계획이다. 펀드 매니저들에 따르면 현행 SII 관리자산 중 가장 많은 비중을 차지하는 순서는 복수의 금융기관/은행이 32%로 가장 높고, 다음으로 연금기금 또는 보험사(19%), 개발금융기관(18%) 등이다(앞글: 10).

(2) 글로벌 임팩트 투자의 현황과 전망

지난 몇 년 기간에 걸쳐 개발 임팩트 투자는 급성장하며, 더욱 성장할 것으로 내다보인다. 글로벌 차원의 임팩트 투자 동향은 GIIN의 〈연간 임팩트 투자 서베이(Annual Impact Investment Survey)〉를 살펴보면 〈그림 1-1〉과 같다. 2017년까지 누적 2683억 달러가 투자되었고, 향후 2018~2020 기간에 74%가 추가 투자될 것으로 예측된다. 수혜자는 2018년 5억 6895만 명으로 추산되면 2020년까지 연평균 16% 증가해 2020년이면 7억 6000만 명 이상이 수혜자가 될 것으로 추산된다.

또 임팩트 투자 수혜층 중 북미나 유럽보다는 개발협력 분야가 되는 아시아, 아프리카, 남미가 다수를 차지한다. 2017년 현재 4억 1000만 명의 수혜자 중 사하라이남 아프리카 9500만 명, 아시아 전체가 1억 3700만 명, 남미가 6600만 명 등 비서구 지역이 3억 가량에 달한다(KPMG 2018: 11).

글로벌 수혜층 중 2017년 기준, 보건의료가 8600만 명으로 가장 많고, 에너지 6200만 명, 포용적 금융지원이 5000만 명, 식량농업 2000만 명, 주거 400만 명, 교육 100만 명 등이다. 또 2010년까지 가장 많은 임팩트 투자

그림 1-1 글로벌 임팩트 투자의 성장 (2012-2020)

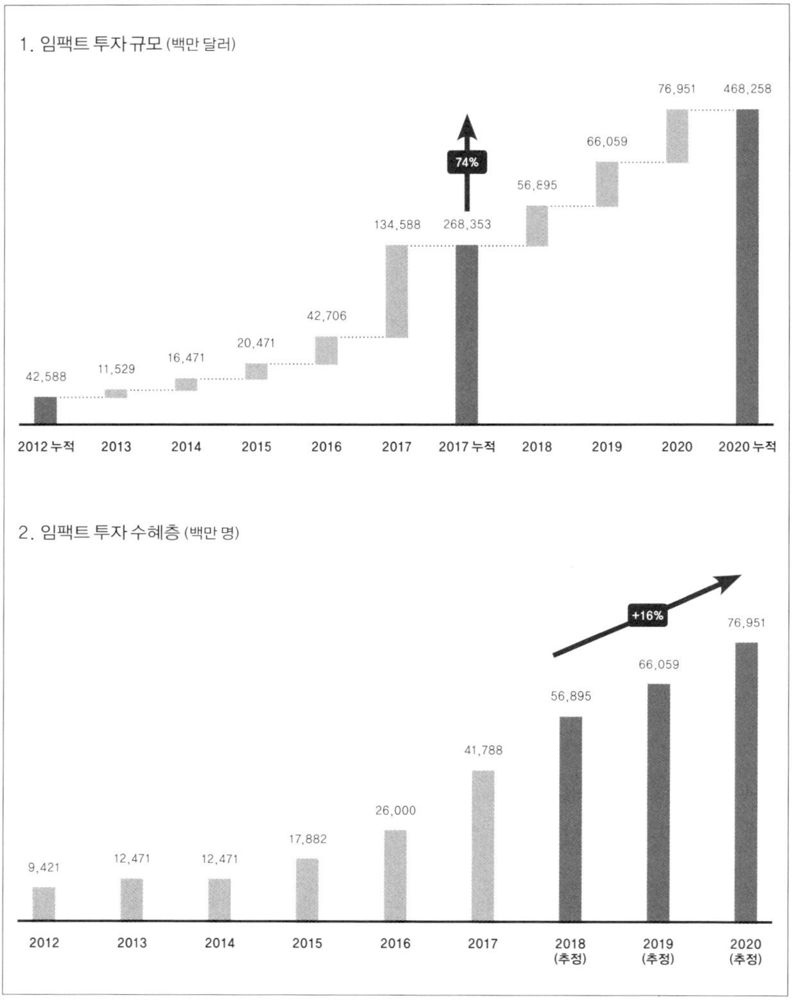

자료 GIIN, 2018; KPMG 2018.

혜택을 누리는 수혜층도 보건의료(1억 9800만 명), 에너지(1억 1800만 명), 포용적 금융(8500만 명), 식량농업(5100만 명), 주거(900만 명), 교육(400만 명)으로 예측되고 있다(KPMG 2018: 8).

2. 사회적 임팩트 투자

1) 사회적 임팩트 투자의 의미

(1) 사회적 임팩트 투자의 개념정의

'사회적 임팩트 투자'(social impact investment: SII)는 "사회적 영역에서 도움이 필요한 수혜층을 타깃으로 하는 투자자와 투자처 사이의 거래"로 정의할 수 있다(OECD 2015a: 55). 대상이 되는 수혜층은 취약인구이며 제공되는 재화는 공적, 사적 재화의 특성이 혼합된 것이어야 하며, 이같은 거래는 일반적으로 중간지원조직을 활용해 이뤄진다. 거래의 투자처는 최소한 자체 정관상에 사회적 활동의 의무적인 리포팅 규정을 두고 있고, 공식적인 사회적 임팩트 평가를 제공해야 한다. 마찬가지로 투자자는 최소한 SII에 관한 의무적인 리포팅 규정을 두고, 시가의 수익 이상이 아니라 마이너스가 되지 않는 수준의 수익을 기대한다(실제로 수익이 시가 이상이 될 수는 있다).

'임팩트 투자' 개념을 최초로 소개한 록펠러 재단이 설립한 글로벌 임팩트 투자 네트워크(GIIN: Global Impact Investing Network)는 임팩트 투자는 "기업, 조직, 펀드가 재정적 수익 이외에 측정가능한 사회적, 환경적 영향을 생성하기 위한 의도를 가진 투자"라 정의한다. 여기에서 '의도'란 일반적으로 '사회적 책임 투자'(socially responsible investment : SRI)와 구분되는 특징인데. SRI는 '단일 바텀라인'(single bottom line)이 되는 수익(profit)을 추구하면서 사회적 또는 환경적 피해주기를 회피하는 것으로, 임팩트 투자와는 근본적으로 다른 투자이다.

한편 GIIN은 임팩트 투자에서 선도적 역할을 수행한다. 개인 투자자와 서비스 공급자는 인프라와 시장 차원의 문제들을 단독으로 해결할 역량을 갖추지 못한 한계가 있다. GIIN은 비영리기관으로 임팩트 투자의 규모와 효과성 증진을 위해 2009년 록펠러 재단이 설치하였다. GIIN의 프로그램 어젠다는 투자자들이 당면하는 문제들에 기반해서 임팩트 투자 시장에 장애가 되는 시스템 차원의 장애요인들을 규명해 문제해결을 위한 포럼을 제공해준다.[3]

이상과 같이 임팩트 투자의 의미는 의도성, 수익보장형 투자, 수익기대치와 자산 유형의 범위, 세 가지 특면에서의 특성을 정리해볼 수 있다(GIIN 홈페이지).[4]

첫째는 의도성(Intentionality)이다. 투자를 통해 투자자들이 사회적, 환경적 임팩트를 생산하려는 의도가 임팩트 투자의 핵심 요소가 된다. 필수적인 재화와 서비스에 대한 이용 접근을 확대시키고 사업운영을 통해 긍정적인 임팩트를 생산하는 기업과 펀드에 임팩트 투자가 이뤄지는 것이다. 취약층의 금융서비스, 교육, 보건, 주택, 양질의 일자리에 대한 이용 접근을 확대시키는 임팩트 투자에 투자자본이 활용될 수 있다. 또 기후변화와 환

3 http://www.thegiin.org/cgi-bin/iowa/investing/index.html

4 https://thegiin.org/impact-investing/

경적 재난의 피해를 완화시키는 사업에도 임팩트 투자가 이뤄질 수 있다. 임팩트 투자는 개도국이나 선진경제국 어디서나 가능한 사업이다.

둘째는 수익보장형 투자이다. 임팩트 투자는 최소한 자본금의 회수가 이뤄지는 자본에 대한 재정수익을 보장한다. 증여(grants)는 일반적으로 임팩트 투자는 아니지만 임팩트 투자에 중요한 역할을 한다. 초기 비즈니스 모델을 인큐베이팅 하는 역할을 해서 크레딧 개선 지원, 기술지원 또는 필요한 연구와 개발(R&D)에 대한 펀딩이 가능하다.

셋째는 수익기대치와 자산 유형의 범위이다. 임팩트 투자는 시장수익 이하의 양허적 수익으로부터 리스크 조정의 시장가격에 이르는 범위의 수익을 생산한다. 임팩트 투자는 현금, 고정 소득, 벤처 자본, 개인 주식 등 다양한 자산 유형으로 이뤄질 수 있다. 임팩트 투자자는 보증금 등의 촉진 수단을 통해 수수료를 얻을 수도 있다. 임팩트 투자자들의 수익 기대치와 도구들이 그들의 의도를 반영하며 투자의 경제학 원리로 작용된다. 일부 투자자들은 고위험의 초기단계 사회적기업을 지원하는 투자를 할 수 있고, 다른 일부는 시장가격에 근접하는 수익을 기대하고 검증된 비즈니스 모델의 확대를 파이낸싱하는 투자를 선택할 수 있다.

(2) 사회적 임팩트 측정

임팩트 투자의 핵심은 투자자의 투자를 측정해 사회적, 환경적 성과와 목표 달성도를 보고하는 일이다. 임팩트 측정은 이같은 투자의 투명성과 책무성을 보장해, 임팩트 투자의 실행 상태를 알리며 임팩트 투자의 섹터를 구축하는 역할을 한다.

투자자의 임팩트 측정의 접근법은 목표와 역량에 따라 다양하게 나타난다. 어떤 목표를 측정할 것인지를 선택하는 일은 투자자의 목표와 의도에 달려 있는데, 일반적으로 임팩트 투자를 위한 모범적인 임팩트 측정 요소들은 다음과 같다(GIIN 홈페이지).

a) 이해관계자들에게 사회적, 환경적 목표들을 설정해 알린다.

b) 표준화된 메트릭스를 활용해 목표와 관련된 성과 메트릭스/타깃을 설정한다.

c) 이같은 타깃을 기준으로 투자처의 성과를 모니터링하고 관리한다.

d) 사회적, 환경적 성과를 이해관계자들에게 보고한다.

2) 사회적 임팩트 투자 시장

(1) 임팩트 투자자와 수요기관

SII는 재정적 수익을 내는 투자라는 점에서 증여와는 다른 특성을 갖고 있다. 증여는 재정적 수익을 기대하지 않는 단순한 기금의 제공으로 이뤄진다. 그런데 기업재단 등에서 시행하는 프로그램 관련 투자(program-related investment: PRI) 또는 미션 관련 투자(mission-related investment: MRI)는 SII 유형으로 분류된다.

지금의 SII 시장으로 성장하기까지 역사적으로 민간 재단들이 증여, PRI, MRI 등을 통해 결정적으로 중요한 역할을 했고, 또 개인과 가족 투자자들도 크게 기여하였다(Martin 2013: 6). 은행과 연금기금 등 대형 금융투자기관들은 이제 점차 시장에 진입하는 단계에 있다. SII는 투자의 세계를 거대한 공공재화의 세계와 조율하는 강력한 아이디어가 되며, 언론의 상당한 관심을 모으고 있다. 전문 투자자, 특화된 기금, 정부들이 SII의 주요 자본 제공자 역할을 하고 있다. 이들의 동기들은 다양해서, 주류 글로벌 영역(교육, 보건의료, 주택, 식수 등)과 관련되지 않는 일부 시장에 대한 관심으로부터 증여가 아닌 투자로 사회적 또는 환경적 목표들 효율적으로 달성하려는 동기 등이 있다. 투자자들도 재정수익 우선인가 아니면 사회적 임팩트 우선인가에 따라 재정 우선, 임팩트 우선 투자자로 양분된다. 또 SII 시장에는 자본 제공자와 자본 수혜자뿐 아니라 중간지원조직, 정부와 전문 서비스 제공자 등 이해관계자들이 관여한다.

SII 시장의 마지막 요소는 SII에 대한 수요를 창출하는 조직들로, 중소기업체뿐 아니라 기업가적 비영리단체, 협동조합 등 사회적경제 조직이 있다. 이들 대부분은 사회적기업 형태를 갖추고 있는데, 법적 형태와는 관계없이 이들의 공통점은 재정수익과 사회적 임팩트를 동시에 추구하는 원칙에 기초하는 조직이라는 점이다. 그럼에도 일부 정부들은 사회적기업 등의 법적 지위를 부여하는 동향이 있다. 이같은 SII 시장의 수요측면 또한 성장 중에 있다. SII 시장의 성장은 대단하지만, 여전히 적지 않은 문제들에 직면해 있다. 2013년 조사에 따르면, 성공적인 투자 사례들의 기록이 미흡하다는 점이 시장 관계자들의 공통된 지적이다. 또 SII에 활동 중인 기관 시장관계자들이 거의 없다는 점, SII의 보편적으로 인증된 등급(rating)이 없다는 점, SII 기회 부족 등이 문제점들로 꼽히고 있다.

(2) 사회적 임팩트 투자와 민간 자본

SII는 민간 자본이 재정수익뿐 아니라 긍정적인 환경적, 사회적 성과를 의도적으로 창출할 수 있다는 원칙에 기초한다. 빈곤층의 경제적 수요의 증대, 기후변화, 인구증가 등이 복지국가의 성장부진과 맞물려 SII 시장의 확대를 요청할 것이다. SII는 교육, 보건의료, 실업과 환경 등 무수한 도전들에 직면해 혁신적인 기업가들, 공공 및 사부문의 수 조 달러에 달하는 자본금이 투자하도록 하며 사회 전반에 혜택을 주는 금융적 혁신도 일으키는 촉매 역할을 할 수 있는 가능성을 갖고 있다.

서비스 요구의 기대치와 공공 지불능력 사이의 공공서비스 지출 갭은 더 증대될 것이다(Martin 2013: 6). 그 갭은 캐나다 990억 달러, 프랑스 1000억 달러, 독일 800억 달러, 이탈리아 300억 달러, 영국 1700억 달러, 미국 9400억 달러 등이다. 따라서 이런 갭 증대 문제에 대한 해결에 민간자본이 결정적인 역할을 할 것으로 볼 수 있다.

SII 시장은 지금은 규모가 작지만 빠르게 성장하는 중이다. 2011년에 2200개의 43억 달러 규모의 임팩트 투자가 이뤄졌는데, 2012년 80억 달러 → 2013년 90억 달러 → 2015년 152억 달러로 성장하고 있다. 임팩트 투자자 서베이 결과를 보면 개도국의 SII의 기대수익은 부채(debt) 투자는 8~11.9%, 지분(equity)에서는 20~24.9%에 달한다(J.P. Morgan 2015). 이 수익은 선진사회의 시장수익 기대치 각기 5~7.9%와 15~19.9%에 비하면 비교적 높은 편이다.

(3) 사회적 임팩트 투자기관의 증대

임팩트 투자기관은 개인 고액자산가와 재단을 중심으로 점차 증가하는 추세이다. GIIN(2016)의 2016년 임팩트 투자자 서베이 결과에 따르면, 2015년 157개 임팩트 투자 기관들이 7551개 사업에 152억 달러 임팩트 투

표 1-1 임팩트 투자 기관들의 투자 동기 (2015년 투자기관 서베이 결과)

임팩트 투자의 동기	비중 (복수응답)
1. 책임있는 투자자라는 우리 기관의 실천의 일부이다.	52.7%
2. 기관의 임팩트 목표 달성에 효율적인 방법이다.	41.1%
3. 고객의 수요에 대한 기관의 호응이다.	34.2%
4. 성장하는 분야와 지역에 대한 관여의 기회를 제공한다.	33.5%
5. 임팩트 투자는 다른 투자 기회보다 금융적 장점이 있다.	13.7%
6. 기관의 광범한 포트폴리오에 다양화를 제시해준다.	10.9%
7. 규제적 요건을 충족시키기 위해 임팩트 투자를 한다.	2.7%

자료 GIIN 2016: 49.

자를 했다. 2016에는 1만 1722개 사업으로 늘려, 2015년보다 16% 증가한 177억 달러를 투자할 계획이다. 임팩트 투자는 최근 10년 기간에 절반 이상의 기관들이 첫 투자를 했는데, 이미 1994년 이전에도 21개가 이뤄진 것을 살펴볼 만하다.

또 임팩트 투자 기관들의 일반적인 투자 동기는 몇 가지로 구분될 수 있다. 기관의 책임있는 투자 실천, 기관의 임팩트 목표 달성에 효율적인 방법 등이 주요 동기로 꼽힌다(표 1-1 참조).

또 OECD의 〈2016년 개발협력 보고서〉는 주요 재단들이 임팩트 투자를 자선적 기부와 같은 비중으로 투자하는 현황을 보여준다. 각기 100개와 101개 투자 규모를 보여주며 기타 투자 유형은 91개로, 임팩트 투자가 전체의 34.2%를 차지한다. 또 180개 재단 중 100개가 임팩트 투자를 한 것으로

그림 1-2 주요 재단의 투자 포트폴리오 : 자선기부, 임팩트 투자, 기타

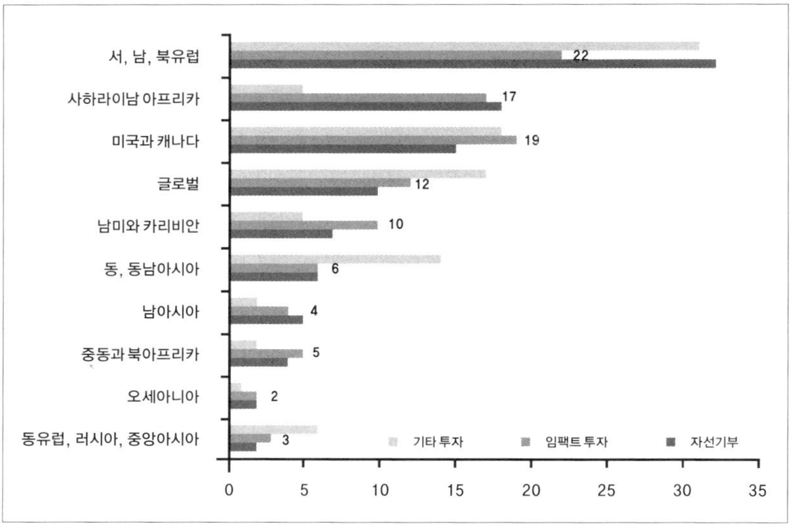

자료 OECD 2016c: 107
참고 Financial Times가 2015년 180개 주요 재단들을 대상으로 조사한 결과.

조사되어 55%라는 높은 비중을 보여준다. 지리적으로는 북미와 유럽과 오세아니아 등 개발국에 40% 가량이며 나머지 60% 가량이 개발도상국과 글로벌 대상이다.

(4) 민간 자본의 동원

원조국들은 점차 임팩트 투자에 의존해 민간자본의 동원을 확대하고 있다. OECD(2019)에 따르면 ODA에서 증여가 아닌 비증여(non-grant) 방식인 융자, 지분 또는 민간투자방식이 지난 2008~2017년 기간에 크게 늘었

다. 2008년 전체 양자 ODA 비중에서 11%에서 18%로 증가했다. 프랑스, 독일, 일본, 한국 및 EU가 대표적이다.

민간자본의 동원은 2012~2017년 기간에 1521억 달러가 늘었지만, 지속가능개발목표(SDGs)에 대한 기여도는 크게 모자란다(OECD 2019). 민간자본의 동원 수단은 보증(guarantees)에 크게(전체의 42%) 의존한 결과다.

3. 개발 임팩트 투자

'사회적' 임팩트 투자는 이미 글로벌 차원으로 발전해, '개발' 임팩트 투자가 점차 늘고 있다. UNDP의 2014년 보고서(Impact Investing in Africa)는 "오늘날, 임팩트 투자 섹터는 세계적으로 수천여 조직들과 수십억 달러의 투자가 이뤄지는 글로벌 운동으로 성장했다"고 분석한다.

1) 개발 임팩트 투자의 발전

개발협력에서 임팩트 투자는 무엇을 의미하는가? 영국의 UKAID(2015a)는 임팩트 투자를 "사회적 수익과 재정수익을 창출하고 측정하려는 목적으로 이뤄진 투자"라 정의하며, 개발협력 영역에서 임팩트 투자는 "빈곤층을 소비자, 공급자, 종사자로 혜택을 주는 기업들에 타깃을 맞춘 투자"로 정의한다. 영국 DFID의 개발금융사 CDC는 임팩트 투자 기금에 대한 DFID의 장기적인 '인내 자본'(patient capital)을 투자하고 있다. 개도국의 빈곤층을 소비자, 공급자 또는 종업원으로 서비스를 제공하는 기업들에 투자된다. CDC와 DFID는 임팩트 기금을 통해 투자자를 보호하기 위해 확고하면서도 의미있는 친빈곤 임팩트(pro-poor impact)를 금융적 투자원칙에 적용시키는 비즈니스 활동에 투자한다. 임팩트 기금의 역할은 단기적으로는 공동투자자에게 확신감을 갖게 하고 민간 투자자의 참여를 유도해 자본 규모를 증대시키는 것이다. 장기적으로는 친빈곤 비즈니스 모델의 금융적 생존력을 제공하며, 또 임팩트 투자가 창출할 긍정적인 임팩트를 제시해 자본 투자의 촉매 역할을 한다.

임팩트 투자는 개발협력에서는 새로운 동향이지만 시장에서 가장 성장하는 분야 중 하나가 될 수 있는 잠재력을 보여준다. 새로운 투자 모델들과 공공, 민간, 비영리부문들 사이의 파트너십을 창출하는 노력들이 진행중이다. 개발금융기관과 재단들이 지원하는 임팩트 투자 기금들이 재화와 서비스 수요를 충족시키고, BOP에서 일자리와 소득을 창출하고 탄소 감소 프로젝트를 지원하는 지역의 기업들에 투자되고 있다(GSG 2014a: 6).

전문 임팩트 투자기관 아큐먼 펀드(Acumen Fund)에 따르면, 혁신은 리스크 부담이 크고, 더 리스크가 큰 것은 세계 최빈국 국민에 서비스하는 새로운 비즈니스 모델을 선도하는 혁신이다. 마진율도 적고 또한 휘발성도 가지고 있다. 전통적인 벤처 캐피탈 투자는 높은 리스크를 갖고 있지만 높은 수익으로 균형을 맞추고 있는데, 이에 비해 임팩트 투자는 벤처 캐피탈과 유사한 높은 리스크를 갖고 있지만 재정수익의 잠재력은 같은 수준이 아니라 낮은 수준이라고 볼 수 있다.

표 1-2 아큐먼 펀드(Acumen Fund)

Acumen Fund는 2001년 록펠러 재단, 시스커 시스템 재단과 개인 자선가들이 자본을 출자해 설립되어, 빈곤 문제에 대한 지속가능한 해결 역량을 가진 기업가들에게 투자하는 글로벌 자선가 네트워크를 구축하였다. Acumen은 자선적 기부금을 이용해 농업, 교육, 에너지, 식수, 주택 분야의 초기 사업단계의 기업에 장기적인 인내 부채 또는 지분(patient long-term debt or equity) 투자를 한다. 펀드의 인내 자본은 시장기반의 접근법의 효율성과 규모와 순수한 자선의 사회적 임팩트 사이의 갭을 매우는 기능을 한다. 자본과 함께 사회적 임팩트를 가진 기업들을 육성하기 위한 관리 지원도 뒷받침된다. 사례로서 아시아 보건연대(Asian Health Alliance) 펀드는 인도에서 양질의 접근가능하고 적정가격에 공급된 보건의료 진단 서비스를 제공한다. 2013년 이래 75만 달러가 투자되었다. 저소득층과 농촌 계층에게는 질적 수준이 낮은 의료 또는 고가의 진단 서비스만이 접근 가능한 실정이다. 아시아 보건연대는 양질의 의료 진단 서비스를 소유하며 운영하는데, 이용자 부담은 고가의 대형 진단소의 40%에 지나지 않는 낮은 비용으로 저소득층에게는 적합한 서비스를 제공받을 수 있다.

자료 GSG 2014b: 9.

2) 개발 금융의 패러다임 전환

'사회적 임팩트' 패러다임의 전환은 개발협력의 패러다임 전환으로 확장되고 있다. 개발협력의 임팩트가 새로운 패러다임으로 부각되는데, 그 중 핵심이 되는 것은 개발협력을 지원하는 개발금융 패러다임의 전환이라 볼 수 있다.

개발협력에서 사회적 목적의 금융에 새로운 패러다임이 형성되고 있다. 샐러먼(Salamon 2014)은 새로운 프론티어가 전통적 자선과 다른 핵심적 특징들을 다음과 같이 설명한다.

첫째는 개인, 재단, 기업 자선 프로그램에 크게 의존한 전통적인 자선 영역을 대신하는 새로운 자선의 프론티어에 다양한 자본 집합기관, 사회적인 이차적 시장(secondary market), 사회적 증권거래소, 자선 은행의 기능을 하는 재단, 상업 은행, 연금 기금, 보험사와 투자자문가들이 동참하고 있다.

둘째는 전통적인 자선이 자선적 기부에 거의 절대적으로 의존한 것과는 달리, 새로운 프론티어는 융자, 크레딧 개설, 채권, 금융증권화(securitisation), 지분과 준지분, 마이크로 보험, 사회임팩트채권(SIB) 등 다양한 금융수단을 활용한다.

셋째는 전통적인 자선이 수입 관리만을 중시했지만, 새로운 프론티어는 투자자본(investment capital)을 중시한다.

마지막으로, 전통적 자선은 채널을 비영리기관(NPO)에 절대적으로 의존하지만, 새로운 프론티어는 NPO뿐 아니라 다른 다양한 사회적기업, 사회적 협동조합, 지역사회이해조직, 기타 하이브리드 비영리기관들을 지원하고 있다.

개발 금융의 패러다임 전환에는 다양한 개발 임팩트 기관과 단체들의 등장과 활성화가 핵심적이다. 이들의 활동에 기초한 새로운 패러다임은 다음과 같은 글로벌 자선의 지형을 바꾸고 있다(앞글: 32).

a) 증여를 넘어(Beyond Grants) : 사회적 목적의 진흥을 위한 새로운 금융 수단들을 활용하다. 융자, 융자보증, 지분 투자, 금융증권화, 사회임팩트채권(SIB) 등이 그것들이다.
b) 재단을 넘어(Beyond Foundations): 사회적 목적의 금융이 지원되는 제도적 구조의 새로운 주역들이 대거 등장하고 있다. 자본 집합기관, 이차적 시장, 사회적 증권시장, 사회적기업 중개인, 인터넷 포털 등이 대표적이다.

c) 기증을 넘어(Beyond Bequests): 자선적 또는 사회적 목적의 자본의 형성을 위해 부유층 자선가들의 기부뿐 아니라 공공 또는 준공공 자산이나 특수목적의 사회적 목적의 투자 기금의 민영화를 통한 방식 등이 복합되고 있다.

d) 현금을 넘어(Beyond Cash): 새로운 거래방식과 인터넷을 활용한 기부는 현금뿐 아니라 자원봉사 시간, 컴퓨터 하드웨어 또는 소프트웨어 등 다양한 현물이 복합되어 있다.

새로운 변혁의 특징들에서 나타나는 공통점은 '레버리지'(leverage)로 압축해 설명할 수 있다. 레버리지란 "제한된 에너지를 더 큰 파워로 전환하도록 하는 메카니즘"으로, 자선 분야에서는 "재단의 자산이나 개인 연회비 등 제한된 수입에 의존하는 자선적 자원 이상으로 사회적, 환경적 목적을 달성하기 위해 은행, 연금기금, 보험사, 상호기금, 고액자산가들의 거대한 투자 자산의 일부를 촉진하는 방안의 모색"이라고 볼 수 있다(앞글: 32).

이상의 결과, 전통적 자선을 대신하는 새로운 자선과 사회적 투자의 프론티어가 다음과 같은 역동적인 형성의 과정을 보여준다(앞글: 33).

a) 다양성 증대(More Diverse). 더 다양한 기관, 도구, 지원소스들이 동참하고 있다.

b) 기업가정신 확장(More Entrepreneural). 단순한 증여 제공을 넘어서, 투자 오리엔테이션을 적용하고 측정가능한 결과에 초점을 맞추며 경제적, 사회적 수익의 블랜드를 창출하는 광범한 레버리지의 가능성을 높이고 있다.

c) 글로벌 차원으로 확장(More Global). 국제적 차원의 문제들에 초점을 맞춰 비교국가 차원의 모델들을 적용하고 있다.

d) 공조의 확장(More Collaborative). 광범한 시민사회와의 공조뿐 아니라 '피라미드 기초'(BOP)에 서비스를 제공하는 새로운 소셜 벤처들과 그리고 민간 금융기관과 정부 기관들과 더불어 공조를 확장하고 있다.

3) 개발 임팩트 투자의 배경

임팩트 투자는 비교적 뚜렷한 글로벌 동향으로 발전하고 있다. UNDP의 2014년 보고서(Impact Investing in Africa)는 "오늘날, 임팩트 투자 섹터는 세계적으로 수천여 조직들과 수십억 달러의 투자가 이뤄지는 글로벌 운동으로 성장했다"고 분석한다(UNDP 2014: 11). OECD(2019)는 G20 중심으로 지난 십여년 기간 정부의 임팩트 투자 시장 진흥자, 참여자, 규제자 역할이 성장했다는 보고서를 제시한다.

(1) 공여측 동기

임팩트 투자 접근법의 핵심적 주도 요인은 글로벌 사회적, 환경적 도전들에 대한 전통적인 자선적, 공공 펀딩의 지속가능성과 장기적인 임팩트에 대한 공여측의 좌절이다. 전통적인 공여측 모델이 적용되기 어려운 두 가지 이유가 있다(앞글: 11-12). 하나는 공여측 지원금이 충분하지 않기 때문이다. 기후변화, 극심한 빈곤, 보건 서비스 부족 등은 의미있는 임팩트를 생산하기 위해서는 정부지출과 민간 기부금을 통한 지원금 이상으로 상당히 많은 자본금을 필요로 한다. 다른 하나는 자선적 모델은 장기적인 임팩트를 창출하는데 뚜렷한 한계가 있다는 일반적인 인식이 있다. 일부 사례에서는 자선적 기부금이 공여측 의존도, 공적 책무성 결여, 시장 왜곡, 개도국 지역 현장의 조건과 욕구에 적합하지 않은 하향식 이니셔티브 등 의도하지 않은 부정적인 결과를 초래한다.

이에 따라 1990년대 초부터 록펠러 재단, DOEN, Omidyar 재단 등의 민간 재단들과 세계은행 등의 개발협력기관들이 지속적으로 심각해지는 환경적, 사회적 문제들에 대한 지속가능한 해결방안을 면밀히 탐구하기 시작했다.

(2) 민간 부문의 동기

2001년과 2008년에 이어진 글로벌 금융위기는 기업과 금융기관에 대한 공공부문과 규제기관의 압력을 행사하였다. 대형 투자자, 자산 관리자, 기업들이 자본 흐름의 관리에 대한 책무성을 강화하도록 많은 압박을 받았다(앞글: 12). 사회적, 환경적 문제들을 해결하는 방법으로 책임있고 책무성을 가진 자본의 활용을 요구하는 많은 이니셔티브들이 뒤따랐다. UN의 책임투자원칙(Principles for Responsible Investing: PRI) 이니셔티브들은 많은 국가들이 책임 있는 투자를 감독하는 규제기관 역할을 수행하도록 권고하였다. 이같은 글로벌 시대적 변화의 흐름에서 기업의 비즈니스 가치에 사회적, 환경적 목표들이 포함되는 새로운 변화가 창출되었다. 임팩트 투자는 재정수익 바톰라인(bottom line)을 넘어 넓게 소비와 투자의 경제적 의사결정을 고려하는 새로운 인식의 변화를 보여주는 하나의 명시가 되고 있다.

임팩트 투자는 투자 관리자로 하여금 긍정적인 투자수익을 유지하면서 세계적으로 긍정적인 사회적 임팩트를 가진 자본에 투자하도록 유도한다. 그럼으로써 투자를 위한 재정수익과 개발의 사회적 임팩트라는 두 마리 토끼를 한 번에 잡는 성과를 누리게 된다.

(3) 수원국의 동기

많은 아프리카 국가들에서 지방정부의 사회개발 공공지출은 자원의 한계 때문에 비교적 제한적이다. 그래서 많은 공공 이니셔티브들은 외국 개발국으로부터 ODA로 재원이 보충된다. ODA 메카니즘은 많은 이슈의 해결에 효과적이긴 하지만, 다음 몇 가지 이유에서 한계를 보여준다.

첫째는 세계적으로 복수의 국제 공적기관들이 관여하는 복합적인 과정은 관료적인 경우가 많다. 그 결과 펀딩 과정이 장기간을 끌며 때로는 비효율적으로 관리되는 문제가 발생한다.

둘째는 ODA의 규모 한계 문제가 있다. ODA 규모는 점차 증가해 2017년 1400억 달러를 넘었다. 그런데 원조가 가장 필요한 최빈국에 대한 ODA는 크게 개선되지 않고 있다. DAC 회원국들이 합의한 ODA/국민소득(GNI) 0.7%를 이행하지 않고 있어 획기적인 변화를 기대하기 어렵다. 0.7% 약속을 이행한 국가는 2017년 현재 덴마크, 노르웨이, 룩셈부르크, 스웨덴, 영국뿐이다(OECD 2018a). DAC 29개국 전체의 ODA 규모도 GNI의 0.32%(2016년) → 0.31%(2017년)로 오히려 줄고 있다.

셋째는 하향식 과정의 문제가 있다. 국제 공여측 펀딩을 제공받는 지역의 수원측은 펀딩 우선순위에 대한 제한된 영향만을 갖고 있어 지역사회 개발 결과에 대한 지역 공공기관들의 책무성을 위축시킨다. 최근 국제 공동체는 이런 문제들을 극복하는 노력을 기울이고 있고, 공여측과 수원측이 공조해 원조 효과성 증진에 실천적 노력을 해왔다.

임팩트 투자는 국제적 경제개발과 사회개발에 재정을 지원하는 새로운 메카니즘을 제시하였는데, 대부분이 사회적경제 접근법에 기초한 비즈니스 모델이다. 마이크로 파이낸스 기관, 공동체개발 금융기관, 다자 개발펀드 등 다양하다. 개발금융기관(Development Finance Institutions)의 경우 개발 행위자들과 선구자들로 하여금 임팩트 벤처, 임팩트 펀드에 직접 투자하고 임팩트 투자 섹터의 개발을 지원하며 글로벌 임팩트 투자 부문 개발에 중요한 역할을 하도록 진흥시키는 역할을 해오고 있다.

글로벌 임팩트 투자 부문의 성장은 임팩트 방법론을 통한 추가적인 자본 투자로 이어지고 있다. 또 투자자 베이스가 점차 다원화되면서, 자선적 재단과 개발금융기관의 베이스를 넘어 임팩트 투자에 대한 관심이 증가하고 있다. 이같은 증가세를 이끌었던 주요요인들로 다음 세 가지를 꼽을 수 있다.

첫째는 임팩트 투자의 효과성과 수익성에 대한 초기의 증거들이 제시되면서 개발도상국 임팩트 투자 부문에 민간 투자자의 신뢰가 높아졌다. 위의 2013년 조사에서 응답자의 50%가 계획된 시장수익 또는 시장수익 이상의 투자 수익이 있었다고 답했다.

둘째는 자산가와 기업들이 책무성, 책임성, 투명성을 가진 방식으로 자본을 활용하는 동향이다.

셋째는 정부와 자선기관들이 민간부문과의 공조에 대한 신뢰의 증가이다. 이들은 임팩트 투자가 빈곤, 일자리 창출, 환경문제 등 사회적 문제 해결방안을 모색하는데 효과적이고 중요한 역할을 한다고 확신한 것이다. 이같은 성장에도 불구하고, 임팩트 투자 부문은 아직은 글로벌 자본시장 규모의 겨우 0.2%로 극소규모에 불과하다. 향후 잠재력을 키우기 위해서는 지금의 초기 실험적 단계를 넘어 성장하고 임팩트 투자에 자본의 규모를 확장시키는 새로운 행위자들의 역할을 기대해본다.

4) UN의 책임투자원칙(PRI)

국제적으로 공인된 책임투자원칙 PRI(Principles for Responsible Investment)가 2006년 UNPRI로 출범해, 동참하는 서명기관들이 늘고 있다. 서명기관이 되면 책임있는 투자를 실천하는 기관이라는 공적 인정을 받으며 지속가능한 금융 시스템 구축을 추진하는 글로벌 공동체의 일원으로 동참하게 된다. PRI 6대 원칙에 서명한 기관들은 자산소유자, 투자관리자, 서비스시행자 등으로 구분된다. 자산소유자는 장기 퇴직예금, 보험 등의 자산소유기관이다. 연금기금, 국부펀드(sovereign wealth fund), 재단, 인다우먼트(endowments), 보험 및 재보험사 기타 예금을 운영하는 금융사들이다. 투자관리자는 제3자로 자산을 관리하는 기관으로, 제도, 소매 시장 역할을 한다. 서비스시행자는 자산소유자 또는 투자관리자에게 제품이나 서비스를 제공하는 기관이다. 자산 소유자나 관리자는 아니지만 고객들이 ESG 이슈들에 관심을 갖도록 하는데 상당한 영향력을 갖고 있다.

(1) 책임투자와 ESG(환경, 사회, 거버넌스)

'책임있는 투자'에 대한 글로벌 관심은 UNPRI에 집중되어 다음과 같은 발전 배경을 보여준다(UNPRI).[5]

a) ESG 요인들이 리스크와 수익 결정에 중요한 역할을 한다는 금융 공동체의 인식;

---

5 https://www.unpri.org/about/what-is-responsible-investment

b) ESG 요인들은 고객과 수혜층에 대한 투자자의 의무의 일부라는 이해;

c) 단기실적주의(short-termism)가 기업의 성과, 투자 수익과 시장행태에 미치는 임팩트에 대한 관심;

d) 수혜층에 대한 장기적 이해와 광범한 금융 시스템을 보호하기 위한 법률적 요건;

e) 경쟁사의 경쟁적 어드밴티지로 책임투자 서비스를 제공하며 차별화하는 압력;

f) 자본이 어디에 어떻게 투자되는지, 투명성을 요구하는 수혜층의 관심과 활동;

g) 지구화와 소셜 미디어 세계에서의 기후변화, 오명, 노동조건, 고용자 다양성, 부패, 공세적 세금전략 이슈들의 가치 파괴적인 평판 리스크(value-destroying reputational risk).

UNPRI가 지향하는 ESG 요인들은 〈표 1-3〉과 같다.

표 1-3 UNPRI의 ESG(환경, 사회, 거버넌스) 요인 목록

환경(Environmental : E)	사회적(Social : S)	거버넌스(Governance : G)
• 기후변화 • 그린하우스개스(GHG) 배출 • 식수 등 자원고갈 • 쓰레기와 오염 • 숲제거(deforestation) 등.	• 노예, 아동노동 노동조건 • 지역공동체(원주민 등) • 갈등 • 보건과 안전 • 고용자 관계와 다양성	• 임원 임금 • 뇌물과 부패 • 정치적 로비와 기부금 • 이사회 다양성과 구조 • 세금 전략

자료 UNPRI https://www.unpri.org/about/what-is-responsible-investment

(3) UNPRI 6대 원칙과 가이드라인

UNPRI는 6대 원칙들과 이를 시행하기 위한 행동 가이드라인을 아래와 같이 제시한다.[6]

〈제1 원칙〉 ESG 이슈를 투자분석과 의사결정 과정에 통합한다.

행동 가이드라인으로는

- ESG 이슈를 투자정책 결정문에 밝힌다.
- ESG 관련 도구, 메트릭스, 분석의 개발을 지원한다.
- 내부 투자관리자의 ESG 이슈 통합 역량을 사정한다.
- 외부 투자관리자의 ESG 이슈 통합 역량을 사정한다.
- 투자서비스시행자(금융분석가, 자문자, 중개자, 리서치회사, 레이팅 회사 등)가 ESG 요인들을 연구와 분석에 통합할 것을 요청한다.
- ESG 관련 학계와 연구 활동을 진흥한다.
- 투자전문가를 위한 ESG 교육훈련을 지원한다.

〈제2 원칙〉 적극적인 소유자로서 ESG 이슈들을 오너십 정책과 시행에 통합한다.

행동 가이드라인으로는

- PRI 원칙들과 일치하는 적극적인 오너십 정책을 개발, 공표한다.
- 의결권을 행사하거나 의결정책의 호응을 모니터링한다.

---

6 https://www.unpri.org/about/the-six-principles

- 관여 역량(engagement capability)을 (직접 또는 아웃소싱을 통해) 개발한다.
- 정책, 규제, 기준 마련(주주 권리의 증진과 보호 등) 개발에 참여한다.
- 장기적인 ESG 고려사항들과 일치하는 주주의 의결을 제출한다.
- ESG와 관련해 기업들과 연대한다.
- 공조적인 참여 이니셔티브에 참여한다.
- 투자관리자들에게 ESG 관련 참여의 시행과 보고를 요청한다.

〈제3 원칙〉 투자한 기관들이 ESG 이슈들에 적절한 공개를 하도록 노력한다.

행동 가이드라인으로는

- ESG 이슈에 관한 표준화된 리포팅(Global Reporting Initiative 등)을 요청한다.
- ESG 이슈들이 연간 금융보고에 통합되도록 요청한다.
- 관련된 규범, 기준, 윤리강령 또는 국제적 이니셔티브(UN Global Compact 등)의 수용이나 준수에 관한 정보를 요청한다.
- ESG 공표를 촉진하는 주주 이니셔비브와 의결을 지원한다.

〈제4 원칙〉 투자 산업 내부에 PRI 원칙들의 수용과 시행을 촉진한다.

행동 가이드라인으로는

- 원칙들 관련 요건들을 프로포절 신청서(RFPs)에 포함시킨다.
- 투자 의무사항, 모니터링 절차, 성과 지표 및 인센티브 구조를 연계시킨다(투자 관리 과정이 장기간 일정으로 반영되도록 한다)
- 투자서비스기관들에게 ESG 기대에 대해 소통한다.

- ESG 기대치를 충족시키지 못한 서비스시행기관들과 다시 관계설정을 한다.
- ESG 통합을 벤치마킹하는 도구 개발을 지원한다.
- PRI 원칙들의 시행을 지원하는 규제 또는 정책의 개발을 지원한다.

〈제5 원칙〉 PRI 원칙들의 시행의 효과성 증진에 노력한다.

행동 가이드라인으로는

- 도구와 도구 자원을 공유하고, 학습의 장으로서의 투자자 리포팅을 활용하는 네크워크와 정보 플랫폼을 지원하고 참여한다.
- 이슈들을 집단적으로 해결하는 노력을 한다.
- 관련 공조적 이니셔티브 개발 또는 지원에 노력한다.

〈제6 원칙〉 각자의 활동을 보고하고 원칙들의 시행에 노력한다.

행동 가이드라인으로는

- ESG 이슈들이 투자 시행에 통합되는 과정을 공표한다.
- 적극적인 오너십 활동(의결, 참여, 정책 대화 등)을 공표한다.
- 원칙들과 관련해 서비스 시행기관들이 해야 할 조건들을 공표한다.
- ESG 이슈들과 원칙들에 관해 수혜층과 소통한다.
- 원칙들 관련 진전도와 성과를 보고한다.
- 원칙들의 임팩트를 결정하는 노력을 한다.
- 리포팅을 활용해 광범한 이해관계자 그룹의 인식 제고를 노력한다.

제2장

개발 임팩트 투자 생태계

1. 개발금융의 패러다임 전환

"지난 50년간의 개발 패러다임이 되는 개발도상국에 대한 증여와 양허적 융자는 지금 위기에 있다." 이는 UN의 2013년 〈가시적 성과를 위한 개발금융〉 보고서의 진단이다(UN 2013a: 5). 보고서의 부제 〈임팩트 투자와 결과 모델로 패러다임 전환〉이 결론적 내용이 되고 있다.

1) 결과와 임팩트 투자 모델로

위의 보고서는 "지금의 개발 원조는 주로 인프라 건설, 서비스 역량 구축에 주력해, 거버넌스, 행태 변화, 운영과 유지, 역량구축과 관련된 지속가능성, 효율성, 서비스 유용성을 확보하는 요인들에는 제한적인 초점을 맞추고 있다."는 심각한 문제를 제기한다. 그 결과는 다음과 같이 심각하다는 것이다. 원조국이 집행에서 상당한 노력을 기울이고 있는 원조 효율성 선언이 추진되고 있음에도 전통적인 원조국-수원국, 정부 대 정부 관계는 기본 프레임워크로 남아 있어, 정치화와 부패를 초래하는 결과를 낳고 있다는 것이다.

또 개발도상국 시민사회 혁신과 해결방안의 스케일 확장을 지원하는 ODA의 성공 측면에서 결과가 빈약한 것으로 드러난다. 지금의 원조 패러다임은 원조국의 GDP 0.7%라는 투입 모델에 초점을 맞추고 개별 프로그램들을 원조국의 메트릭스(산출 모델)로 지원하고 있다. MDG 목표 8번이 개발을 위한 글로벌 파트너십으로 설정되었지만 개발은 이슈에 따라 지역에 따라 분절화되어 추진되고 있다.

새로운 패러다임의 개발 접근법은 서비스 공급의 비용보다는 서비스의 내재적 가치에 초점을 맞춘다. 새로운 파이낸싱 모델은 개발 원조기관과 수혜층들이 당면하는 문제들을 해결하는 혁신적 방안이 될 것으로 기대된다.

전통적인 개발협력의 접근법은 대상집단에 서비스를 공급하는 비용을 추산해 증여나 보조금 형태로 재원을 지원하는 '투입과 산출' 모델이다(앞글: 7). '자선적 기부'의 렌즈를 이용한 접근법이다. 개발의 혜택은 대상집단이 서비스 공급을 성공적으로 받은 것으로 측정된다. 다른 임팩트 지표로는 보건의 개선, 고용 증대 또는 사회적 소요 감소 등이 있다. 반면에 '결과'(outcome) 모델에서는 대상집단과 사회에 대한 서비스의 가치를 측정한다. 다음과 같은 요인들이 결과 모델의 시행에 영향을 미친다.

a) 낮은 생산 분량(이는 단위 비용을 높인다),

b) 서비스 혜택에 대한 소비자의 인식 부족,

c) (공공재화 특성상) 배제불가능한 대규모 혜택의 비중,

d) 대상집단의 낮은 가처분소득과 대상집단의 긴요한 우선순위.

이런 장애물을 제거하기 위해 결과 모델은 서비스에 전체 가치를 부여한다. 시장을 구축해서 높은 수준의 서비스 소비를 유도한다. 가치와 혜택의 사정에는 다음과 같은 활동이 있다(앞글: 8). 첫째는 부수적인 수익의 가치 추산이다. 세계보건기구(WHO)는 식수와 위생의 개선을 위해 개선된 식수와 위생 서비스에 대한 보편적 접근의 제공이 연간 2000억 달러 가치가 있다며, 지금의 지출비에 수만 배에 달하는 수익이라는 것을 제시했다. 둘째는 리스크와 수익의 인내를 수용하는 민간투자 보증자 역할을 하는, 사회적 수익에 관심이 높은 금융기관의 파악이다. 셋째는 규모의 경제를 활용한 시장 규모의 확장이다. 마지막은 확신이 높은 연구, 주창, 시장도구의 시행과 보급이다.

2) 개발 금융의 블렌딩

기존의 서비스는 다양한 파이낸싱 소스를 복합해 공급된다. 세금, 이용료, 이전지출, 그리고 이들의 혼합 형태가 그것이다(UN 2013a: 19). PPP 모델이 많은데, 가장 일반적인 유형은 공공자금이 민간 공급자의 서비스 공급에 인센티브를 제공하는 것이다. 공공기관이 제공하는 인센티브로는 서비스공급자에 대한 복합 증여(blended grants)와 저리의 보조금, 그리고 계획된 인프라나 서비스 공급이 이뤄지면 지불되는 산출기반의 원조(output-based aid: OBA) 등이 있다. 또 다른 PPP 유형은 공공기관이 기술지원과

표 2-1 다양한 파이낸싱 소스의 특징 (농촌 화장실 프로그램 사례)

파이낸스 소스	특징	사례 (보건위생위생)
1. 세금(taxes) a) 정부가 세수입으로 조성한 기금 b) 정부가 융자나 채권 발행으로 조성한 기금	정부가 지역, 지방의 공공기관을 통해 (현장 사무소) 또는 민간 공급기관을 통해 보조금 지원 서비스를 제공	- 농촌 변소 프로그램 - 도시 인프라 투자(하수도, 하수처리)
2. 이용요금(tariffs) a) 민간 공급자의 지분 파이낸싱 b) 민간 공급자의 부채 파이낸싱 c) 공공 공급자	a) 서비스 공급자가 비즈니스 확장을 위해 주식발행 자본 형성 b) 변소 제작/배분자 c) 정부의 보조금 지원 서비스 제공	a) 상수/하수의 복합적 또는 독립적 서비스 b)c) 공공 공급자
3. 공공 이전(transfers) a) 일반 예산 지원 b) 섹터 예산 지원 c) 프로젝트 지원	a) 다자, 양자 원조기관이 수원국 재무국에 증여 지원 b) 다자, 양자 원조기관이 재무국에 증여 지원 c) 다자, 양자기관과 NGO가 프로젝트 기금 제공 또는 자체 프로젝트 시행.	a) 빈곤감소 지원 크레딧 b) 섹터 전반의 접근법 c) 직접 서비스 공급(중개기관 통해)
4. 혼합 (PPP) a) 서비스 공급 강화 b) 파이낸싱 공급 강화	a) 정부가 계약으로 민간기관이 서비스 구축, 운영, 유지 위탁. 일반적으로 다자원조기관이 핵심 역할. b) 정부나 다른 파트너가 소형 공급자의 접근 개선을 위해, 소비자의 서비스 지원을 위해 대출 시장 지원	a) 민간에 양도, 서비스 구축, 운영, 이전 b) 은행 융자/ 마이크로 파이낸스

자료 UN 2013a: 19.

집단적 금융수단으로 민간기관의 크레딧 개선을 지원하는 경우이다. 수요측에서 마이크로 파이낸스는 프로젝트의 높은 선행비용 지불을 지원하는 보조금으로, 기금 유치를 위한 종자돈(seed money)이 일반적이다.

3) '결과기반'의 파이낸싱

정부와 재단들이 제공하는 현행 하향식(top-down) 원조공급 메카니즘 패러다임은 지금의 위생 갭을 매우는 능력이 없다. 전통적인 원조 파이낸싱과 공급의 모달리티에서 공공부문의 개입만으로 글로벌 위생 문제의 규모를 감당하지 못한다. 민간부문 개발에 대한 장애물들이 여전히 심각해 전통적인 시장 메카니즘을 이용한 민간 자본의 유치를 가로막고 있다(UN 2013a: 27). 개발도상국의 노령화 인구와 청년인구의 증대, 그리고 다른 개발 이슈들 때문에 새로운 해결방안과 새로운 자본 소스가 필요하다. 지금의 상황에서 혁신적인 패러다임 전환은 여러 장애에 직면해 있다.

그럼에도 다양한 이니셔티브들이 추진되며 공공 이슈들의 해결에 민간 파이낸싱이 광범위하게 추진되고 있다. 영국의 사회임팩트채권(SIB), 오바마 행정부의 농촌 일자리 창출 계획 등 무수한 이니셔티브들이 있다. 또 헤이그 프레임워크는 실증적인 결과의 공급에 기반한 개발에 대한 시스템 접근법으로 COILED를 제시한다. 개발협력에서는 지난 10여년간 혁신적인 방안들이 많이 제시되어 추진되었는데, 대부분이 시민사회가 사회기업가정신을 추진한 것으로, 임팩트 투자가 새로운 혁신적 파이낸싱 트렌드를 이루고 있다. 또 다른 동향은 사회적 임팩트를 가진 결과에 초점을 맞추는 공조적 파트너십의 창출이다. 모든 관련 행위자들이 인프라, 혁신, 핵심 기술이 어디에 적용될 수 있는지를 확고하게 이해하고 공조한다.

최근에 제시된 헤이그 프레임워크의 COILED는 C(Capital, 자본), O(Outcomes, 결과), I(Intermediaries, 중간지원기관), L(Legal, 법률), E(Entrepreneurship, 기업가정신), D(Distribution, 분배)를 의미한다. 이를 상세히 기술하면 다음과 같다(앞글: 28-9). 개발에 필요한 새로운 자본(Capital) 시장을 파악해 실증적인 결과(Outcomes)를 달성하는 것으로, 새로운 금융 혁신을 복합적인 자본 소스들의 욕구에 적용시키는 기술을 가진 중간지원조직(Intermediaries)이 결과 달성을 위한 구조를 개발한다. 또 법률적(Legal) 구조로 사회적 수익과 금융적 수익 사이에 어떤 근본적인 모순이 발생하지 않도록 사회적 미션의 상업 분야 관여 문제를 법적으로 보장한다. 또 이 접근법은 사회문제 해결에 지역의 기업가정신(Entrepreneurship)의 인센티브와 역동성을 활용해 새로운 분배(Distribution) 메카니즘을 통해 다양한 차원으로 공급될 수 있게 한다. 이런 분배는 새로운 테크놀러지, 시민사회, 새로운 공조 파트너십 등으로 가능해진다.

(1) 자본 구조

새로운 자본 구조는 광범한 파이낸싱 소스와 메카니즘으로 이뤄진다. 파이낸싱 소스는 다섯 유형으로 구분해 볼 수 있다(UN 2013a: 31-35).

첫째는 소셜 벤처 캐피탈(Social Venture Capital)과 민간 지분이다. J.P. Morgan에 따르면 소셜 벤처 캐피탈은 잠정적으로 1조 달러의 시장을 형성한다. 적정가의 주거에 포함되는 위생 서비스의 경우 연간 수익이 6480억 달러로 최대 규모의 시장을 형성한다. 자산관리 비즈니스에서 8달러 중 1달러가 사회적 책임 전략의 투자로 이뤄지고 있다. 마이크로 파이낸스는 사회적 임팩트가 상당한 또 다른 잠재적 시장이다.

둘째는 미션 관련 투자(MRI)이다. 재단들이 사회적 미션에 자신들의 핵심 펀드를 투자하는 것이다. 재단 펀드의 전체 규모는 글로벌 차원에서 1조 달러로 추산되는데 그 중 6000억 달러가 미국에서 조성된 것이다. 그런데 재단의 핵심 기금의 1% 가량만이 사회적 미션과 관련된 것으로 알려

표 2-2 다양한 파이낸싱 소스의 잠정적 가치

파이낸싱 소스	잠정적 가치	설명
1. 민간 지분과 벤처 캐피탈	$1조	J.P. Morgan이 5개 개발영역에서 파악
2. 미션 관련 투자(MRI)	$1,200–5,000억	미국 주요 재단의 기금 1조 달러중 MRI 2%
3. 프로그램 관련 투자(PRI)	$450억	미국 재단 기부금 450억 달러, 재단의 PRI 규모는 2%
4. 지역 연금기금	$1.5조	보증 모델(e.g. AMF)
5. SIB, DIB	$수십억	위생분야의 연간 가치. 아시아에서 1천억 달러.

자료 UN 2013a: 31.

지고 있다. 헤론(Heron) 재단과 펠리시아타스(KL Feliciatas) 재단이 주도적인 역할을 하는데, 이들은 MRI에 재단 펀드가 100%까지 비중을 최대화 해야 한다고 주창해왔다. 그렇게 되면 소셜 캐피탈 시장에서 상당 규모의 새로운 펀드 기회들이 제공될 것이다.

셋째는 프로그램 관련 투자(PRI)이다. PRI는 재단들이 민간 자본의 레버리지 역할을 하는 중요한 금융수단이다. 2013년 현재 450억 달러 규모를 형성하고 있다. 미국에서는 1969년 PRI를 새로운 재단 지출로 법률을 제정해, 재단 예산의 5%까지 수익을 내는 투자를 할 수 있게 되었다. 단순한 증여가 아니라 부채 지분 투자 등을 하는 인센티브를 제공한 것이다. 분명한 사회적 목표를 가진 투자가 되도록 규제하였다. 활용의 가치가 높지만 잘 활용되지 않아 재단들의 펀딩 중 2% 미만이 PRI이며, 가장 선도적인 빌과 머린다 게이츠 재단(Gates Foundation)의 경우 그 비중이 6~8% 가량된다.

넷째는 지역개발을 위한 지역 자본시장의 레버리지이다. 지역의 자본시장이 개발되지 않은 1960년대와 1970년대의 유일한 자본 소스는 외부

표 2-3 다양한 임팩트 투자자의 목표와 리스크/수익 기대

⬅ 초기 단계 투자자			중간 단계 투자자			후기 단계 투자자 ➡
고액자산가	개발금융사	자선재단	종교/공익기관	소매투자자	기업	공공투자기관/ 국가펀드
			일차적 목표			
비즈니스 원칙을 자선에 응용	재정수익과 개발 성과 동시 추구	투자규율을 가진 높은 사회적 임팩트	사회적 가치에 기여	사회적 임팩트 기부	기업 사회공헌 (CSR) 프로그램	사회적 책임 투자
			리스크/수익			
중상 수준 리스크. 사회임팩트 위해 높은 리스크를 감당의지로 수익 기대	중간 수준 리스크. 제도적 안정 확보, 최종의 펀딩 역할.	중상 수준 리스크. 때로는 사회 임팩트를 위해 수익 감소 감수	낮은 수준 리스크. 수익보다 사회 임팩트 중시하지 만 안전투자 추구	낮은 수준 리스크. 법적으로 리스크가 낮도록 규제.	중하 수준 리스크. 핵심 비즈니스 이외의 과도한 리스크 회피	결정되지 않음 (불명확)
			예시			
Bob Johnson, John McCall MacBain, George Soros	미국 OPIC IFC, 네덜란드 FMO, Proparco, 독일 DEG	Rockefeller Kellogg, Gates, Skoll, Omidyar, Google	TIAA-CREF Thrivent, MMA Praxis Mutual Funds, GuideStone Amana, Saddleback	Calvert 지역투자, Microplace Kiva	Cisco, Storebrand, Shell, Chevron, Starbucks	CalPERS, 노르웨이 정부 연금기금, AbuDhabi Investment Authority

자료 UN 2013a: 36.

자원이었다. 세계은행이 지역 저축시장의 개발을 촉진시켜 상당 규모의 기금이 지역화폐로 유지되게 진흥하였다. 지금은 세계적으로 개발도상국 연금기금, 보험사 자산과 뮤철 펀드가 5조원 규모로 파악되고 있다. 2010년 가나는 연금기금에 1조 6000억 원을 보유해, 연 20% 이상의 성장세를 보여준다.

마지막은 SIB와 DIB이다. 최근에 가장 주목을 받으며 영국과 미국 주도로 시행되는 혁신적인 금융수단이다. 미국와 유럽 등지에서 국내의 정책에 적용되는 경우가 SIB로, DIB는 특별히 개발협력 분야에서 활용되도록 명칭을 개발임팩트채권으로 사용한다.

〈표 2-3〉에서 투자자는 일곱 유형을 구분되는데, 왼편의 고액 자산가부터 초기 단계 투자자이며, 점차 오른편으로 이동하면서 다음의 중간과 후기 단계의 투자자이다. 오른편 끝의 공공투자기관과 국가 펀드는 최종의 투자기관에 해당되는 경우가 일반적이다.

'선행'을 추구하는 자본가(capitalists)가 우선 사회적 임팩트 투자의 선도적 역할을 한다. 임팩트 투자는 자선가(philanthropists)의 투자 참여를 유치한다. 자선가들은 전에는 없었던 새로운 파이낸싱 수단을 창출해 자신의 자본을 레버리지할 수 있는 기회를 찾아 투자 참여를 결정한다. 일부 자선가들은 자신의 증여 지원을 보충하기 위한 수단으로 이윤이 발생하는 투자를 개발한다. 이같은 고액자산가와 자선가들의 투자 흐름에 UBS, Credit Suisse, J.P. Morgan 등 선도하는 은행들이 고액 자선가들의 부의 대규모 이전으로 조성되는 시장에 관심을 갖고 동참한다. 다음으로 자선적 재단들도 투자에 동참해 임팩트 투자는 크게 활성화되고 있다. 게이츠, 오마다르, 스콜, 애틀랜틱 자선 재단들이 선도적인 역할을 한다. 은행들이 동참하는 또 다른 배경에는 고액자산가(개인 자산 2천만 달러 이상)의 투자 참여이다.

(2) 투입-산출-결과 모델

개발 프로젝트에는 세 가지 상이한 모델이 있다. 투입, 산출, 결과 모델로 구분될 수 있다(UN 2013a: 35-36).

① 투입 모델

재원은 합의된 인프라 요건들에 배분되어 지불되며 예산 지원의 프로젝트 프로포절에 기초한 항목들을 지원한다. 투입 모델은 금융기관에 의한 선행 파이낸싱(선불 지불금)이 특징으로, 통제 메카니즘이 잘 작동되지 않은 경우 최종 생산물이 구체화된 요건들에 부합되지 않는 리스크가 발생하고 펀딩의 유용 문제가 발생할 수 있다.

② 산출 모델

프로그램의 효과적인 공급에 초점을 맞춘다. 펀딩 과정은 쌍무적인 경우가 일반적인데. 서비스 혜택을 받지 못하는 빈곤층에 기본 서비스 제공을 지원하는 성과기반의 증여 방식이 활용된다. 증여 지원은 이용자에게 제공하는 서비스의 비용과 이용자의 서비스 지불 능력 사이에서 발생하는 갭을 매워주는 역할을 한다. 전통적인 보조금(투입 모델)과는 달리, 산출 모델의 원조금은 성공적인 활동의 완료와 서비스 감사가 이뤄진 이후에 지불된다.

③ 결과 모델

금융 인센티브가 공조적인 다자 프레임워크를 통해 실증적인, 감사 가능한 결과의 공급에 기초한다. MDGs가 결과 기반의 해결방안을 파악하는 실천적 전략이었다. MDGs의 초점은 얼마나 많은 프로그램들이 개시되어 시행되었는지가 아니라 얼마나 많은 아동들의 생명이 구조되고 얼마나 많은 아동들이 교육을 받게 되었는지에 있다. MGD에서 달성하려는 결과

그림 2-1 투입 모델, 산출 모델, 결과 모델 파이낸싱 흐름 비교

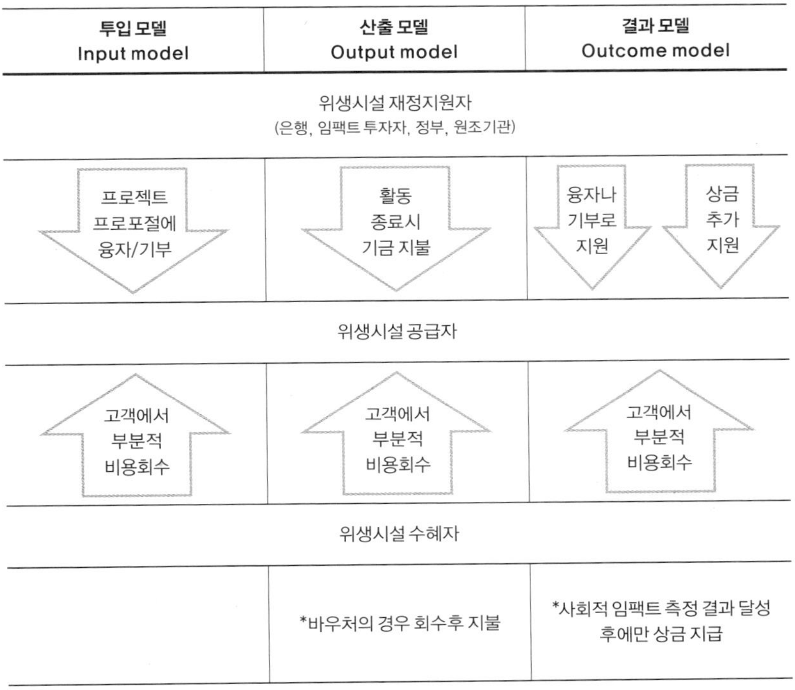

자료 UN 2013a: 37.

들과 '공조적 파트너십'(MDG 8) 사이에 의견일치가 있음에도, 결과 달성을 위한 대부분의 정책 수단과 프로그램들은 쌍무적인 투입과 산출에 기반한 금융수단과 구조에 의존하였다. 이로 인해 분절화와 비공조적 활동의 인센티브가 일반화되는 문제를 낳았다.

MDG 이후 새로운 혁신적인 금융수단으로 개발의 결과와 임팩트를 창출하는 변화가 일어나고 있다. 쌍무적이 아닌 다자 공조로 해결방안을 탐색하며, SIB와 DIB가 새로운 결과 기반의 개발 패러다임의 구조를 이루고 있다.

(3) 중간지원조직

전통적인 쌍무적 원조 모델에서 다자 공조적 파이낸싱 모델로의 이동은 새로운 역량있는 전문성을 갖춘 중간지원조직을 필요로 한다. 중간지원조직의 역할은 최근의 SIB와 DIB에서 구체화되어 있듯이 복합적이다. 새로운 금융수단의 구조를 디자인하고 위탁기관과 시행기관과 투자자 등의 핵심 이해관계자들의 역할 조정이 핵심이다. 특히 사회적 임팩트를 창출하는 결과 달성에 필요한 증거와 자료의 수집과 측정에 필요한 인프라와 검증기관과 평가기관과의 공조적 관계 유지의 역할을 맡는다. 서비스 공급기관의 역량구축과 성과 관리를 지원해 계획된 결과를 성과로 달성해, 투자자와 함께 투자금과 재정수익과 상금을 돌려받을 수 있도록 총괄적인 역할을 수행한다.

중간지원조직에 대한 인센티브는 SIB나 DIB로 창출되는 사회적, 경제적 임팩트와 관련된다. 중간지원조직이 사회적 미션을 추구하는 역할을 수행하도록 인센티브를 제공하는 것도 중요하다.

임팩트 투자 연구에 따르면, 개발의 혁신적인 펀딩과 스케일링에서 중간지원조직의 역할들이 중시된다. 첫째는 기업가로, 비전을 갖고 비즈니스 솔루션이 사회적 목표에 적용될 수 있는 비전을 응용하는 추진력이다.

둘째는 소셜 섹터 중간지원기관으로 일련의 임팩트 투자 솔루션을 확장시키는 신뢰성과 능력을 가진 기관이다. 위생 분야에서는 UNICEF, WSP, UN-HABITAT, 식수위생공조위원회(Water Supply and Sanitation Collaborative Council: WSSCC) 등이 이런 조직에 해당된다.

셋째는 사회적 금융 중간지원조직이다. 정부, 벤처캐피탈, 투자은행, 증여, 소셜캐피탈 등 다양한 자원을 복합하는 전체 사회적 금융을 이해하는 중간지원조직이 필요하다. 사회적 기업가정신 솔루션이 필요한 경우, 사회적 금융 중간지원기관은 상업적 다이나믹스가 어떻게 잘 작용해 사회적 목표를 달성할 것인지를 잘 이해할 수 있다. 대표적인 사례로는 지적 소유권 분야의 Light Years SP, 농업 분야의 Root Capital Fairtrade이다.

넷째는 영리 또는 영리-비영리 혼합 조직으로 스케일, 전문성과 자본을 유치할 능력을 갖춘 중간지원조직이다. 이들의 동기는 기업 사회적 책임(CSR), 또는 BOP 모델 개발의 의욕에서 찾아볼 수 있다. 대표적 사례로 다농(Danone), 유니레버(Unilever)가 있고, 금융 분야에서는 도이체 뱅크(Deutsche Bank), 제이피 모건(J.P. Morgan). 시티코어(Citicorp)가 있다.

4) 결과기반 금융의 개선방안

(1) 결과지불(PbR)의 문제점

결과지불(PbR) 제도는 이상의 장점들이 있지만, 아래와 같은 단점들이 제시되며 신중한 적용을 요청받고 있다. PbR이 기존의 증여와 용역 방식을 대체하는 경우, 역량을 가진 중소 NGO들에게는 사업 중단을 의미할 수 있다. 따라서 정부 등 위탁기관은 전면적인 PbR 시행에 앞서 전통적인 증여 방식과 PbR 방식의 균형을 유지할 필요가 있다(O'Donnell and Longhurst 2014: 10).

PbR은 특히 공여기관 주도의 지원으로 바뀔 가능성이 높다. 공여기관이 "복잡하고 위험한 문제들을 회피하고 단순한 문제들과 콘텐츠, 단기적 해결방안에 치중"하게 만들 수 있다. 관심의 초점은 "가장 심각한 문제들에 어떤 해결방안이 최상인가?" 하는 문제보다는 "이런 해결방안을 활용할 수 있는 문제들은 무엇인가"에 초점을 맞추게 될 것이다. PbR은 아직 광범위하게 활용되고 있지 않기 때문에 PbR이 복잡한 문제들에 잘 응용되고 있는지, 그 이상의 관심이 있는 것은 아니다.

PbR에 관한 보다 근본적인 관심은 "계약 관계와 강력한 결과 중시로 인해, 공여기관과 공급기관과 수혜층 사이에 개방적인, 평등한 관계의 축소"에 모아지고 있다. 거대 NGO 또는 민간기업들이 용역 수주를 지배하는 세계에서 복잡한 문제에 대한 개방적인 커뮤니케이션과 공조적 활동의 역량은 점차 줄고 있다. 또 M&E 정보 또한 영리추구적인 것으로 변질되면서 투명성과 학습의 노력이 약화되는 추세이다.

NGO들은 전형적인 미션조직으로 계획된 결과나 성과를 달성하는 동기가 강하다. 이처럼 이미 강한 결과 달성의 동기를 갖고 활동하는 사람들에게 금전적 인센티브를 제공하게 되면 이런 '내재적 동기'를 약화시켜, 금전적 인센티브가 없어지면 활동이 위축될 수 있다. 그럼에도 PbR이 비영리조직의 행태와 가치에 어떤 영향을 미칠 것인지는 아직 조사되지 않고 있다.

(2) 결과지불제의 개선방안

이상의 PbR의 문제들을 해결하기 위한 세 가지 방안들을 참고해볼 수 있다(앞글: 11). 첫째는 융통성이다. 시행기관이 PbR 적응과 혁신의 융통성을 갖게 하는 것이다. 복잡한, 장기적인 개발 문제의 경우 시행기관의 융통성은 결정적으로 중요하다. 따라서 프로젝트의 디자인, 입찰 단계에서 입찰자가 '변화의 이론'의 변화를 제안할 수 있게 하는 것이 중요하다. 또 프로젝트의 시행기관을 통해 시행기관이 예산과 활동의 변경의 자유를 갖는 것도 중요하다. 그래서 산출과 투입에 활동을 줄이고 보다 결과 창출에 시간과 역량을 투입하도록 하는 것이 중요하다.

둘째는 학습에 대한 보상이다. 개발 문제들은 복잡해서 증거기반이 취약한 특징이 있다. 공여기관이 시행실패에 대한 시행기관의 책무성을 높이도록 하는 것도 중요하지만, 결과에 대해서만이 아니라 학습에 대해서도 인센티브와 보상을 하는 것이 중요하다. 시행기관이 프로젝트 시행과정기간을 통해 학습하고 적응하는 노력에 대한 정당한 인센티브라고 볼 수 있다.

셋째는 투명성과 책무성(Transparency and Accountability)이다. 수혜층 또는 고객에 대한 시행기관의 투명성과 책무성을 높이도록 독려하는 것도 공여기관이 계획하는 결과 또는 성과의 달성에 기여한다.

2. 혁신적 개발금융

1) 혁신적 금융의 의미

(1) 혁신적 금융과 블렌딩

'혁신적 금융'(innovative financing)은 전문가들의 개정정의에 따르면, "글로벌 사회적, 환경적 문제들을 해결하는 자원을 동원하고 금융의 흐름

그림 2-2 혁신적 금융과 블렌딩(blending)

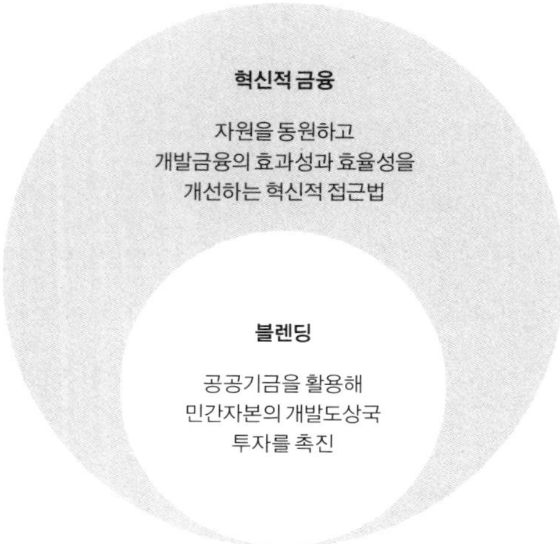

의 효과성과 효율성을 증대시키는 접근법"이다(USAID 2017: 18). 이런 의미에서 혁신적 금융은 첫째는 전통적인 개발금융을 보충하는 자본의 원천이 되며, 둘째는 자본 리스크의 재분배, 운영 자본의 유용성 개선, 프로젝트에 필요한 투자의 기간과 규모의 맞춤을 통해 프로젝트의 효과성과 효율성을 개선하는 혁신적인 금융수단이다.

블렌딩(blending, blended financing)은 혁신적 금융의 한 수단으로(그림 2-2 참조), "개발 금융과 민간 자선기금을 전략적으로 활용해 민간자본의 유입을 동원하는" 수단이다. 민간자본의 개발도상국 시장 진입을 방해하는 장애물을 극복하기 위한 전략이라고 볼 수 있다(앞글: 18).

(2) 혁신적 금융 메카니즘

혁신적 금융은 "공공 또는 민간 부문에 의한 기존의 전통적인 지출 접

표 2-4 혁신적 금융의 메카니즘

혁신적 출처	혁신적 전달 메카니즘	
	비조건부 지불	조건부 지불
"sin" 세금 항공이용 세금 카본 옵션(자발적) 소비자 기부 기업 사회적 책임(CSR) 임팩트 투자자(임팩트 채권 포함)	개발채권 리스크완화 보증 특수 양허적 융자 개별 현금이전	결과지불제 Pay for Results

자료 Gustafsson-Wright and Gardiner 2016: 4.

근법과는 다른 국제개발을 지원하기 위해 기금을 조성하거나 행동을 조장하는 메카니즘을 결합시키는 것"으로 정의된다(UNDP 2012: 7). 혁신적 금융은 첫째, 파트너 국가를 지원하는 활동을 확장 또는 개발하기 위해 민간과 공적 수입원을 조성하기 위한 새로운 접근방식이다. 둘째, 새로운 수익원으로 다년간 개발활동에 지정된 (새로운 조세, 부담금, 이용료, 채권 발행, 판매수입, 자발적 기여금 등) 새로운 수입원을 개발하는 접근법이다. 셋째, 시장실패를 해결하거나 진행중인 개발활동을 확장하기 위해 (금융 보증, 기업 사회적 책임 또는 기타 보상이나 인정) 등의 새로운 인센티브를 의미한다(앞글: 7).

혁신적 금융 수단들로는 녹색 채권을 비롯한 재해, 복원 채권들이 있다. 마이크로 파이낸스와 마이크로 보험 등 새로운 금융수단들도 개발되어 시행되고 있다. 혁신적 금융은 2001~2013년 기간에 연간 11%씩 증가할 정도로 활성화되고 있다. 연구에 따르면 348개의 혁신적 파이낸싱 사례 중 교육과 보건은 각기 4개와 24개 이니셔티브들이 시행되어 다소 저조한 실적을 보여준다(표 2-4).

2) 혁신적 금융의 유형

혁신적 금융은 다양한 유형으로 제시되는데, UNDP(2012)의 네 가지 분류유형을 참고해보고, 주요 금융수단에 대해 UNDP(2016)의 설명을 참고해볼 수 있다.

(1) 녹색, 재해, 복원 채권

① 녹색채권(green bonds)

2007년 세계은행이 환경을 보호하고 기후변화에 대응하는 프로젝트를 지원하는 채권으로 개시되었다. 녹색채권은 성장해, 2015년 430억 달러를 넘어섰지만, 여러 문제들도 있다. 환경 관련 프로젝트 전반에 지원되며, 일반 채권에 비해 수익이 적고 리스크 또한 적은 것으로 드러나고 있다. 결국 있으나마나 한 채권이라는 비판도 제기된다. 도요타 자동차가 하이브리드 프리우스 구매를 지원하는 기금으로 사용한 것 등 여러 문제가 될 만한 사례들이 있다. 그럼에도 2017년 1600억 달러로 성장해 6년 연속 지속적인 채권 발행 증가를 기록하며, 고정 수입(fixed income) 부문에서 가장 빠르게 성장하고 있다(GSG 2018a: 7).

② 재해채권(catastrophe bonds)

채권과 보험의 하이브리드이다. 정부 또는 보험사가 채권을 발행해 재해 발생시 투자자들이 채권의 원금을 상실하며 대신 재해복구에 사용되는 채권이다. 반대로 채권의 유효기간 내에 재해가 발생하지 않으면 투자자들이 원금과 함께 수익금을 가져간다. 수익이 비교적 많기 때문에 투자자들

표 2-5 혁신적 금융의 유형

유형	주요 내용과 사례
1. 글로벌 활동에 대한 세금, 부담금	국가 차원의 징수로 국제적 공조로 추진되는 비행기표 이니셔티브, 부담금 수입은 국제 개발에 배분, 금융거래세, 탄소세 등도 유사한 이니셔티브로 민간 부문에서 개발을 지원하는 재정수입을 창출.
2. 자발적 연대 기부금	소비자가 물품 구매로 소액을 개발 지원금으로 기부(온라인 호텔예약 등), 민간 기부이지만 공공기관이 면세로 지원하고 자원배분의 기술 지원.
3. 선불의 채무 기반의 도구	자원의 선불 투자로 공적 자원이 개발의 초기에 활용되도록 하는 이니셔티브로, 국제 자본시장에 채권 발행으로 추진. 국제백신금융기금(IFFIm), 녹색채권이 대표적.
4. 국가 보증, 민관 인센티브, 보험, 기타 시장기반 메카니즘	민간부문의 투자 인센티브를 창출하기 위한 공적 기금의 레버리지 이니셔티브로, 국가 보조금이나 (백신 등) 고정가격의 특정 제품 구매. 시장 실패를 해결하고, 국가 리스크나 거시경제 취약성을 감소시키는 다른 메카니즘으로 시장 기반의 보험이나 경기역행적 융자(counter-cyclical loans)는 새로운 개발수입원의 창출보다 금융 효과성 개선을 위함.

자료 UNDP 2012: 8.

에게는 투자 매력이 있는 채권이다. 2004년 최초로 40억 달러 채권이 발행된 이래 십여년 기간에 약 400억 달러의 재해채권이 발행되었다.

재해채권은 선진사회에서 유행한 다음 개발도상국으로 점차 확대되고 있다. 아프리카리스크역량(African Risk Capacity)은 참여하는 아프리카 국가들이 가뭄에 대비해 국가차원의 리스크 풀 역할을 하면서, 민간투자자들이 참여국가의 가뭄, 홍수 등 자연재해에 대비하는 재원마련에 필요한 재해채권을 구매해 마련되는 극심기후퍼실리티(Extreme Climate Facility)를 개발 중에 있다. 세계은행과 ARC 공동으로 재해채권의 용도를 전염병의 예방과 관리에 필요한 기금 마련으로 활용할 방안을 검토하고 있다.

③ 복원채권(resilience bond)

재해채권에서 변형된 혁신적 채권이다. 미국의 록펠러재단의 재정지원 등으로 도시복원인프라 프로젝트의 일부로 검토 중이다. 복원채권은 재해채권과 다른 점은 재해예방의 목적으로 하는 기관이지만 공동체의 재해 이후 복원력을 증대시키는 프로젝트의 파이낸스 제공에 있다는 점이다. 복원력 증진 프로젝트로 얻어지는 낮은 리스크가 재해채권의 수익을 높이는 프리미엄에서 리베이트를 받는 방식이다. 뉴욕시의 운송국은 폭우 재해채권의 프리미움 저축금으로 폭우 리스크를 낮추는 해수방벽 건설비로 활용한다.

(2) 마이크로 파이낸스와 마이크로 보험

① 마이크로 파이낸스

수십년 전에 보급되어 이제는 글로벌 보편적 현상으로 발전하였다. 소액대출은 농민과 도시 자영업자 등 다양한 계층에게 제공되며, 생계수단을 갖추기 위한 주요 금융수단이 되고 있다. 세계적으로 연간 1억명 이상이 800억 달러 이상의 융자에 의존해 생계를 유지하는 것으로 추산되고 있다.

사례로 농업 가치사슬 파이낸싱(value chain financing)은 크레딧의 접근 기회가 취약한 소농민에게 크레딧을 제공하는 마이크로 파이낸스와 관련된 전략이다. 가치사슬 파이낸싱의 개념은 오래전에 등장했지만 실제로 최초로 적용된 것은 나이지리아의 소농민을 위한 마이크로 파이낸스이다. 소농민에게 농업 생산에 필요한 파이낸싱을 제공하고, 보관부터 수송, 배분, 마켓팅 등에 이르는 가치사슬 전반에 대한 접근의 기회를 제공하는 전략이다. 소농민이 자신의 생산물이 판매된다는 의미는 그들이 빌려온 대출금을 갚으며 지속가능한 농업 비즈니스를 할 수 있다는 것을 의미한다. 이런 확신은 가치사슬의 리스크를 공유함으로써 가능해진다. 파이낸싱 디자인은 셀폰의 급진적 활용 덕분에 간편하게 마이크로 파이낸싱이 이뤄지도록 만들어준다.

② 마이크로 보험

취약층의 보험을 위한 마이크로 파이낸싱의 블렌딩 상품이다. R4 농촌복원 이니셔티브(R4 Rural Resilience Initiative)는 저소득 농민의 보험료 부담을 감소시켜 생명, 재산, 건강, 작품 보험의 혜택을 제공하기 위해 개발되었다. 세네갈, 에티오피아, 말라위, 잠비아의 소작농민들은 (기후 리스크 보험)인 작물 보험을 갖게 되면서 보험료 지불뿐 아니라 소득 증대의 혜택도 누리게 된다.

미국에서는 홍수피해 등 재난 보험의 설계에는 취약층에 대한 바우처 지원이 효과적인 것으로 제시된 바 있다. 제안자 컨로이더(Howard Kunreuther)는 홍수피해 대응을 위한 융자금 비용보다도 저소득층 바우처 지원으로 홍수 보험료 부담을 줄여주는 방안이 더 효율적인 것으로 제시한다.

(3) 보증(guarantees)

① AMC(Advanced Market Commitment)

게이츠 재단이 설립한 비영리기관 GAVI가 백신 선도시장실행(AMC)

을 개시하면서 주목을 받았다.[7] 게이츠 재단과 5개국이 백신 시장의 창출에 기반을 구축하는데 보증의 금융수단을 활용하였다.

아프리카 등지에서 일반적인 폐렴 치료를 위해 20억 정의 백신 개발에 소요되는 15억 달러의 보증지불이 2009년 AMC로 이뤄졌다. 지불보증을 받은 두 개의 백신 개발사들은 백신 개발을 해서 2013년까지 아프리카, 아시아, 남미의 1300만 이상의 아동에게 폐렴 백신정을 공급할 수 있었다. AMC 계약에 따라 제약사들은 20억 정의 약품이 모두 배포된 이후에도 약의 가격 적정성 유지를 위해 특정가격 이하를 유지해야 한다. 백신 개발과 보급 이외의 사회적 목적을 위한 선도시장실행(AMC)는 지속적인 논의가 있었지만 아직 실행되지 않고 있다.

② 보건서약보증(Pledge Guarantee for Health: PGH)

정부기관의 보증으로 은행융자를 통해 서비스 제공기관에게 원조금의 이용을 가속화하는 방안이다.[8] 정부기관의 보증으로 상업적 서비스 제공기관은 단기, 저금리의 융자를 제공받아 서비스 제공을 원활하게 할 수 있는 금융 지원을 받는다. 2011년 잠비아에서 말라리아 퇴치를 위한 160만 개의 침대모기장의 구입에 필요한 자금을 공급이 신속하게 이뤄지도록 보증이 이뤄지면서 수천명의 아동의 생명을 구제한 것으로 알려졌다. 이같은 정부 보증은 약품 비용을 감소시켜 필요한 약품의 공급을 신속하게 만드는 성과가 있는 것으로 알려지고 있다. PGH는 연간 10억 달러의 대출보증

---

7 https://www.gavi.org/ GAVI의 AMC 평가에 대해서는 https://www.gavi.org/results/evaluations/pneumococcal-amc-outcomes-and-impact-evaluation/

8 https://www.usaid.gov/sites/default/files/documents/1864/PGH-Infographic.pdf

역량으로 26개국에서 활용되어 왔다.

(4) 숲재단기금

숲재단기금(Forest Foundation Fund: 3F)는 현재 개발 중인데, 숲제거를 차단해 탄소배출을 획기적으로 감소시키는 완화(mitigation) 전략의 하나이다. 기존의 탄소시장의 이점을 활용해 기업이나 국가 등의 투자기관들이 열대우림 국가의 숲제거 방지에 필요한 새로운 기금 조성에 목표를 두고 있다. 특히 기관 투자자들이 3F에 투자를 이동할 것을 조장하는 전략이다. 기관투자자들의 3F에 대한 투자는 각국의 정부가 보증을 하면, 3F는 자본시장에서 보증금액의 융자를 받아 다소 리스크가 있는 투자에 투자해, 융자보증의 이자보다 높은 수익금으로 숲제거방지 사업비로 투자된다는 전략이다. 만약 10~15개국이 50억 달러의 융자보증을 하면 약 1000억 달러의 기금이 숲제거방지기금으로 조성될 수 있다는 것이다.

(5) 부과금, 부채스왑, 임팩트 투자

① 혁신적 부과금(levies)

UNITAID, UNITLIFE, REDD 등이 있다. UNITAID는 2006년 UN 특별자문관(Philippe Douste-Blazy)의 제안으로 항공료에 부과한 징세이다.[9] 사회적 목적을 위한 공익기금 조성을 위한 징세의 방안을 대표하는 첫 징

---

9 https://unitaid.org/#en

세이다. 항공료 부과세는 10개국에서 시행되어 250억 달러가 기금의 조성되어 HIV/AIDS, 결핵, 말라리아 예방과 치료에 필요한 적정가의 약품의 구입에 소요되고 있다.

UNITLIFE는 2015년 아프리카 4개국이 채취산업에 부과한 징세다.[10] 콩코 공화국은 석유 바렐당 10%의 세금을 부과할 예정이며, 말리는 2017년부터 판매하는 금의 그램당 10% 세금을 부과한다. 기니아와 니제르는 채취산업에 대한 징세를 부과할 예정이지만 어떤 분야에 얼마 만큼의 세금을 부과할 지는 아직 알려지지 않고 있다. 징세로 수집된 기금은 UNICEF가 관리해 아동의 급식에 사용된다. 아동의 영양실조를 해소하는데 연간 3억 달러의 기금이 조성될 것으로 기대되며, 글로벌 차원으로 확대되면 16억 달러의 기금도 마련될 수 있다.

REDD는 기부금이지만 결과지불의 기부금으로 특정 목표가 달성되면 지불되기 때문에 혁신적이다. REDD는 UN 프로그램으로 열대우림국이 숲제거를 방지하는 노력을 하면 지원기관이 약속된 성과에 대해 비용을 지불한다.[11] 위성 모니터링 검증 방식으로 숲보존율을 정확하게 측정해 성과에 따라 지불된다. REDD 메카니즘이 숲제거방지 목표를 어느정도 달성할지는 얼마나 많은 원조국이 어느정도 기금을 제공할지, 공급측의 의지에 달려 있다.

---

10 https://www.if.foundation/unitlife

11 http://www.un-redd.org/ 및 https://redd.unfccc.int/

② 부채스왑(Debt swaps)

개발 자문사 달버그(Dalberg)에 따르면, 2010~2013년 기간에 새로운 개발금융방식으로 14억 달러를 조성했고, 2024년까지 연간 6억 달러를 생산할 것으로 기대된다. 보건부채탕감(Under Debt2Health)에서 채권국은 채무국의 부채를 탕감해주는데, 탕감의 조건은 채권국이 글로벌 AIDS/결핵/말라리아 퇴치기금에 제공한 증여로 탕감받은 금액을 채무국이 자국의 국가의료프로그램에 지속적으로 분할 투자하는 것이다. 2007년에 첫 시행되었을 당시의 목표는 2조 6000억 달러의 부채탕감으로 추가적인 글로벌 기금을 마련하는데 있었다.

③ 네이처베스트(NatureVest) 임팩트 투자

다른 변형된 부채탕감 지원방식은 비영리재단 네이처 콘서밴시(Nature Conservancy)의 네이처베스트(NatureVest) 임팩트 투자 방식이다.[12] 네이처베스트의 2300억 달러와 다른 자선가의 7000억 달러의 임팩트 투자로 세이쉘의 3000억 달러 부채탕감을 하는 방식이다. 3000억 달러의 부채탕감을 받은 세이쉘 정부는 해양보전과 기후변화 대응 조치에 사용될 신탁기금(trust fund)에 저축하는 방식이다.

---

12 http://www.naturevesttnc.org/

3. 개발금융의 블렌딩

1) 개발금융의 재설계와 블렌딩

'블렌딩'은 개발 목표에 파이낸싱을 제공해 국제개발 투자의 효과를 증진시키며 지속가능한 성과를 달성하기 위한 공공 자본과 민간 자본을 복합시키는 프레임워크이다. 블렌딩은 기존의 ODA 프로그램에 기반해 개발금융을 위한 자본의 풀을 확장시키는데 목표가 있다.

2015년 Millennium Development Goals(MDGs)가 종료되고, 2016년부터 Sustainable Development Goals(SDGs)로 대체되어 개발 목표들이 시행되고 있다. ODA만으로 SDGs 달성이 불가능하다는 점에 대해서는 의견 수렴이 이뤄지고 있다. 캐나다는 개발을 위한 파이낸싱의 다양한 흐름을 촉진시키는 새로운 글로벌 메카니즘을 기획하는 일에 선도적인 역할을 수행한다. 캐나다는 OECD DAC과 World Economic Forum 공동의 개발금융 재디자인 이니셔티브(Redesigning Development Finance Initiative: RDFI) 위원회 의장국으로 금융자원의 풀 증대에 일차적인 목표를 수행하고 있다. 복합 파이낸싱은 2015년 7월 13~15일 기간 이디오피아의 제3차 국제개발금융 컨퍼런스에서 공식적으로 제시되어, 시행되고 있다.

이 프로젝트는 연간 17억 달러의 펀딩 갭을 보충하기 위한 방안으로 공조적 펀딩 모델인 블렌딩을 제시해, 개발 투자 시장에 새로운 민간자본 흐름을 유치하는데 목표를 두고 있다.[13] 지난 2년 기간에 25개의 국제적 행

13 http://www.weforum.org/projects/redesigning-development-finance

사를 통해 100여 개발기관들과 블렌딩 개념에 대한 인식의 공유를 바탕으로, 프레임워크(Primer), 새로운 도구(How-To Guide), 파트너십(Convergence), 비즈니스 케이스(Landscape Survey)를 개발해 다양한 공공 및 민간 이해관계자들의 관심과 동참을 유도한다.

블렌딩은 개발에 상당한 임팩트를 창출할 것으로 기대된다(OECD 2015e).

첫째는 자본 레버리지를 증대시킨다. 한정된 개발금융과 자선적 기금이 미치는 범위를 확장시켜 많은 거대 규모의 민간 자본들이 높은 개발 임팩트를 가진 투자에 연결되도록 촉진시킨다.

둘째는 임팩트 확장이다. 기술세트, 지식 및 공공 및 민간 투자자들의 자원으로 개발 관련 투자들의 범위, 연역 및 효과성을 증진시킬 수 있다.

셋째는 리스크 조정의 수익 산출이다. 리스크를 관리해 시장 기대에 미치는 수익을 실현한다.

2) EU의 블렌딩 정책

2014년 EU는 최초로 다년간 금융 프레임워크 2014~2020을 도입해, 쌍무적, 지역별 개발협력을 추진하였다. 2014년 아프리카-EU 정상회담 이후 개발협력 인스트루먼트(Development Cooperation Instrument: DCI)에 아프리카 전역에 걸친 최초의 프로그램인 팬아프리카 프로그램(Pan-African Programme)이, 유럽개발기금(European Development Fund: EDF)에 아프리카 평화 퍼실리티(African Peace Facility)가 각각 개설되었다. 개발협력의 공동 프로그래밍(Joint Programming)도 회원국들의 공조로 개시되어 18개 최빈국 또는 저소득국을 파트너 국가로 공조해 시행에 들어갔다.

2014년 유럽이사회는 "민간부문의 개발도상국의 포용적, 지속가능한 성장 달성의 역할 증대" 전략을 채택해, 개발도상국의 비즈니스 환경과 민간부문 개발 개선 전략을 추진하는 준비를 갖추었다(EU 2015: 3). 이사회는 특히 혁신적 금융도구인 '블렌딩' 정책을 강조하였다. EU의 증여 지원으로 공공부문 그리고 기업과 재단 등의 민간 부문의 융자나 지분 투자를 유치해 추가적인 개발 자원을 레버리지하는 전략이다.

EU의 혁신적 금융도구인 블렌딩 공식 사이트에 소개된 EU 차원의 블렌딩 전략을 정리하면 아래와 같다.[14]

EU의 〈변화를 위한 어젠다〉 전략은 EU와 외부와의 협력에서 포용적 성장과 일자리 창출을 지원에 초점을 맞추는데, 이런 정책배경에서 블렌딩은 공적 원조금에 추가 자원을 동원해 원조의 임팩트를 증대시키는 혁신적 수단으로 인정받고 있다. 블렌딩은 EU의 외부 정책 목표를 추구하고, 원조 모달러티들을 보충하며 지역, 국가 정책 우선전략을 추구하는 수단이다. 블렌딩 메카니즘의 원칙은 EU 증여를 공공 및 민간 재정기관의 융자 또는 지분자본과 결합시켜 블렌딩을 형성하는 것이다.

블렌딩(Blending) = 정부 증여(grant) + 공공 및 민간의 융자(loan), 지분(equity)

EU 증여는 리스크 노출을 감소시켜 EU 파트너 개도국의 중요한 투자에 추가적 파이낸싱을 유치하는 전략적 도구가 된다. 증여를 통해 다음 네 가지 유형의 투자 프로젝트 지원을 한다.

14 http://ec.europa.eu/europeaid/policies/innovative-financial-instruments-blending

a) 투자 증여와 이자율 보조금(Investment grant & interest rate subsidy) - 파트너 국가의 착수 투자와 전체 프로젝트 비용을 감소시킨다.

b) 기술 지원(Technical assistance) - 프로젝트의 질, 효율성 및 지속가능성을 보장한다.

c) 리스크 자본(Risk capital: 지분과 준지분) - 추가적 파이낸싱을 유치한다.

d) 보증(Guarantees) - 리스크 감소를 통해 개발 파이낸싱을 증대시킨다.

(2) 블렌딩 퍼실리티와 프레임워크

EU 블렌딩 퍼실리티는 블렌딩 프레임워크에 조직되어 있다.

(a) 개발협력 인스트루먼트(DCI) 블렌딩 프레임워크에는

- 남미 투자기금(LAIF)
- 아시아 투자기금(AIF)
- 중앙아시아 투자기금(IFCA)

(b) 유럽개발기금(EDF) 블렌딩 프레임워크에는

- 아프리카 투자기금(AfIF)과 EU-아프리카 인프라 신탁기금(ITF),
- 카리비아 투자기금(CIF)
- 태평양 투자기금(IFP)이 있다.

이상의 6개의 투자 퍼실리티 이외에도 선도적인 유럽 내의 이웃투자 퍼실리티(Neighborhood Investment Facility: NIF)가 유럽 지역에서 2008년에 개시되었다. 이와 함께 포용적이며 지속가능한 민간부문 개발을 지원하는 특정 분야별 이니셔티브들이 시행되고 있다. 전기와 에너지 서비스 개선을 위

한 전기화 파이낸싱 이니셔티브(Electrification Financing Initiative), 소농의 포용과 중소농기업에 초점을 맞춘 가치사슬 접근의 투자 증대를 위한 농업 파이낸싱 이니셔티브(Agriculture Financing Initiative) 등이 있다.

(3) 블렌딩의 시행 현황

EU는 다년간 파이낸싱 프레임워크 2007~2013 전략의 도입에 따라 블렌딩의 개발협력의 영역으로 점차 확대해 왔다. 2007년 이후 2015년까지 9년간, EU 예산으로 27억 유로의 증여가 270개의 프로젝트 파이낸싱에 지원되었다. 이 증여는 유럽 금융기관과 지역개발은행의 투자금인 230억 유로의 융자를 조성하는데 기여해, 전체 증여와 공공기관과 민간 파이낸싱의 규모는 500억 유로 투자로 레버리지된 성과를 보여준다.

블렌딩 프로젝트에 배분된 EU 증여의 60% 가량은 에너지와 운송 인프라 이니셔티브에 지원되었다. 그리고 20%는 식수, 폐기물처리, 주택, 보건, 환경 등 사회 분야에 투자되었으며, 13%는 지역의 중소기업을 비롯한 민간 부문에 투자되어 지역 생산 역량 강화와 일자리 창출에 기여하였다. 2007년 이래로 블렌딩을 통한 EU 증여의 62%는 기후변화 프로젝트와 관련되어 있다. EU의 10억 유로 증여로 민간 부문의 250억 유로의 투자를 유치한 성과를 보여준다.

3) 블렌딩의 도구와 사례

오늘날 개발 파이낸싱의 지형은 복잡하며 급속도로 진화하고 있다. 공공과 민간, 국가, 지역, 지방 차원의 다양하고 무수한 행위자들이 납세자, 주주, 수탁인 등 다양한 이해관계자들과 더불어, 개발이나 수익 또는 양자 모두의 추구라는 각기 다른 동기에서, 복합적인 금융 수단들(증여, 융자, 보증, 보험 등)을 이용하고 있다(UNDP 2016: 31).

SDG 2030 어젠다의 수요 측면은 다양한 금융도구들을 각각의 상대적 강점과 보충성에 따라 활용할 것으로 요청하고 있다. 공식 금융지원기관은 최빈국(LDCs)이 책임있는 방법으로, 리스크를 최소화하고 개발의 혜택을 최대화하는 방법으로 금융 도구들을 활용하도록 지원하는 역할을 맡고 있다.

표 2-6 ODA 현대화와 '지속가능한 개발에 대한 전체 ODA'의 측정

2014년 OECD DAC 회원국은 ODA 개념의 현대화와 함께 원조국의 '노력'을 보다 정확하게 측정하고 비교하기 위해 양허적 융자를 추산하는 방법의 개선도 결정하였다. 기본 규정에 따르면 융자가 최저수준의 양허성 기준점(minimum threshold of concessionality)에 도달하면, 융자의 양허적 요소 또는 수원국의 개발의 수준에 관계 없이 모든 융자가 동일하게 계산되고 있다. 이제는 융자의 증여 요소만이 ODA로 인정받게 되면서 다양한 양허성 기준점이 국가의 소득수준 기준에 따라 계산된다. 최저소득국(LDCs)에 대한 융자가 ODA로 인정받기 위해서는 더 높은 수준의 증여 요소가 있어야 지만 중소득국에 대해서는 더 낮은 수준의 증여 요소가 ODA로 인정될 수 있다. 따라서 앞으로는 LDCs와 기타 저소득국에 대한 융자는 ODA로 인정받기 위해 최소한 45%의 증여 요소를 가져야 한다. 중저소득국과 중상소득국은 각기 15%와 10%가 기준점이 된다. 새로운 시스템은 2018년부터 시행되며 이로써 원조국들이 LDCs에 더 많은 융자를 배분하게 되는 인센티브를 창출하게 될 것이다.

자료 UNDP 2016: 33.

(1) 고액의 금융 조성과 블렌딩으로 역량 강화

블렌딩에 대한 관심이 최근 고조되며 개발 영역에서는 가장 역동적인 한 분야로 부각되어 있다. 블렌딩에는 쌍무적 개발기관부터 다자 개발금융기관과 자선재단 등 다양한 행위자들이 관련된다. 이들은 공공 개발자원이 한정되어 있는 상황에서 블렌딩을 개도국의 개발 전반을 위한 공공 및 민간 파이낸싱 스케일을 확장하는 기회로 간주한다.

따라서 블렌딩은 공공-민간 파트너십이자 공공-민간 금융 파트너십을 포함한다고 볼 수 있다. 블렌딩이 필요한 근거는 세 가지로 요약할 수 있다(UNDP 2016: 34-35).

a) 자본 레버리지를 증대시키기 위해 [원조금과 자선기금으로 추가적인 공공 또는 민간 자본의 유치/동원에 이용된다]
b) 임팩트를 개선하기 위해 [공공 및 민간의 기술세트, 지식, 자원을 복합시켜 프로젝트의 범위, 분야, 효과성을 증대시킬 수 있다].
c) 리스크 조정의 수익을 제공하기 위해 [리스크 관리를 해서 시장 기대치에 적합한 수익을 보장한다].

블렌딩의 '증여' 요소가 다양한 용도로 이용될 수 있다. 기술지원(프로젝트 준비 서비스, 거래비용 감소를 위한 투자처 자문과 훈련 제공 등)을 비롯해, 리스크 완화(다양한 리스크로부터 투자자의 완전 또는 부분 보호), 시장 인센티브(투자자의 선불 투자에 대한 보증된 미래 지불 보증 또는 새로운 제품이나 서비스의 혁신을 촉진) 등이 있다.

원조기관의 후원하는 인프라 프로젝트 준비기금(Infrastructure Project

Preparation Facility)가 아프리카 개발은행이 관리를 맡아 인프라 프로젝트 준비활동에 필요한 비용에 증여금을 제공한다. 이를 통해 에너지, 식수, 운송, ICT 분야의 핵심 인프라 개발을 위한 공공 및 민간 파이낸싱의 촉매자 역할을 한다. 공공 투자기관은 시장 이율의 지분이나 부채 파이낸싱을 제공해 블렌딩 거래에 동참할 수 있다. EU가 최근 블렌딩을 널리 활용해 에너지 등에 광범위한 투자를 유치하고 있다. 에너지가 높은 지분(35%)을 차지하고, 운송(26%), 식수(20%), 중소기업 지원(11%), 사회 서비스(5%), ICT(3%) 등이다. EU의 블렌딩은 아시아, 아프리카, 캐리비안, 중앙아시아 등지의 투자기금 운영으로 활성화되어 있다.

- Asia Investment Facility (AIF),
- Investment Facility for the Pacific (IFP),
- Neighbourhood Investment Facility (NIF),
- Latin America Investment Facility (LAIF),
- Caribbean Investment Facility (CIF),
- Investment Facility for Central Asia (IFCA) 등이다.

다양한 기금에서 EU 증여는 매우 중요한 역할을 한다. 프로젝트의 준비와 운영에 필요한 기술지원, 이자율 보조금 지원, 프로젝트의 장비구입이나 서비스 재원을 지원하는 직접적인 증여 또는 투자 증여, 그리고 융자보증, 보험 프리미음, 지분이나 준지분 투자 또는 기타 리스크 공동부담의 금융수단 등이 있다.

주요 개발금융기관 대부분이 복합금융을 하고 있다. 유럽개발은행(EIB), 유럽이사회(European Commission), 프랑스개발은행(AFD), 독일 개발은행(KfW), 유럽재건개발은행(EBRD) 등이 대표적이다.

블렌딩은 많은 장점을 갖고 있지만, 단점으로 해결해야 할 과제들도 갖고 있다(앞글: 36). 블렌딩 패키지 딜을 최종화하는데 시간이 많이 소요된다. 단순한 증여 지원에 비해 복잡한 이유는 많은 금융수단과 다수의 금융기관 등이 관련되기 때문이다. 또 다른 장애 요인으로는 블렌딩이 개시된지 얼마 되지 않아 충분한 경험과 성과가 참고되지 않아 블렌딩에 대한 제한적인 지식과 인식 문제가 있다. 블렌딩의 공급 측면뿐 아니라 개발도상국 현지의 수요 측면에서도 유사한 문제들이 제기되어 있다.

(2) 개발을 위한 보증으로 크레딧 개선

보증은 배상의 보증을 약속한다. 융자 상환이나 채권 상환 실패 또는 지분의 수용 등 불이행이나 무성과에 대한 특정 금액의 배상 보증을 의미한다. 민간 기관도 보증 기관이 될 수 있지만 개발도상국에서는 공공 기관만이 보증기관이 된다. 정치적 리스크도 있지만, 경제적 리스크로 투자자의 보호가 필요한 경우가 많다. 개발을 위한 보증은 민간 자본의 유치를 위해 필요한 주요 금융수단이다. 민간 자본에는 기업, 은행, 개인 자산가, NGO, 투자 펀드 등이 있다.

최대의 개발보증 국가는 미국, 프랑스, 호주, 스웨덴 등이며, 최대 다자기관은 세계은행(다자 투자보증기관, MIGA), 이슬람 개발은행, 민간인프라개발기관 등이다.

표 2-7 블렌딩을 통한 생다양성 촉매 자원: 중앙 아메리카의 UNDP

경제통합을 위한 중앙 아메리카 은행(BCIE)와 UNDP가 공조해 생다양성 친화적인 블렌딩의 시행에 들어갔다. 글로벌 환경기금(Global Environment Facility: GEF) 지원금을 30개 이상의 금융 기관들의 융자금을 복합시켜, 중앙 아메리카 생다양성 시장 프로젝트는 중소기업을 지원해 이들이 비즈니스, 제품, 서비스에 생다양성 보호와 보전을 통합하도록 재정지원을 한다. 관련 분야는 농임업, 유기농, 지속가능한 산림관리, 인증된 양식업, 지속가능한 관광과 지속가능한 수산업 등이다. GEF 지원금으로 지역사회의 금융기관들이 지역의 기업과 기업가들에게 사업과 활동을 개발하고 확장하는데 필요한 대출 서비스로 지원한다. 프로젝트를 통한 기업에 대한 기술지원과 이들을 지원하는 금융 중간지원조직의 역할이 결합된다. 이 프로젝트는 블렌딩으로 소규모의 저소득국에서 지속가능한 개발을 지원하는 대표적인 사례가 된다.

자료 UNDP 2016: 34.

표 2-8 소형 식수와 전기 시스템 공급기관에 대한 블렌딩 : 캄보디아 사례

2013년 프랑스 원조기관 AFD(Agence Française de Développement)는 캄보디아 은행인 해외무역은행의 리스크 분담 보증을 포함한 1500만 달러의 융자를 농촌과 준농촌 지역의 소형 식수와 전기 공급기관에 제공하였다. 이 프로젝트는 EU의 아시아 투자기금(AIF)와 EU로부터 300만 달러의 추가 투자를 유치하였다. 캄보디아 인구 대부분이 농촌이나 준농촌 지역에 거주해 안전한 식수와 전기의 혜택을 누리지 못하는 실정이지만, 공급기관의 역할도 자금의 부족으로 정체 상태에 있다. 지역 은행기관의 융자가 제한적이고 관리기술과 기술 전문성의 문제 등도 심각한 장애가 된다. AFD의 프로젝트 목표는 식수와 전기 분야의 소규모 민간 공급기관의 개발을 강화하는 것으로, 이들의 지역 크레딧 이용과 기술과 금융의 전문성을 갖는 역량강화에 초점을 맞춘다. 캄보디아의 해외무역은행과 파트너십으로 리스크 분담의 메카니즘을 갖추고 크레딧 개선 지원으로 지역의 민간 부문의 욕구에 기반하는 금융 상품과 서비스를 창출하는 역할을 한다. 이자율 감소, 장기 대출 등이 주요 금융지원이다. 그밖에도 비금융적 기술지원으로 지방은행의 서비스 개선 강화 지원과 식수와 전기 분야의 양질의 비즈니스 계획을 개발에서의 전문성 제공 등이 있다.

자료 UNDP 2016: 35.

표 2-9 녹색 혁명을 위한 연대: 소농민의 대출 확대

녹색혁명연대(Alliance for a Green Revolution : AGRA)의 혁신적 파이낸싱 프로그램은 소농민과 소농기업을 대상으로 저비용의 대출금 수백만 달러의 제공해준다. 이런 대출은 이전에는 매우 리스크가 높은 것으로 간주해 대출을 기피하였다. AGRA과 파트너들(양자 원조기관, 다자 금융기관, 자선 재단, 영리기업 등)은 상업 은행들로부터 대규모 융자를 확장시키는 '융자보증기금'(loan guarantee funds)를 조성하였다. 이 기금은 융자 불이행에 대한 보험 용도이다. 프로그램은 또 금융서비스기관들과 파트너십을 갖고 적정가의 저축, 대출, 보험 상품을 개발하고, 또 농민과 농민조직들의 금융 이해교육을 추진한다. 이런 이니셔티브는 아프리카 LDCs에 필요한 것으로, 프로그램 참여 13개국 중 10국이 LDCs이다.

자료 UNDP 2016: 38.

OECD 추산에 따르면 보증을 동원된 자원의 많은 부분(40%)가 은행과 금융 서비스, 중소기업 신용 보증, 모기지 파이낸스, 농촌 신용협동조합, 소농민 협회 등이다. 그밖에 에너지 인프라와 산업 등이 뒤를 잇는다. 보증의 활용도가 높지만 많이 활성화되어 있지는 않다. 공급측에서는 대부분의 보증상품이 융자보다 복잡하고 구조와 실행에 필요한 비용이 많이 드는 문제가 있다. 특히 관료적 규제가 심한 편이다. 수요측 차용자의 비용 부담이 적지 않다. 차용자의 크레딧이 낮거나 프로젝트 디자인이 잘 되지 않은 경우 보증이 이뤄지기 어렵다. 그렇기 때문에 개도국의 현실에서는 은행이나 중소기업의 역량구축에 필요한 보증으로 활용되는 것이 바람직하다.

(3) 지역 투자와 중소기업 파이낸싱, 지역화폐 파이낸싱

많은 국립 및 다자 개발은행들은 개발도상국의 중앙 정부나 지방정부

에게 지역 화폐로 융자를 제공한다(앞글: 39). 지역화폐 파이낸싱은 해외화폐 융자를 받으면서 발생하는 환율변동 등 여러 리스크에 대한 인식에서 창출된 것으로, 주로 민간 영역의 중소기업의 파이낸스를 위한 금융수단이 되고 있다. 지역화폐 파이낸싱은 융자 또는 지역화폐 스왑 방식으로 제공된다.

국제금융사(IFC)가 지역화폐 파이낸싱의 주요 기관이며, 다른 양자, 다자 개발 기관도 자본시장에 지역화폐 채권을 발행해 시장 개발을 지원한다(앞글: 40). 지역화폐 파이낸싱은 여러 장점들이 있지만, 개선 과제들도 적지 않다. 융자기관에게 일부 유동성과 리스크 관리 과제가 있다. 환율변동에 따른 재정 손실에 대한 익스포저, 크레딧(불이행) 리스크 등이다. 국제적 수요 또한 변동적인 문제로, 지역화폐 파이낸싱 관련 이자 비용을 높일 수 있는 요인이다.

표 2-10 새로운 아프리카 농기업 파이낸싱 기금

2015년에 발표된 성장아프리카투자포럼(Grow Africa Investment Forum)의 아프리카 농기업을 위한 융자가 소농민의 생산성과 소득 증대를 위한 첫 사업이 독일 개발은행(KfW)의 종자 투자금과 농기업 사회임팩트 투자기관(AgDevCo)의 추가 투자로 농기업의 운영자본의 욕구를 충족시켰다. 비영리 사회적 임팩트 투자기관인 Root Capital이 관리의 책임을 맡아 400만 달러의 크레딧과 기타 부채를 제공한다.

자료 UNDP 2016: 40.

(4) 녹색 채권과 블루 채권으로 지속가능한 개발 파이낸싱

'녹색' 금융은 최근 상당한 붐을 이루는 성장 분야이다. 다양한 펀드, 프로그램, 이니셔티브들이 있다. 대표적으로 GEF(Global Environment Facility), UN REDD 프로그램, 기후변화 적응기금(Adaptation Fund), 그리고 가장 최근의 녹색기후기금(Green Climate Fund)이 있다.

① 녹색 채권

녹색금융 가운데 가장 급성장하는 분야가 '녹색채권'(green bonds)이다. 녹색채권은 채권의 수익금을 환경친화적 투자에 연계시키는 금융수단이다. 채권의 발행은 영리기업, 다자은행 등의 국제금융기관, 중앙 정부나 지방정부 등의 공공기관이 될 수 있다(앞글: 41). 기후채권이니셔티브(Climate Bonds Initiative)에 따르면, 수익금의 100%를 환경적 목적이나 프로젝트에 투자되도록 규정한 '녹색'의 명칭을 가진 채권들은 2015년 659억 달러에 달할 정도로 엄청나다. 또 다른 '녹색' 명칭을 갖고 있지는 않은 5318억 달러의 채권이 발행되어 기후/환경 문제해결에 투자되도록 되어 있다.

다자 개발은행과 기업들이 녹색 채권의 주요 발행기관들이다. 2014년과 2015년 유럽투자은행(European Investment Bank) 116억 달러, 세계은행 85억 달러, 독일 개발은행(KfW) 40억 달러의 채권을 발행하였다. 산업국에서는 지방자치단체도 녹색 채권을 발행하는데, 에너지, 저탄소 건물과 운송 관련 프로젝트들이 가장 인기 있는 프로젝트이다. 브라질, 중국, 인도, 멕시코, 남아공 등 일부 신흥개발 강대국들은 국내에 역동적인 녹색채권 시장을 구축해두고 있다. 유럽투자은행이 세계 최대의 녹색채권 발행기관으로, 리베리아와 같은 LDC에도 활용하지만 주로 고소득국의 '기후인식

채권'(Climate Awareness Bonds)으로 에너지 프로젝트에 투자한다.

세계은행 또한 주요 발행기관으로 2015년말까지 18개 다양한 화폐의 100개의 녹색채권 거래를 시행하였다. 그런데 절대 다수가 동티모르를 제외한 중소득국 프로젝트 지원에 활용되고 있다. 아프리카개발은행도 2013년 '녹색채권 프로그램'을 개설해, 재생 에너지, 에너지 효율성, 배출감소, 폐기물관리 등에 재정지원을 한다. 르완다, 우간다, 잠비아 등의 LDC에 녹색채권 수익금을 지원하고 있다. 아시아개발은행은 2015년 5억 달러의 녹색채권 프로그램을 개시해, 저탄소와 기후복구를 지원하는 아시아개발은행의 프로젝트에 투자자의 투자를 유치하는 채널로 활용하고 있다. 중국, 인도네시아, 필리핀 등의 중소득국이 수혜를 받았다. 세계은행에 따르면 녹색채권 발행 규모가 늘면서 투자자 유형도 다양해지며 앞으로의 전망이 밝은 것으로 본다. 일부 국제은행들이 녹색채권과 같은 사회적, 환경적으로 혜택이 되는 활동에 투자를 확대하는 추세이다.

② 블루 채권

한편 '블루'(Blue) 채권은 작은 도서국(Small Island Developing States)에 초점을 맞춘 채권으로, 세이쉘이 주도적인 역할을 한다(앞글: 42). 녹색채권을 벤치마킹해서 채권의 수익금을 해안 보전과 지속가능한 수산업 개발 등에 투자하는 금융수단이다. 세이쉘은 2016년 아프리카은행과 세계은행의 지원으로 1000만 달러의 채권판매를 계획해서, 비용을 줄이고 적정가의 이자율을 보장해 투자자 유치에 나섰다. 채권 판매가 성공적이면, 프로젝트를 더 확장시켜 코모로스, 마다가스카르, 모리셔스 등 다른 인도양 도서국들과 연대할 계획을 갖고 있다.

4. 민간 자본의 개발 임팩트 투자

1) 비즈니스 모델과 자선기관의 투자

임팩트 투자 비즈니스 모델은 시장모델이기 때문에 전통적인 증여 지원을 받지 않고 시장의 임팩트 투자에 의존한다. 임팩트 투자 비즈니스 모델들은 〈표 2-11〉과 같이 BOP 시장, 일자리 공급, 환경보호 등 세 가지로 구분해볼 수 있다.

표 2-11 임팩트 투자의 비즈니스 모델

1. BOP에 제품과 서비스 공급 모델	BOP 빈곤층의 삶의질 개선을 위한 제품과 서비스 공급 예: 저렴한 식수 필터, 태양에너지 전등
2. 일자리 공급 모델	고실업 지역에서 산업 개발 또는 부흥
3. 환경 보호 모델	재생에너지, 지속가능한 농업, 자원고갈에 대비한 대체산업 개발

자료 UN 2013b: 39.

(1) BOP 시장 임팩트 투자

BOP 시장의 경우, 임팩트 투자를 통한 빈곤층의 삶 개선의 가치사슬 구축으로 임팩트가 확장될 수 있다. 영국 UKAID(2015d)가 제시하는 가치사슬 단계별 수혜층을 참고해볼 만하다.

그림 2-2 가치사슬 단계별 BOP 수혜자

생산	프로세스	배분	소비
공급자	종업원	기업가	소비자
농어민, 광업 폐품수집자	노동자, 농업노동자 임시직, 기관	유통업자 프랜차이즈업자	제품/서비스 이용자 보건, 에너지 소비자

(2) BOP 임팩트 투자의 지속가능성

BOP 임팩트 투자를 진흥하기 위한 과제는 무엇인가? 이에 대해 게이츠 재단의 디렉터인 선더랜드(Julie Sunderland)의 설명을 OECD의 보고서(2016a)에 소개된 내용에서 참고할 수 있다.

임팩트 투자가 BOP 인구에 초점을 맞춘 지속가능성을 갖기 위해서는 다음 세 가지 도전 과제를 해결해야 한다(OECD 2016a: 102). 첫째는 사회적 목표와 재정적 목표를 조합시키는 일이다. 임팩트 투자가 효과적으로 작동하기 위해서는 수입/이윤 창출의 기회와 사회적 목표 달성의 조화시키는 기회를 탐색해 창의적으로 확장시키는 일이다. 모바일 폰이 지금까지 가장 위대한 역사적인 사례가 된다. 모바일 폰 회사들은 개발도상국 소비자에게 적정가격의 모바일 폰을 공급해 소득증대와 빈곤해소 등의 사회적 목표 달성에 기여하면서도 투자자에게 상당한 수익을 돌려주었다. 모바일 폰 사례와 같은 사회적 목표와 금융적 목표의 조화는 찾아보기 어렵지만 사회적 투자를 활성화시키기 위해서는 보증 등으로 리스크 감소 메카니즘을 마련해주는 일이 중요하다. 또는 저비용의 자본 확장을 통해 또는 모바일 폰 기술과 유사한 전망을 가진 테크놀러지에 대한 기업설립 지분 투자를 통해서도 가능하다.

둘째는 BOP 인구에 접근하는 경제학의 변화가 필요하다. 자본집약적인 복합적인 또는 거래 중심적인 비즈니스 모델은 BOP 시장에서는 지속가능성이 취약할 수 있다. 민간부문은 BOP 인구의 욕구에 부합하는 새로운 테크놀러지, 제품, 비즈니스 모델을 개발해, 이윤이 적지만 박리다매로 판매를 늘리는 전략을 추진해볼 만하다. 배달 등의 거래비용을 감소시키는 혁신적 방안들이 있다. 사회적 임팩트 투자가 민간투자의 레버리지를 촉진시켜 새로운 비즈니스 모델 개발과 확장을 지원할 수 있다.

셋째는 지도층의 현장 투자와 기업가 재능을 배양하는 일이다. 중소기업과 사회 부문의 기업들의 성장에는 자본에 대한 접근이 핵심적인 한계로 지적된다. 그런데 재능에 대한 접근은 더 심각한 한계가 될 수 있다. 사회적 임팩트 투자는 두 차원의 재능 개발에 투자될 필요가 있다. 하나는 강력한 중간지원기관과 자본배분과 회사설립에 능숙한 펀드 매니저들이며, 다른 하나는 사회부문 비즈니스를 리드하는 강력한 기업가들과 매니저들이다.

사회적 임팩트 투자자들은 리스크 부담을 안고 가능성이 있는 중간지원기관과 기업가들에 투자할 수 있다. 인적자본 개발에 대한 투자는 물질자본과 금융자본 개발만큼 중요한 이슈가 된다. 사례로 M-KOPA 태양광은 저소득층이 지불가능한 적정 가격의 에너지를 공급해, 기존의 등유를 에너지로 사용한 것보다 저렴하고 CO^2 배출이 없기 때문에 글로벌 기후변화 대응에도 적합한 재생 에너지로 인기를 모으며 다른 개발도상국으로도 임팩트 투자가 몰리고 있다. 태양광 에너지 사용량을 계량기로 측정해 모바일로 지불하는 소프트웨어 기술을 개발해 경제적 효율성도 최대화시켜 이용자들이 크게 늘었다(앞글: 103). 기술과 사업의 혁신성 때문에 2015년

포춘(Fortune)이 선정한 "세계를 변화시킨 50대 기업"으로 선정되는 등 그간 많은 비즈니스와 기술혁신상을 수상하였다(http://solar.m-kopa.com). 투자기관들은 수십 개에 달한다.[15]

표 2-12 M-KOPA 임팩트

2017년 7월 현재, M-KOPA는 37만 5000 가정에 적정가격의 태양전력을 공급한다. 이 가정들은 향후 4년간 기존의 등유에 의존한 전등에 비해 750달러를 저축해, 전체 가구의 에너지 절감비는 2억 8000만 달러에 달한다. 각 가정은 태양광 전등의 사용으로 4년에 걸쳐 1.3톤의 CO^2 배출 감소가 이뤄지면 전체 가구의 CO^2 배출 감축량은 26만 톤에 달한다. 또 태양열 전광 사업으로 케냐, 탄자니아, 우간다 등 동아프리카에서 2천명의 새로운 일자리가 만들어지고, 판매소의 창업도 이뤄졌다.

자료 M-KOPA 홈페이지 (http://solar.m-kopa.com/about/our-impact/)

2) 민간 자본의 개발 임팩트 투자

임팩트 투자는 민간 재단들이 먼저 시작해, 최근에는 개발금융사들의 투자로 확대되고 있다. 대표적인 민간 펀드들의 임팩트 투자 사례를 살펴본 다음, 민간 재단으로 Rockefellor, Grameen, Gates 재단들이 있고, 또 INGO로는 Oxfam 사례를 참고해볼 만하다.

---

15 주요 지분투자를 가진 세 기관들은 Gray Ghost DOEN Social Ventures, LGT Impact Ventures, Generation Investment Management이다.

(1) 민간 펀드의 임팩트 투자

최근에는 2008년 글로벌 금융위기 등의 글로벌 경제위기를 극복하려는 대안으로 임팩트 투자의 개념이 관심의 대상이 되었다. 미국 정부기관 OPIC(Overseas Private Investment Corporation)의 리틀필드(Elizabeth Littlefield) 대표는 민간 펀드들은 글로벌 문제해결에 필수적이라며, "민간부문이 개발에 투자하는 달러는 공공부문이나 자선부문이 지출할 필요가 없는 달러가 된다"고 강조한다. 그녀에 따르면, 투자자의 단기적 수익과 빠른 보상에 대한 투자자들의 선호와는 달리 공공선을 위한 임팩트 투자는 장기적이고 거시적인 시각이 필요하다. 임팩트 투자는 개도국의 개발에 우선적으로 투자되어 경제적, 사회적 개발에 기여하지만, 개도국이 아닌 선진경제국에도 지역사회 개발이나 빈곤해소 등 다양한 분야에 적용될 수 있는 사회경제적 접근법이라 볼 수 있다.

개도국의 사회적, 경제적 영향을 창출하기 위해 비즈니스 모델과 시장 상호작용을 활용한 많은 성공적인 자선기관 사례들이 축적되고 있다. 그러나 이들이 시장 이율의 재정수익을 낼 수 있는지는 분명하지 않다. 많은 모델들은 투자자의 관심을 유도하기 위한 수준에까지 도달하기 위해 초기단계에는 자선적 지원에 크게 의존한다(UN 2013: 42). 미국의 10년 이상의 경험을 가진 비영리 임팩트 투자 펀드인 아쿠먼 펀드(Acumen Fund)의 최근 보고서는 이같은 자선기관의 초기 증여 지원의 필요성을 강조한다. 임팩트 투자는 자선적 기부(philanthropy)를 대체하는 것이 아니라 초기 자선적 지원을 뒷받침해주는 보충적 재원에 해당된다.

벤처 필랜스로피(venture philanthropy)는 임팩트 투자 모델에서 자선기관의 지원을 활용하는 유형으로 이해되고 있다.

표 2-13 자선 기관(philanthropy)의 임팩트 투자 접근법과 사례

접근법	설명	새로운 펀딩 옵션	사례
1. 기업에 수익 등 증여 지원	저소득국의 포용적 비즈니스 지원의 전통적인 기업 공헌	-자체 역량구축 -기존 관계자와 공조/공동투자	• Shell 재단 • Lemelson 재단 • Africa Enterprise • Challenge Fund • KL Felicitas 재단
2. 중간기관, 비영리기관에 증여 지원	비영리기관 인큐베이팅 또는 포용적 비즈니스 개발	- 자체 기회 모색 -기존 관계기관과 공조/공동투자	• Bill & Melinda Gates 재단 -AKAM, IDEI
3. 자선적 펀드 (주식, 부채)	높은 리스크 상황의 비즈니스에 주식 또는 부채 투자	- 자체 기회 모색 -기존 관계기관과 공조/공동투자	• Acumen Fund
4. 초기단계 가속자 역할 기관	고리스크, 초기단계 투자처에 역량구축 지원을 위한 투자자본과 증여 지원	- 자체 기회 모색 - 기존 관계기관 지원	• First Light Accelerator • Village Capital • ACCION Venture Lab
5. 기술지원과 역량 구축 지원기관	회수자본 투자와 함께 투자처 역량구축 증여 지원	- 자체 기회 모색 - 기존 관계기관 지원	• Grassroots Business Fund
6. 시장과 생태계 개발	보완적 비즈니스 모델 개발과 지속가능한 영향을 위한 (표준, 규제 등) 환경 개선에 증여 지원	- 자체 기회 모색 - 기존 관계기관 지원	• Shell Foundation -청정 요리 스토브 • Omidyar Network - 소액대출 • Michael & Susan Del 재단 -식수 • Gatsby 재단 -농업e

자료 UN 2013b: 42.

(2) 록펠러 재단(Rockefeller Foundation)

록펠러 재단은 가장 영향력 있는 투자자이자 후원자로 나서고 있다. 재단은 임팩트 투자를 가장 먼저 개시했고, 연구와 임팩트투자 부문에 대한 연구와 대화와 네트워킹 구축과 활성화에 많은 역할을 해왔다. 보다 체계적인 산업 부문의 성장을 지원하기 위해 2008년에는 GIIN(Global Impact Investing Network)을 개설해, 임팩트 투자 인프라와 시장 메카니즘을 제공하는 몇 가지 이니셔티브를 시행했다.

(3) 그라민 재단(Grameen Foundation)

그라민 재단은 2005년 성장보증프로그램(Growth Guarantee Program)을 시행해, 빈곤퇴치를 지원하는 마이크로 파이낸싱 기관(MFI) 기금을 개시하였고, 파이오니어 펀드(Pioneer Fund)로 혁신적인 사회적기업의 초기 자본금을 지원했다.

(4) 게이츠 재단(Bill & Melinda Gates Foundation)

게이츠 재단은 보건, 교육, 개발을 지원하는 민간재단으로 임팩트 투자에서는 프로그램 관련 투자(programme related investments: PRI)에 초점을 맞춘다. 사례로는 소셜미디어 기업인 이니그랄(Inigral)에 200만 달러의 주식투자로 초기 자본형성 단계에서 투자금을 지원해 중학졸업 이후 학생들과 학우들, 교사들을 위한 버칠 소셜 미디어 네트워크의 활성화를 지원한다. 임팩트 투자 덕분에 고교 진학과 졸업률이 개선되는 사회적 임팩트가 결실로 나타나 있다.

(5) 옥스팜(Oxfam)

INGO인 Oxfam은 국제구호기관으로 세계적인 빈곤 이슈에 초점을 맞춰 다양한 임팩트 투자 프로그램을 추진한다. 특히 빈곤국의 중소기업 지원의 임팩트 투자로 개발의 효과성을 높이고 있다는 평가를 받고 있다. 이를 위해 Oxfam은 런던시와 국제개발기구인 심바이오틱스(Symbiotics)와 공조해 1억 달러 규모의 소기업 임팩트 투자 펀드를 개시하였다. 펀드 기여자들은 민간, 기관투자자들이며, Oxfam의 역할은 투자의 임팩트를 모니터링하고 측정하는데 초점이 맞춰져 있다. Oxfam은 "개도국에는 무수하게 헤아릴 수 없는 작은 비즈니스들이 있는데 이들은 성공할 잠재력을 갖고 있음에도 크레딧 접근이 제한되어 완전히 질식 상태에 있다"는 것이다. 임팩트 투자가 해답이라는 인식에서 소기업 임팩트 투자 펀드를 제시하였다.

Oxfam은 2012년 임팩트 투자를 개시해. 개도국 소기업 육성 지원 프로젝트를 시행했고, 2013년의 연보에는 14개국 16개 소기업들의 사례들에 대한 임팩트 투자를 소개한다. Oxfam의 '투자 가치사슬'은 소기업을 선정해 일자리(교육, 기업가정신, 고용), 식량(농업비즈니스, 생산, 분배), 여성(부 창출, 사회적 역량개선)에 집중 투자한다.

3) 임팩트 투자의 개발 도구로서의 한계

임팩트 투자는 지속적으로 성장하며 개발에 중요한 기여를 하고 있음에도 임팩트 투자만으로는 개발 문제들을 해결할 수 없는 여러 한계들이 드러나고 있다(UN 2013a: 42). 민간부문의 개발협력 참여로 시장 메카니즘으로 정부 주도적인 개발보다 더 효율적이고, 지속가능한 개발에 대한 기대를 갖게 된 것은 긍정적인 효과라 볼 수 있다.

(1) 임팩트 투자 장애요인들

임팩트 투자 부문은 최근 성장하는 부문이지만 산업 협회, 표준, 기타 부문 구축 기관들로 구성되는 공식적인 인프라를 갖추고 있지 않다(UN 2013: 43). 록펠러 재단 정도가 가장 영향력 있는 투자자이자 후원자로 나서고 있다. 재단은 임팩트 투자를 가장 먼저 개시했고, 연구와 임팩트 투자 부문에 대한 연구와 대화와 네트워킹 구축과 활성화에 많은 역할을 해왔다.

보다 체계적인 산업 부문의 성장을 지원하기 위해 2008년에는 GIIN(Global Impact Investing Network)을 개설해, 임팩트 투자 인프라와 시장 메카니즘을 제공하는 몇 가지 이니셔티브를 시행했다(앞글: 45).

a) ImpactBase는 글로벌 온라인 임팩트 투자 도구들의 목록을 제시해 주고,

b) Impact Reporting and Investment Standards(IRIS)는 조직의 사회적, 환경적, 재정적 성과를 측정해 서술하는데 활용되는 메트릭스들을 제시해준다.

c) 투자자 위원회(Investor'Council)는 열정적인 거대 투자자들 사이의 지식 교환, 동료와 공조, 영역 개발 등을 지원한다.

GIIN은 임팩트 투자의 활성화에 장애가 되는 몇 가지 이슈들을 제기한다(앞글: 45).

a) 투자자들은 임팩트 투자와 관련된 용어들에 혼란을 겪으며 효과적으로 활동을 하지 못하는 문제가 있다.
b) 투자자들의 지식 공유와 공동 투자의 역량 제한으로 임팩트 투자 부문의 비효율성과 분절화 이슈가 제기된다.
c) 임팩트 측정과 벤치마킹 성과 등 기초적인 시장 인프라의 부재로 임팩트와 자본의 유입이 잘 이뤄지지 않고 있는 문제가 있다.
d) 이같은 문제들은 평가기관, 시장중개처, 투자 컨설턴트 등 시장 메카니즘의 약점으로 더 부각되는 문제가 있다.

그럼에도 임팩트 투자에 대한 관심과 참여는 지속적으로 늘고 있다. 2010년과 2012년 사이에 200개에 달하는 임팩트 투자 펀드들이 조성되었다. 이들 대부분은 초기 기초단계에 있어, 자금모금과 투자지원을 기대한다. 임팩트 투자 펀드들이 재정적 수익의 목표치를 설정해두고 있지만 투자가 지속적으로 이뤄지기까지는 향후 5~10년이 소요될 것이다. 이같은 초기 투자가 완료된 이후에나 임팩트 투자의 잠정적인 재정수익에 관한 데이터가 알려지게 될 것이다.

(2) 마이크로 파이낸스의 성과와 한계

마이크로 파이낸스(microfinance) 부문은 임팩트 투자에서 가장 거대한 규모의 섹터에 해당된다. 투자자의 재정수익을 보장하며 사회적, 경제적 영향이 많은 부문으로 알려져 있다. 임팩트 투자에서 마이크로 파이낸싱이 사회적 이슈 해결에 초점을 맞춘 접근법 변화를 갖다준 초기의 모델이 된다. 마이크로 파이낸스 시장은 50조 달러의 대출금 규모로 대부분이 개도국의 1억 명의 마이크로 기업가에게 대출되어 있다(Rangan et al, 2011). 1997~2007년 기간에, 마이크로 파이낸스는 대출자의 수를 기존으로 하면 연간 38% 성장률을 보였다(OECD 2015a: 18).

그럼에도 최근에는 재정수익도 보장하기 어렵고 사회적, 경제적 영향도 미미하다는 평가가 적지 않다(UN 2013b: 42-43). 유니스 교수의 그라민 뱅크의 소액대출 사업의 성공은 빈곤층의 소액대출 보장에 있었고, 이들의 비즈니스 활동을 수익을 내서 부채를 갚는 구조에 있었다. 유니스 교수는 빈곤층의 소액대출 기회 자체가 이들의 빈곤문제 해결의 열쇠로 보지는 않았다. 장사가 잘 안되면 오히려 더 많은 부채를 지게 되어 빈곤의 악순환에 빠져들 수 있는 가능성도 높다는 것이다. 2008년 이후 미국의 금융위기 사례는 저소득층의 소액대출 접근기회가 과잉으로 빚어지면 위기를 낳았다는 분석을 참고해볼 수 있다.

개도국에서 빈곤층이 식량과 주택 등 기초생계를 위한 소액대출을 이용할 수 있지만, 이들이 부채를 갚을 능력이 되지 않으면 오히려 더 심각한 빈곤의 덫에 빠져들게 된다. 그라민 뱅크가 손익분기점을 넘어서는데 17년이 걸렸고, 지금도 상업적 비즈니스 모델이 아니고 또 그럴 의도도 갖고 있지 않다. 그런데 무수한 지역에서 그라민 모델을 이상적인 소액대출 모델로 추종하는 것은 바람직한 추세는 아니라 볼 수 있다. 소액대출을 지원하는 투자기관들의 임팩트 투자 역할이 없다면 지금의 모델은 유지되기 어렵다. 그라민 뱅크의 성공은 새로운 시장 기회로 보았던 투자자의 관심을 유도할 수 있었다. 그러나 빈곤층의 일자리나 소득보장이 이뤄지지 않으면 소액대출 모델의 재정수익 보장이나 사회적, 경제적 영향은 위축될 수밖에 없다.

일부 국가에서 소액대출의 문제들이 보고되고 있다. 캄보디아의 소액대출 규모는 평균 559달러인데, 이는 빈곤층을 타깃으로 한 소액대출 규모로는 상당히 비중이 높은 것이다. 인도에서는 2010년 안드라 프라데시 지역에서 200여 명의 소액대출 개인들이 빚을 갚을 능력을 상실하자 자살을 한 사례들이 밝혀지면서 소액대출 사업 자체에 대한 감사를 진행하기도 했다(앞글: 43).

소액대출 사례들은 상업적 투자가 사회적 이슈를 해결하는데 항상 또는 자주 효과적인 것은 아니라는 점을 시사해준다. 개발을 위한 민간 파이낸스의 기여도는 강력한 잠재력을 갖고 있지만 재정 수익에 대한 기대에 대해서는 경계하는 분위기가 있다. 사회적 임팩트와 동시에 재정 수익을 보장하는 임팩트 투자는 그리 쉽지 않기 때문이다. 임팩트 투자는 상업적 투자와 다르기 때문에 상업적 투자 방식에는 일정한 한계가 있다고 볼 수 있다.

4) UN의 임팩트 투자 파트너십

국제기관의 다양한 이니셔티브들도 주목할 만한 진전을 보여준다. UN은 UNDP를 중심으로 최근 임팩트 투자에 대한 관심과 정책 추진을 지속해왔다.

(1) UNDP의 민간부문 파트너십 전략

UNDP는 민간부문의 개발협력 추진전략 차원에서 최근까지 Equator Initiative, GEF Small Grant Programme(SGP), Social Enterprise, Social Innovation Initiative 등 다양한, 혁신적인 이니셔티브들을 추진해왔다. 또 UNDP의 사회적기업 정책은 Business Call to Action(BCtA) 이니셔티브를 통해서도 추진되었다.[16]

또 UNDP는 2005년 스왑 사회적기업가재단(Schwab Foundation for Social Entrepreneurship)과 공동으로 매년 지속적으로 사회혁신가 수상을 시행해왔는데, 대부분이 사회적기업 혁신가들이 수상해왔다. 국제기관들도 최근까지 사회적경제 접근법을 활용한 프로젝트 사업이나 임팩트 투자에 주력해 왔다.

(2) 글로벌 혁신 기금

2014년 UN 주도의 글로벌 혁신 기금(Global Innovation Fund)이 시행되어, USAID, DFID, SIDA, DFAT, Omidyar Network 등이 투자기관으로 나섰다. 기금은 2014년 UN 총회 회의에서 사회적기업을 비롯한 사회혁신

16 여기에는 UNDP 뿐 아니라 AusAID, Dutch Ministry of Foreign Affairs, Sida, DFID, USAID, United Nations Global Compact, Clinton Global Initiative 등이 동참해 MDG 빈곤퇴치에 혁신적인 방안 모색으로 사부문의 투자를 활용하는 전략이 추진되고 있다.

가의 아이디어를 개발 효과성 증진에 활용해 빈곤퇴치를 위해 마련되는 기금이다. 사회적기업, 협동조합 등에 최소 5만 달러에서 최대 1500만 달러까지 융자 또는 지분으로 투자한다.

Global Innovation Fund(GIF)는 다양한 파이낸싱 수단을 활용한다. 증여, 융자(부채로 전환 가능한 융자 포함), 자본 투자로, GIF 신청서에 선호하는 금융수단을 기입하도록 안내한다. 영리추구적인 기관들은 지분이나 융자 투자가 아닌 증여를 엄격하게 제한한다. 가장 일반적인 유형은 지분투자 방식이다.

또 GIF의 접근법은 다음과 같다.[17]

a) 대규모의 사회적 임팩트를 가진 광범위한 혁신 사업들에 투자한다.

b) 어떤 사업을 계획하는지 강력한 증거를 활용하고 또 창출하는 역량을 가진 혁신가에 투자한다. 최대 지원금 1500만 달러 펀딩은 성공의 증거가 있고 많은 국가들에 보급 확산이 가능한 혁신사업들에 투자된다.

c) 혁신적 사업의 성공에 초점을 맞춰 임팩트 잠재력이 실현될 때까지 추진한다. 최상의 아이디어에 투자할 가치가 있는 경우 리스크 부담을 안으며 사회적 임팩트를 달성하는데 성공을 입증해온 아이디어들을 지속적으로 지원한다.

d) 융통적인 파이낸싱 옵션을 제공하며, 펀딩뿐 아니라 기술지원, 그리고 혁신가, 전문가, 펀딩 제공자들의 글로벌 네트워크에 대한 접근 등의 자원을 제공한다.

---

17 http://www.globalinnovation.fund/our-approach

또 2015년에 설치된 United Nations Social Enterprise Facility (UNSEF)는 UN의 유일한 사회임팩트 투자 플랫폼(Social Impact Investment Platform) 역할을 수행한다. UNSEF는 UNDP, UNEP, UN Population Fund(UNFPA)의 공조로 사회적기업을 지원하는 임팩트 투자 플랫폼 역할을 한다. UNSEF는 2015년 개설되어 2016년 이후부터 본격적인 플랫폼을 역할을 수행할 계획이다.

(3) UNDP의 개발 금융지원 체계

UNDP는 연간 50억 달러의 개발협력 기금을 집행하는 기관이다. UN 전체의 개발 시스템에 대한 기금의 약 20% 가량이 UNDP를 통해 조성되어 집행된다(UNDP 2017).[18] 전체 기금 가운데 1) 핵심 기금은 17%, 2) 분야별 기금 3%, 3) 지정기금 59%와 개발도상국 국내 자원 19%로 가장 많은 비중을 차지한다. 그밖에 4) UN 주도의 기금 6%, 5) 종단 기금 15%이다. 주요 기여자는 각국 정부가 전체 기금의 66%, 다자 및 국제기관들이 33%, 그리고 기업, 재단, NGO 등이 1%이다.

a) 핵심 기금

최빈국에 대한 지원금으로 기금의 90%는 저소득국(LIC)에, 74%가 최빈국(LDC)에 지원되었다. UNDP는 중소득국(MIC)에 대한 1달러 투자로

---

18 UNDP의 기금은 1) 핵심 기금(core funds)을 비롯해, 2) SDGs 등의 특정 분야에 투자되는 분야별 기금(thematic funds), 3) 특정 프로젝트나 프로그램에 투자되는 지정기금(earmarked funds), 4) UN 주도의 기금(UN pooled funds), 5) 세계은행 주도의 종단적 기금(vertical funds) 등이 있다.

25달러의 개발 자원을 레버리지한 성과를 보였다. 2014년 서아프리카의 에볼라 전염병 퇴치에 핵심기금이 투입되었고, 2014년 56개국이 7억 9300만 달러의 핵심기금에 기여하였다.

b) 분야별 기금

분야별 기금은 UNDP가 전략적 계획의 목표 달성에 필요한 각 분야의 프로젝트 기금으로 결과기반의 관리를 지원하는 모니터링과 리포팅 메카니즘을 지원한다.

c) 지정 기금

지정기금은 글로벌, 지역, 국별 차원의 프로그램이나 프로젝트 실행에 지정된 기금이다. UNDP 프로그램이나 프로젝트에 개발도상국 정부가 기금에 분담하는 '정부 비용분담'(Government Cost-Sharing)도 있다. 이같은 '국내 자원'은 국가가 개발계획과 UNDP 전략계획 형태로 추진된다.

d) UN 조성의 기금

UN기관들이 개발 목표 달성을 위해 기금 조성의 주도적 역할을 하는 경우도 있다. UN 사무총장의 OCHA 긴급대응기금, UNDP의 다자기여국 트러스트펀드(Multi-Donor Trust Funds: MDTFs), 조인트 프로그램(Joint Programmes) 등이다.

e) 종단 기금

종단 기금은 단일 이슈 주창, 캠페인, 이슈 해결의 방안으로 조성된 기금이다. 세계은행이 주도적인 역할을 하는데 이사회가 펀딩 포트폴리오,

배분 기준 등을 결정한다. 다양한 종단기금들이 있는데, 글로벌 펀드(Global Fund)를 비롯해, Global Environmental Facility(GEF)가 대표적이다. 글로벌 펀드는 AIDS, 결핵, 말라리아 토치를 위해 2003년에 설치된 기금이다. GEF는 글로벌 환경 이슈들의 해결을 위해 1992년에 설치되어 UNDP가 시행하는 종단 기금이다.

5) 중소기업 투자 전략

사회적 임팩트에만 주력하는 기업들은 여러 형태가 있다. 가장 일반적인 기업 형태는 사회적기업(social entreprise)과 소셜 벤처(socail venture)이다. 이들은 사회적 또는 환경적 임팩트를 창출하기 위해 시장기반의 비즈니스 모델을 이용하는 조직들의 엄블레라 개념이다. 소셜 벤처는 전통적 기업이나 비영리조직 또는 둘의 혼합형의 형태를 갖출 수 있다.

사회적기업이나 소셜 벤처들은 대부분 중소기업(SME)으로, 임팩트 투자 펀드를 유치하려는 국가들은 우선 SME 개발 환경을 조성해주어야 한다는 것이 중요한 시사점이다(UN 2013a: 36). 지금은 규제환경이 연금기금 등 기관투자자의 참여를 유도하지 않고 있는 상황이지만, 노르웨이의 정부연금기금과 아부다비 투자당국(Abu Dhabi Investment Authority)은 예외적으로 임팩트 투자에 참여하는 기관 투자자이다.

임팩트 투자는 중소기업 전략으로 가장 잘 실행될 수 있다. 임팩트 투자는 포용적이고 지속가능한 개발 목표 달성에 기여하는 강력한 파이낸싱 도구가 될 수 있다(앞글: 38). 기업들은 시장실패 상황에서 재정적으로 지속가능한 방법으로 서비스 부족 문제를 안고 있는 빈곤층에게 재화와 서비스를 공급하는 중요한 역할을 한다. 기업들이 고질적인 서비스 부족 문제 해결에 혁신적인 해결사 역할을 하면서 동시에 증여 지원금에 대한 의존도를 낮출 수 있다. 중소기업은 대기업보다 일자리를 더 많이 만드는 중요한 역할을 하므로 국가의 경제, 사회적 개발에 중요한 기여자가 된다.

그런데 중소기업으로서 사회적기업의 역할만이 중요한 것이 아니다. 사회적기업 형태가 모든 개발 이슈에 대한 문제해결의 처방이 될 수는 없다. 상업적 비즈니스 모델들도 개발에 중요한 역할을 한다는 점이 그간의 여러 상업적 펀딩에서 확인되고 있다. 이들도 실제로 중요한 임팩트 투자를 해온 것이다(앞글: 38).

빈곤국의 중소기업 개발과 운영에 투자하는 임팩트 투자가 가장 일반적인 글로벌 임팩트 투자이다. 임팩트 투자자들은 개도국의 중소기업 투자는 경제적, 사회적 개발 모두에 영향을 미치는 중요한 투자라는 인식을 갖고 있다. 중소기업을 통한 개발 임팩트 투자를 하는 투자전문기관 아스펜 개발기업가 네트워크(ANDE: Aspen Network of Development Entrepreneurs)는 2009년에 창설되어 중소기업을 통해 개도국의 경제적, 사회적, 환경적 개발에 기여하는 목적을 가진 조직들의 글로벌 네트워크 역할을 한다. 2012년 ANDE 회원 조직은 150여 개도국에서 활동하는 157개 조직들로, 이들의 경험에 따르면 지속가능한 개발에 기여하는 중소기업의 잠재력은 중요하며, 그래서 중소기업에 대한 지원은 지속적으로 성장하고 있다(앞글: 38). 이들은 자선적 구조보다는 기업 비즈니스 모델에 기초한 임팩트 투자에 대한 확신을 갖고 있다.

2013년 G8 '사회적 투자' 컨퍼런스 이후 본격화된 G8의 임팩트 투자 전략 또한 중소기업에 초점을 맞추고 있다. 영국 DFID의 임팩트 펀드와 미국의 PACE가 대표적이다. DFID의 개발금융사인 CDC는 DFID의 장기적인 '인내 자본'을 투자하는데, 주로 개발도상국의 빈곤층을 소비자, 공급자 또는 종업원으로 하는 중소기업들에 투자된다. 미국의 PACE는 2014년부터 2019년 기간에 공공 및 민간 투자금 5600만 달러를 조성하는 10개의 PPP를 창출하는 이니셔티브로, 10개의 PPP는 사회적기업과 중소기업에 초점을 맞추고 있다. DFID와 미국 USAID는 임팩트 펀드에 재정지원을 해서 임팩트 투자 플랫폼 역할을 하며 초기단계의 사회적기업과 중소기업들을 지원한다.

제3장

결과지불과 개발 임팩트 채권(DIB)

1. '결과지불'과 DIB

1) 결과지불 제도의 발전

결과지불(Pay for Result, Pay for Success) 제도는 미국, 영국 등 일부 국가에서 오래전에 시행된 제도이다. 2013년 G8 회담에서 각국이 사회적, 개발 목표에 초점을 맞춘 DIB(Development Impact Bond) 파이롯트 프로그램 시행에서 미국은 선도적인 역할을 하는 방안을 제시한다. DIB의 핵심 요소들은 프로그램 시행과 결과에 대한 강력한 평가를 시행해 성공적인 결과에 대해서만 지불하는 것이다. 또 성공적인 모범 사례들에 관한 지식과 정보를 보급하기 위한 보고서 발간 작업이 있다. 이를 위해 미국은 다른 G7 국가들과 공조해 1억 달러 규모의 DIB 결과 펀드를 조성해 개발도상국들이 펀드 경쟁에 참여하도록 DIB를 활성화하는 접근법을 제시한다.

'결과지불' 방법은 영국에서 2010년 사회임팩트채권(Social Impact Bonds: SIB)으로 처음 시행되었다. 사회적 이슈들에 대한 해결방안에 파이낸스를 제공하는 새로운 혁신적 방안으로 많은 주목을 받고 있다. SIB는 PPP(public-private partnership) 모델로 금융 모델의 혁신뿐 아니라 공공서비스 공급의 혁신에도 기여할 수 있다. 그럼에도 이 작업은 다소 복잡하고 구조와 시행에도 많은 시간이 소요된다.

SIB는 특히 공공기관, 재단 또는 기업들이 사회적 재화와 서비스를 공급하기 위해 위탁한 '결과지불' 방식이다. SIB 위탁기관들은 보다 효율적인 방법으로 사회적 목표를 달성하기 위한 명확한 정책 우선순위를 설정해두고 있다. 사회서비스 공급기관은 사회문제 해결의 실적을 갖고 있는 전문기관으로 민간 투자자들의 투자 형식으로 펀딩을 제공받는다. SIB의 투자자들은 SIB 위탁기관이 기획한 결과를 성취함으로써 발생하는 수익을 얻게 된다.

감염률 감소와 같은 결과 또는 성과의 측정은 백신의 공급과 같은 산출(outputs)의 측정과는 크게 다르다. 독립적인 전문기관이 평가하는 결과의 측정으로 투명성을 확보하는 일이 중요하다. 투자자들은 합의된 결과가 달성되었을 때만이 투자수익을 받게 된다(앞글: 34). 영국에서 시작된 SIB 모델은 미국, 호주 등지에 급속히 확산되는 인기 있는 모델이 되고 있다. SIB는 교도행정, 아동/가족 지원, 홈리스, 고용, 보건 등 다양한 분야에 걸친 사회적 문제들에 초점을 맞춘다.

한편 SIB 모델을 개발 영역에 응용한 DIB는 일부 원조기관들이 시행하는 새로운 임팩트 투자 모델이다. SIB에서처럼 DIB 투자자들은 사전에 설정된 사회적/개발의 결과 달성에 따라 수익을 얻는다. DIB는 혁신과 관련된 리스크를 대처하는 데 공공부문보다 더 유리한 위치에 있는 민간 행위자들을 참여시켜 프로젝트 시행의 질과 성공적인 결과의 공급에 초점을 맞춰 전통적인 공여측 펀딩의 프로젝트 효과성을 개선하는 역할을 한다. 그럼에도 DIB 모델을 개발도상국에 적용시키는데는 적지 않은 문제들이 발생한다는 것을 주목해야 한다. 대표적으로 인도, 모잠비크, 우간다에서 시행중인 DIB 모델들을 참고해볼 수 있다. 위탁기관은 지방정부라기 보다는 국제기관이나 개발기관들이다.

영국의 DFID는 2015년 전략문서 〈2010 to 2015 Government Policy: Overseas Aid Effectiveness〉를 통해, "원조에 새로운 '결과지불' 접근법을 시작했다"고 소개한다. 이는 '임팩트 투자' 접근법으로 2014년 "Payment by Results" 전략을 도입하면서, 개발임팩트채권(Development Impact Bond: DIB)을 비롯한 '개발임팩트 투자' 프로젝트의 시행을 알렸다. 영국은 2010년 세계 최초의 국내 SIB를 시행한데 이어 2014년 개발협력 영역에서도 원조기관 DFID를 통해 세계 최초의 DIB를 우간다의 수면병 예방을 위한 DIB로 개시하였다.

미국의 USAID 또한 DIB에 대한 많은 관심을 갖고 향후 임팩트 투자에서 DIB가 중요한 역할을 할 것으로 전망한다. 미국의 임팩트 투자에 대한 국가자문위원회(National Advisory Board 2014)의 보고서는 DIB의 전망을 다음과 같이 밝히고 있다. DIB는 SIB와 같이 개발 프로젝트의 성과 리스크를 민간 부문에 전환시켜 개발 문제 해결에 효과적인 파트너십을 형성하는데 중요한 역할을 한다. DIB에서 민간 투자자들은 프로젝트의 선불 자본을 제공하고, 검증기관이 독립적으로 투명하게 모니터링과 임팩트 측정을 한 결과가 계획된 목표를 달성한 성공에 대해 공여측이 지불하는 방식이다.

결과지불 유형은 DFID(2015b)의 〈결과지불의 평가 프레임워크〉 보고서에 소개되는데, '결과지불' 이론은 다양한 상황에 따라 다음과 같은 다양한 혜택들이 생산될 수 있다는 내용도 소개된다.

a) 결과에 의한 지불 계약에 명시된 인센티브로부터 생산되는 효율성과 효과성의 증진.
b) 투입을 명시하지 않는 방식으로 서비스 전달에서의 혁신과 융통성에 대한 잠재력의 증대.
c) 결과에 대한 투명성과 책무성의 증진과 성과에 강한 역점.
d) 개입으로 생산되는 금전의 가치(value for money) 증대.

2) RBF, RBA, DIB

결과기반, 성과기반의 지불 방식은 이제 개발협력에서는 일반적 동향이 되고 있다. 전통적인 증여 중심의 금융지원 방식이 새로운 패러다임 이동을 하고 있는 것이다.

(1) RBF, RBA, DIB 비교

결과기반 원조(Results Based Aid: RBA)와 결과기반 금융(Results Based Finance: RBF)는 결과에 대한 지불이 서로 다른 집행기관에 이뤄진다는 점에서 서로 다르다. RBA는 수원국 정부에, 그리고 RBF는 민간기업이나 NGO 등의 공급기관에 결과에 대한 성과 지불금이 지급된다. DIB가 RBA와 RBF와 유사한 점은 사전에 계획된 결과에 기초한 기금의 제공에 있다.

그림 3-1 결과에 의한 지불 세 가지 유형: RBF, RBA, DIB

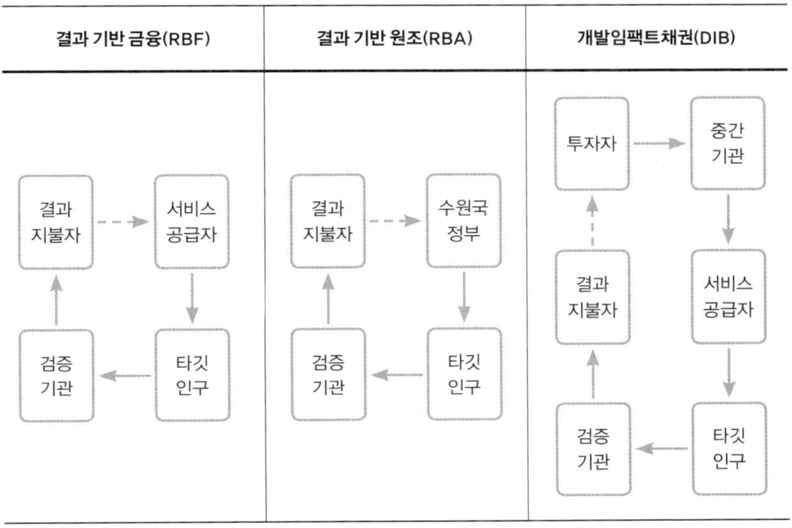

자료 DFID 2015b: 6.

DIB에서 공여국이 아니라 투자자가 중간기관에 선불의 파이낸싱을 제공한다. 중간기관은 이 자금을 서비스 공급기관에 제공해 특정 대상층에 서비스를 제공하도록 한다. 그럼 다음 서비스 제공 결과에 대해 지불자는 검증기관이 보고하는 성과 측정의 결과에 따라 투자자에게 기금을 돌려준다.

경제학 이론에 따르면, RBA와 RBF는 집행기관들이 수행한 바람직한 결과에 대해 강한 인센티브를 제공하면서 동시에 상당한 리스크도 부담하도록 한다. '결과에 의한 지불' 계약을 고려하는 공여측이 당면하는 트레이드 오프(trade-off)는 긍정적인 수익이 집행기관에 리스크 프리미움 형태로 지불되는 초과 비용을 능가할 것인가 하는 문제이다. 또 다른 경제적 모델은 성과 결과 자체에만 초점을 맞춰 어떤 유형의 인센티브가 바람직한 행동을 유인했는지를 분석한다.

이같은 경제적 분석은 결과에 의한 지불 프로그램의 계약 조건 분석에 유용하며, 또 정치경제적 접근법으로 원조 보류의 어려움과 같은 현실적 한계에 대한 이해가 뒷받침될 필요가 있다. 특히 다음과 같은 실행상의 문제점들을 고려해볼 필요가 있다(앞글: 9).

첫째는 성과 측정의 질적 문제이다. 성과 측정의 질은 RBA와 RBF 프로그램의 잠재적인 혜택에 대한 결정요인이 된다. 결과에 의한 지불 프로그램이 효과적이기 위해서는 성과 측정이 관심의 대상이 되는 변수들과 사전, 사후 관련성이 있어야 한다.

둘째는 긴밀한 협력 문제이다. RBA 또는 RBF 계약은 위탁기관과 공급기관 사이의 제휴가 불완전한 상황에서 일반 계약보다 더 많은 혜택이 생산될 수 있다. 그렇지 않으면 공급기관이 독립적으로 결과 측정을 수행하게 되어 결국 결과에 의한 지불로부터 기대되는 효율성 수익이 금전화되지 않을 수 있다.

셋째는 노력의 관찰가능성 문제이다. 공급기관의 비용이 많이 드는 행동들이 직접적으로 관찰될 수 있게 되면, 이 투입에 대해 직접적으로 계약을 할 수 있으므로 RBA 또는 RBF 프로그램들은 일반 개입방안들에 비해 혜택을 생산하지 못할 수 있다.

넷째는 통제의 문제이다. RBA와 RBF는 공급기관이 결과에 대한 상당 수준의 통제를 행사할 수 있는 분야에서 혜택이 발생할 수 있기 때문에, 그렇지 않은 상황에서는 노력에 대한 인센티브로 상당한 포상이 필요하게 된다.

다섯째는 리스크 거부와 리스크 전가 문제이다. 규모가 작은 공급기관은 인센티브가 없으면 비교적 손실이 많기 때문에 리스크에 더 거부하는 경향이 있다.

(2) RBF, RBA, DIB의 증거 선택

'결과지불'과 관련된 증거기반(evidence base)은 대부분의 교육과 보건 분야에서 사례들이 있다. '결과지불' 세 가지 유형의 증거 선택을 비교해보면 각기 다음과 같은 특징이 있다(표 3-1 참조)

① RBF의 증거 기반은 주로 보건 분야에서 찾아볼 수 있다. 보건 분야에서는 의료시스템의 개선과 같은 결과 측정보다는 백신주사의 숫자와 같은 수치, 즉 산출(output)를 측정하는 프로그램이 증거 기반이 되고 있다.

② RBA는 비교적 새로운 도구이며 주로 모니터링 자료에 증거 기반을 두고 있다. 가나와 르완다의 RBA 분권화 프로그램은 재정적 거버넌스와 지방정부와 시민의 참여 측면에서의 긍정적인 결과를 보고한다. 또 DFID의 르완다 교육 프로그램의 중간보고는 파이롯트 프로그램이 타깃집단을 파악해 높은 수준의 정부 소유권을 유도했다며 교육에 대한 임팩트 측정은 더 시간이 필요하다고 분석한다.

③ DIB의 초기 증거들은 사회임팩트채권(SIB)에서 발견되는데, SIB는 개발도상국의 상황이 아니라 미국, 영국, 호주, 네덜란드 등 서구의 상황에 적합한 접근방법이라는 근본적인 차이가 있다. 영국의 피터보로(Peterborough) 교도소 SIB 사례는 전과자의 재범율 감소로 긍정적인 결과를 발견했지만 관련 지표들의 개발은 시간이 많이 걸리고 쉽지 않은 과정이라는 것을 보여준다.

표 3-1 "결과지불"제도 : RBF, RBA, DIB의 증거 선택 비교

<table>
<tr><th></th><th>결과기반 금융
RBF</th><th>결과기반 원조
RBA</th><th>개발임팩트채권
DIB</th></tr>
<tr><td>증거의
강점</td><td>중간수준(의료 중심)</td><td>확인중</td><td>검증 안됨</td></tr>
<tr><td>DFID
포트폴리오</td><td>우간다 RBF 보건 프로그램; DFID 주도의 보건 결과혁신 트러스트펀드</td><td>르완다 RBA 교육 프로그램</td><td rowspan="4">다른 기관 사례는 없음; 유사한 사례들로 미국과 영국의 SIB (사회적임팩트 채권)</td></tr>
<tr><td rowspan="3">타기관
사례</td><td>GPOBA (World Bank 등) – 민간부문에 서비스공급 용역 (이용자부담제 대안으로 재정지원)</td><td>World Bank 결과프로그램(Programme for Results) – 특정 지출 프로그램 재정지원; 지출비연계지표(DLI)와 검증기관</td></tr>
<tr><td>다양한 기관의 복수 RBF 보건 프로그램
(EU, USAID, DANIDA, NGO 등)</td><td>수원국의 굿거버넌스와 빈곤감소 실적에 대한 지불
(EC MDG 계약)</td></tr>
<tr><td colspan="2">GFATM(하이브리드형)
– 시행 첫2년간의 성과에 대한 3~5년 펀딩</td></tr>
</table>

자료 DFID 2015b: 10.

(3) DIB의 잠정적인 혜택과 리스크

DIB 계약에는 다양한 계약조건들이 수반될 수 있다. DIB 모델이 다양하므로, 다음과 같은 다양한 혜택과 리스크들이 발생할 수 있다. 첫째는 리스크이다. DIB는 RBA/RBF에 비해 다양한 대상층에 다양한 리스크를 분배하는 잠재력을 갖고 있다. 사회적 임팩트 투자자들은 정부 공여자

나 NGO 공급자에 비해 서비스 공급 실패에 따른 평판 리스크(reputational risk)를 잘 수용하는 성향을 갖고 있다.

둘째는 시장 효과이다. DIB가 갖고 있는 독특한 혜택은 사회적 투자 시장의 성장을 촉진시키는 잠재력을 갖고 있다는 점이다. 이론적으로 일부 DIB들이 성공을 거두게 되면 관심을 가진 투자자, 중개기관, 결과지불자(정부 등)는 유사한 채권들에 관여할 의향이 강해지면서, DIB 시장이 형성될 수 있다.

결과기반의 용역 접근법과 마찬가지로 임팩트 투자는 사회적 목표 설정과 명확한 결과 메트릭스를 요구한다. SIB가 대표적인 결과기초적인 지불방식의 임팩트 투자로, 개발협력에서는 DIB가 시행되고 있다.

3) 결과지불 메카니즘

PbR 메카니즘은 개념정의상 결과(질병 감소) 또는 산출(백신 공급)에 대한 조건부로 일정한 지불을 하는 결과지불제이다. 그런데 일부 PBR은 투입(병원에 백신 공급)에 펀딩의 일부를 제공한다. 모든 펀딩이 결과에만 기반하게 되면 결과 달성에만 지불을 한다.

SIB와 DIB는 RBF와 RBA에 비해 잠정적인 혜택, 즉 장점이 더 많다(앞글: 65). 시행기관의 서비스 시행을 가능하게 하는 선행자본을 제공하고, 시행기관이나 중간지원조직의 성과관리를 촉진시켜 프로그램 질 개선에 자금과 시간의 여유를 갖게 해준다. 민관공조의 인센티브 측면에서도 민간기관이나 공공기관의 공조 측면에서도 전자 둘이 후자 둘에 비해 상대적 이점을 갖고 있다.

표 3-2 결과지불 메카니즘 비교 : RBA, RBF, 임팩트 투자

유형	조건(리스크)	사례	개념정의
결과기반 원조 (RBA)	중앙정부 (중앙정부를 통해 결과 중심의 서비스 시행기관지원)	1) 공급조건 현금지원(세계은행, 영국 DFID 프로그램) 2) 세계은행의 결과기반 파이낸싱(보건 프로그램) 3) 글로벌 백신과 면역(GAVI), 면역서비스지원(ISS) 4) 부채수왑 5) 예산 지원	1) 원조기관이 수원국 정부와 성과기반 점진 지원 계약 2) 융자 지불에 광범한 조건 적용 3) 초기 증여 지원후, 성과에 비례 점진적 지원 4) 개발목표 달성 조건으로 부채 경감 5) 수원국의 개발목표 달성 조건 추가 지원
결과기반 파이낸싱 (RBF)	서비스시행 기관 또는 지방정부	1) 아르헨티나 플랜 네이서 (Plan Nacer)19 2) 산출기반 원조(GPOBA) http://www.gpoba.org/ 3) DFID 일부 프로그램	1) 광역정부 모자보건 성과기반 파이낸싱 2) 원조기관이 NGO 등 시행기관의 산출 제공에 지원 3) 성과에 기반해 시행기관이나 계약기관에 지원
상금과 포상	테크놀러지 개발기관	1) 선시장이행 (AMC) 2) 상금과 포상	1) 공급된 제품에 대한 가격/시장 보증 2) 경쟁적 공모에서 혁신방에 대한 상금
개인 조건부 현금이전	대상층 개인	조건부 현금 지급	백신, 학교등교 등 서비스 이용 개인에 대한 현금지금 등 수요측 인센티브
임팩트 투자	비국가 투자자	1) 사회임팩트채권(SIB) 2) 개발임팩트채권(DIB) 3) 소액대출 펀드/ 사회적 기업에 투자	1)2) 비국가 투자기관이 서비스시행 기관에 선행투자, 정부/투자 기관이 결과지불 3) 투자기관이 선행투자, 대출기관이 상환

자료 Gustafsson-Wright and Gardiner 2016: 5.

19 수백만 신생아의 사망을 감소시킨 성과.
http://millionssaved.cgdev.org/case-studies/argentinas-plan-nacer

표 3-3 SIB와 DIB의 혜택과 비용 : RBF와 RBA와 비교

	SIB 사회임팩트 채권	DIB 개발임팩트 채권	RBF 성과기반 파이낸싱	RBA 성과기반 원조
〈잠정적인 혜택〉				
−시행기관에 선행자본 제공	매우 확실	매우 확실	다소/불확실	다소/불확실
−성과관리 촉진	매우 확실	매우 확실	다소 확실	다소 확실
−프로그램 질 개선	매우 확실	매우 확실	다소/매우확실	다소/매우확실
−민관공조 인센티브 제시	매우 확실	다소 확실	다소 확실	다소 확실
−정부 책무성 제고	매우 확실	불확실	불확실	불확실
−정부의 결과초점 중시	매우 확실	다소 확실	다소/매우확실	매우 확실
−정부의 리스크 감소	매우 확실	매우 확실	다소/매우확실	다소/매우확실
−시행기관 리스크 감소	매우 확실	매우 확실	다소/불확실	불확실
−M&E 문화 구축	매우 확실	다소 확실	다소/불확실	매우 확실
−성과에 관한 지식 개선	매우 확실	매우 확실	매우 확실	다소 확실
〈잠정적인 문제와 비용〉				
중개/거래 비용	매우 확실	매우 확실	다소 확실	다소 확실
평가 비용	매우 확실	매우 확실	매우 확실	다소 확실
법률 비용	매우 확실	매우 확실	다소 확실	다소 확실
시행기관/투자자선정 리스크	다소 확실	다소 확실	다소 확실	다소 확실
성과 과소평가로 투자위축	매우 확실	다소 확실	다소 확실	매우 확실
착복 부정 리스크	매우 확실	불확실	불확실	불확실
부정적 인센티브	다소 확실	다소 확실	다소 확실	다소 확실
지속가능성 리스크	다소 확실	매우 확실	다소 확실	매우 확실

자료 Gustafsson-Wright and Gardiner 2016: 65.

정부 측면에서도 SIB와 DIB는 RBF와 RBA에 비해 더 확실한 대안으로 제시된다. DIB는 개발도상국 정부의 책무성이 다소 불학실한 문제로

부각되지만, 정부의 결과 초점 중시, 정부의 리스크 감소에서는 보다 확실한 방식으로 나타난다.

그밖에도 시행기관의 리스크 감소, M&E 문화 정착과 성과에 대한 지식의 개선에서도 SIB와 DIB는 RBF와 RBA에 비해 상대적 우위에 있다는 것을 알 수 있다.

한편 잠정적인 문제와 비용에서는 SIB와 DIB가 RBF와 RBA에 비해 더 높은 비용부담과 리스크 부담을 안게 된다. 거래비용과 평가비용과 법률비용 등의 채권 계약 준비와 체결에 소요되는 비용이 매우 확실한 비용부담이다. 시행기관 선정 리스크와 부정적 인센티브는 네 대안 모두가 다소 확실한 입장이지만, 임팩트 지속가능성 리스크는 DIB와 RBA가 상대적으로 취약한 입장이다.

4) 차세대 파이낸싱

차세대 파이낸싱(Next Generation Financing: NGF) 모델은 "제공자와 수혜자 사이의 의무적 계약으로 양자의 재정 관계는 쌍방의 보건 서비스의 제공이나 인구 보건의 상호 중요한, 현실적인, 측정가능한 증진을 달성하는데 직접적으로 연계될 것을 합의하는 것"이다(Silverman 2015: 3). NGF 모델은 전통적인 원조 프로젝트나 결과기반의 파이낸싱(results-based financing: RBF)의 범주에 속하지만 이들과 다른 특징들이 있다.

NGF는 시설기반의 RBF 지불제 또는 가계기반의 조건부현금이전(conditional cash transfers: CCT)와 달리, 글로벌 보건 재정제공자와 재정 증여/융자 수혜자 사이의 관계에 기초한다. 수혜자는 중앙정부나 광역 또는 지방정부가 될 수 있고, 전국 단위의 시민사회조직, NGO 등으로, 이들이 글로벌 펀드(Global Fund)와 직접 계약을 체결한다. 그런데 NGF가 RBF 또는 CCT와 공통된 특성은 산출 또는 결과에 초점을 맞추고 있다는 점이다. 전통적인 원조 프로젝트와 증여가 투입이나 과정이나 활동을 지불하는 방식과는 다른 지원방식이다. 또 NGF 모델은 기존의 원조 메카니즘들을 포용하고 있다. 중앙정부의 결과에 따라 지불하는 공급현금원조(Cash on Delivery Aid), 중앙정부나 광역 또는 지방정부의 결과에 따라 지불하는 숲제거 감소를 위한 성과협약, 그리고 중앙정부의 산출에 따라 지불하는 세계은행의 결과 프로그램(Program for Results) 등이 그것들이다.

차세대 파이낸싱 모델에서 금전이 투입으로, 투입에서 산출 또는 보건으로의 전환은 계약과는 전혀 관련 없는 부분이다. 대신 계약의 협상과 조건들은 서비스 공급이나 보건 증진의 측정과 적절한 보상에 초점을 맞춘다. 재정 수혜자는 수혜자와 공급자 양측 모두의 목표가 되는 결과를 생산하는데 책무성을 가진다. 기대된 결과가 달성되면 그에 따라 예측가능하게 지불이 이뤄지는 모델이다.

차세대 파이낸싱 모델은 전통적인 증여 모델이 직면하는 여러 문제들을 해결하는 장점이 있다. 첫째는 재정 공급자와 수혜자 사이의 공조적인 상호호혜적 책무성 관계를 설정하는 것이다. 수혜자는 공급자의 온정주의적 마이크로관리(micromanagement: 세부까지 규정하여 부하에게 재량권을 주지 않는 관리수법), 제공자의 요구조건에 부합하는 과도한 서류작업, 공급자 주도의 지출의결권 등으로부터 자유로울 수 있다. 또한 공급자도 결과가 달성될 때만이 지불을 하게 되므로 수혜자의 책무성을 규제하는 확고한 메카니즘을 갖춤으로써 이득을 보게 된다. 둘째는 공급자와 수혜자 양측 모두의 목표가 되는 건강증진을 위한 인센티브를 갖게 된다는 점이다. 수혜자는 제공자의 일차 목표를 효율적으로 달성한 다음에는 이차적인 다른 목표를 계속 추진할 선택권을 가진다. 마지막은 제공자와 수혜자 사이의 정보 비대칭이 있지만 이 문제는 별로 중요한 것으로 제기되지 않는다.

차세대 파이낸싱 모델은 지불 기준을 변화시킨다. 글로벌 기금과 다른 대부분의 보건 지원금에서 비용지출은 증여 협약에서는 지불 기준이 된다. 계약에는 증여 지원금으로 구매 가능한 투입물을 명시하는데 글로벌 펀드의 확인과 실사는 이런 비용 지출을 사전에 승인해 확인하는데 초점을 맞춘다(앞글: 11). 수혜자는 이미 이뤄진 지출을 정당화하고 앞으로의 지불을 지속적으로 받기 위해서는 글로벌 펀드와 공유하는 자료를 수집, 유지해 사전에 승인된 투입과 활동에 지원금이 지출되었고, 적정 가격으로 지불되었으며 증여 협약에 명시된 절차와 관리에 근거한 것이라 점을 확인시켜준다. 사전 승인되지 않은 투입에 지출되거나 정당한 지출 기준이 아닌 경우, 글로벌 펀드는 지불을 보류하거나 환수하게 된다.

지불의 기준은 이런 전통적인 증여 방식뿐 아니라 글로벌 펀드에서는 증여 지원금으로 수혜자가 달성하도록 명시된 과정들, 산출, 결과들을 제시한다. 특히 달성된 결과들이 성과기반의 파이낸싱 시스템으로 전체 지불금의 상한선을 변경할 가능성도 있다(표 3-4). 전체 지불금의 변화가 가능하지만, 지불 기준은 수혜자의 성과달성에 따른 지불이 된다.

투입 파이낸싱 모델에서 수혜자는 비용 감소나 산출이나 결과의 증대를 통한 효율성 개선의 인센티브를 갖지 못한다. 개선에서 이득이 발생하지 않는다고 생각하기 때문이다. 비용지출이 지불의 기준이 되기 때문에 수혜자는 증여 상한선 아래로 지출하는 비용은 효율성과 관계 없이 글로벌 펀드가 지불하게 된다. 지출되지 않은 기금은 글로벌 펀드의 지출승인을 받아 지출이 가능하지만 향후 펀딩 사이클에서 배당분이 감소될 가능성도

표 3-4 차세대 파이낸싱의 결과지불

<table>
<tr><th colspan="2">결과기반의 지불</th><th colspan="2">전통적인 투입 파이낸싱</th></tr>
<tr><td colspan="2">- 신속한 임팩트에 대한 인센티브가 상호 합의된 결과와 조화로운 연계가 이뤄진다.
- 수혜자의 자기보고에 기초한 자료의 정밀성을 정기적으로 검증해 일상적인 보건정보 시스템의 강화에 인센티브를 제공한다.
- Global Fund은 증여 지원이 합의된 결과를 달성하는지를 점검하는데 초점을 맞춘다.
- 수혜자에와 중앙정부에 대해 프로그램의 사전지출, 국내자원의 활용하도록 인센티브를 창출해, 장기적인 지속가능성을 보장하는 조건을 조성하는데 기여한다.</td><td colspan="2">- 성과 검증의 제한으로 상호 확인된 결과에 대한 진전이 잘 드러나지 않는다.
- 투입 파이낸싱의 인센티브 부재는 보건 관리정보시스템 강화를 위한 성과 자료의 정딜성을 사정하기는 한계가 있다.
- Global Fund는 수혜자가 계약에 합의된 투입, 예산, 활동을 준수하는지를 확인하는데 초점을 맞춘다.
- 사전 지출 등에 약한 인센티브
- 장기적 지속가능성 취약</td></tr>
<tr><td>결과 수준</td><td>지불 기준</td><td>요구된 증거</td><td></td></tr>
<tr><td>투입 Inputs</td><td>지출(약품/장비 구입, 임금지불)</td><td>회계 검증된 영수증</td><td rowspan="2">투입 파이낸싱</td></tr>
<tr><td>활동 Activities</td><td>시행 지출비, 사전 승인된 활동</td><td>회계 검증된 영수증, 활동기록</td></tr>
<tr><td>산출 Outputs</td><td>산출의 생산</td><td>보건서비스 기록 (제3자 검증)</td><td rowspan="3">결과지불</td></tr>
<tr><td>결과 Outcomes</td><td>결과의 달성</td><td>행태변화, 임상결과의 증거
(증거자료, 대상인구 서베이)</td></tr>
<tr><td>임팩트 Impact</td><td>임팩트 생산</td><td>가계 유병율, 사망률개선
서베이 증거</td></tr>
</table>

자료 Silverman 2015: 11.

있다. 계약상 승인된 비용지출만을 사용하므로 수혜자에게는 자체의 목표 추진에 필요한 자금이 할당되지는 않는다. 반면에 결과지불제로 글로벌 펀드가 지불의 기준을 전환시키면 수혜자 인센티브와 펀드의 전략적 목표가 조화로운 연계가 되도록 하는 장점이 있다. 그럼으로써 계획된 목표의 임팩트를 증대시키고 급진전과 효율적인 활동을 촉진할 수 있다.

2. 개발임팩트채권(DIB) 모델

1) 임팩트 투자 기관 모델

임팩트 투자에서 주요 행위자는 6개 기관으로 꼽는다. 투자자와 시행기관을 비롯해서 양측을 중개하는 중간지원기관, 대상집단, 검증기관과 결과지불자가 그들이다. 6개 기관의 특성을 살펴보면 아래와 같다(Drew and Clist 2015: 9-13).

(1) 투자자

피터보로 교도소 SIB에서 순수하게 재정수익만을 기대하는 투자자는 매우 실망하게 된다. 수익이란 초기 자본금 모두를 잃게 되는 경우부터 13% 높은 수익을 얻는 경우에 이른다. SIB는 쉽게 판매될 수 없는 비유동성자산(illiquid asset)으로, 투자금은 수년간 투자되어 정확한 상환일도 결정되지 않았다. 이런 상황에서 초기 투자자의 동기는 개입의 결과 자체만을 가치있게 생각하는 사회적 수익에 있게 된다. '복합 수익'(blended return)은 재정적 수익과 사회적 수익이라는 두 개의 동기를 말하는 개념으로 사회적 임팩트 투자의 핵심이 된다.

한편 DIB 시장은 아직 정착되지 않아, 모델 검증이 될 때까지는 재단과 신탁기관들이 중요한 역할을 할 것이라는 인식이 일반적이다. 피터보로의 경우 세계 최초라는 모델 자체에 대한 관심이 복합 수익 동기에 더해진 부가적 동기이다. 록펠러 재단은 다른 투자자들보다 더 많은 리스크를 감

표 3-5 SIB와 DIB의 6대 기관 모델

	피터보로 교도소 SIB	우간다 수면병 DIB	인도 라자스탄 DIB
투자자	공익법인과 재단		
중간지원기관	Social Impact Partnership (Social Finance 설립)	대학 등 신설 조직	Instiglio
시행기관	One Service (St Giles, Sava, Mind, Ormiston, John Laing, YMCA)	알려지지 않음	Educate Girls
대상층	피터보로 교도소 남성 수감자	고위험지역의 가축 (1차), 지역주민	라자스탄의 취약지역 학교의 아동 학생
검증기관	QinetiQ 과 대학	알려지지 않음	알려지지 않음
결과지불자	법무성과 빅로터리 복권기금	원조기관	Children's Investment Fund Foundation(CIFF)
통제집단	전국 남성 수감자	역사적(이전과 비교)	역사적(이전과 비교)
프로그램 목표	재범율 감소	수면병 인간감염 리스크 감소	남녀 취약층의 학교 학습력 향상
임팩트 측정	재범율 감소	스프레이와 타파노사이드(1-3년), 스프레이(4-7년)	알려지지 않음
결과지불	3개 대상층 전체 7.5%, 3중 하나 이상 10% 감소	고위험지역 65% 치료, 이후 인간전염 리스크 점진적 감소	알려지지 않음
투자금과 수익	IRR 수익 100%, 13% IRR	150만 파운드 프로젝트	23만8천불 투자, 7-13% 수익

자료 Drew and Clist 2015: 9.

당하며 시장 형성에 주도적 역할을 할 의지를 밝혔다. DIB에서 복합 수익이 항상 발생하기 때문에 비즈니스 제안으로서의 생존가능성 검증이 필요하므로, 사회적 수익보다는 재정수익을 중시하게 된다. DIB에 대한 수요가 충분한지를 추정하는데는 DIB의 규모, 리스크, 기대되는 수익 모두가 신중히 고려되어야 한다. 투자자들은 재정수익과 사회적 수익에 대해 각기 다른 가치 판단을 하지만, 대형 DIB는 재정수익에 더 관심을 가진 투자자들의 유치를 중시해야 한다.

복합 수익에 대해서는 두 가지 개념적 문제가 제기된다. 하나는 복합 수익이 투자자에게는 재정적 수익과 사회적 수익이라는 두 개의 서로 구분되는 투자 인센티브를 의미하지만, 이 둘은 긍정적으로 관련되어 있다. 투자자가 두 수익에 대해 동일한 비중으로 생각해 투자하는 경우 DIB가 실패하는 경우 상당한 비효용(disutility)를 안게 되고, 이로 인해 손실된 자본에 대한 비효용이 가중될 것이다. 즉 DIB 실패로 인한 사회적 수익과 재정적 수익 모두의 비효용이 발생하는 것이다. DIB의 특성 중 하나는 실패하는 프로젝트에 재정지원을 하는 정부가 정치적 문제를 회피할 수 있다는 점이다. 그런데 투자자에게 DIB 재정투자는 이런 보장을 받지 못하는 문제가 발생한다.

둘째, 실험과 행태 경제연구에 따르면, 사람들은 각기 다른 기준에서 시장과 비금전적 거래에 대해 평가한다. 이 연구는 개인들에 적용되는 것이라 DIB에 적용 여부는 불투명하지만, 한 가지 시사점은 복합 수익이 시장 제안 방향으로 점차 균형을 찾게 될 것이라는 판단이다. DIB는 금융 펀더멘탈 측면에서 심한 경쟁을 하는 금융수단이 아닐 수 있지만 생명력을 갖추려면 다른 투자들과의 연계성을 갖게 될 것이다.

SIB와 DIB의 초기 상황에서는 이들의 활용도에 관해 제시된 이유 중

하나는 해당 분야에 새로운 자본이 유입되며 파이낸스의 증대를 유도한다는 점이다. 이같은 목표가 장기적으로 설정된 것인지는 불명확하지만 지금은 그렇게 중시되고 있는 것은 아니다.

그럼에도 투자자들은 민간부문의 지식을 함께 투자할 것으로 기대되고 있다. 글로벌 개발센터(CDG)와 소셜 파이낸스(Social Finance 2013b: 26)에 따르면, "비즈니스 생존은 소비자로부터 실시간 자료를 수집하는 능력에 달려 있기 때문에 민간부문은 성과 자료를 측정하고 피드백 루프를 구축하는 데 전문성을 제공해줄 수 있다." 투자자 대부분은 프로젝트 운영과 모니터링에 관영하는 것은 아니지만 일부는 관여해 전문 역량을 제공한다. 특히 계약 단계에서 투자자 대부분은 준비상황에 대해 신뢰하며 적극적인 투자자에게 권한을 위임한다.

투자자가 혁신과 학습을 어느정도 유발할 수 있는지에 대해서는 의견이 분분하다. 일반적으로 유치된 투자자들은 금전 관리자이지 비즈니스 관리자는 아니므로 자신들이 투자하는 소형 관리 프로젝트에 추가적인 책임을 맡으려고 하지 않는다.

사회적 수익이 재정수익과 장기적인 연관성을 갖게 되는 경우가 일부 사례에서 발견된다, 그럼에도 대부분의 사례들에서 비즈니스 차원에서 DIB 투자를 고려하는 것이 신뢰할 만한 것은 아니다. 일부 사례들에서는 DIB가 다른 기업사회공헌(CSR) 활동보다 나은 대안이라는 비교관점이 있다.

(2) 중간지원기관

DIB 시장이 이제 시작된 새로운 시장이라 중간지원기관들이 많지는 않다. DIB에서는 소셜 파이낸스(Social Finance), 인스티글리오(Instiglio), 달버그 캐피탈(Dalberg Capital) 정도만이 잘 알려진 중간지원조직이다(앞글: 11). DIB 이론에서 중간지원조직은 필수적인 DIB 구성요소는 아니다. 지금까지의 모든 DIB에는 중간지원조직이 관여하고 있고, 앞으로도 그럴 것으로 예측된다. 투자자들이 중간지원기관에 적극적인 모니터링 역할을 위임한 것에 만족하고 있는 것도 중요한 배경이 된다.

전통적인 원조 모델에서보다 DIB가 효율적으로 운영되도록 중간지원기관이 서비스 시행기관을 관리하고 모니터링 책임을 맡도록 하는 것이다. 피터보로 SIB에서는 서비스 공급의 자료 집중적인 모니터링 형태의 역할이 중시되어 관련된 정보를 투자자에게 정기적으로 보고하도록 되어 있다. 그런데 실제로 서비스 시행기관의 실적을 정기적으로 모니터링을 하는 역할은 중간지원기관이 하고, 중간지원기관에 대한 투자자의 모니터링은 거의 이뤄지지 않고 있다.

중간지원기관의 모니터링 역할은 검증기관의 역할과 명확히 구분된다. 전자는 서비스 개선과 결과 공급에 초점을 맞추고, 후자는 보고된 결과의 정확성을 검증해 결과지불을 정당화하는 역할을 한다. DFID는 이해관계의 충돌을 막기 위해 중간지원기관과 검증기관의 독자적인 전문 역할을 엄밀히 구분한다.

중간지원기관이 혁신과 모니터링을 핵심 역할을 한다면 투자자는 어떤 가치에 투자를 하는지가 중요한 논의가 된다. 먼저 투자자는 수적으로 소수에 불과하지만 DIB 프로젝트가 실패하면 이들은 중요한 대상이 될 수 있다. DIB에서 결과지불자는 정부가 되지만 정부는 투자자에 비해 간섭하지 않고 재원을 제공하지는 못하는 입장이다. 정부는 실패한 프로젝트에 대해 공적 책임을 져야 하지만 투자자들은 실패한 투자에 대해 자본금 상실로 마치면 된다.

(3) 서비스 공급기관

서비스 공급기관에게는 전통적인 원조방식에서 DIB로 전환된 것이 상당한 영향을 미친다. DIB 계약에 서비스 시행기관의 역할과 책임이 상세히 제시되어 있다. 시행기관에 대한 인센티브 중 하나는 전통적 원조모델에서 볼 수 없는 계약 융통성을 보장받아 투입(재원, 기술, 인력)을 다양하게 활용할 수 있게 된 것이다. 투자자와 중간지원기관과의 계약에서 결과지불을 높이기 위해 성과 달성에 초점을 맞추게 되면서 가능해진 것이다.

DIB에서 서비스 공급기관은 계약 조건과 관련되는 것은 아니지만 자신의 평판 리스크가 있기 때문에 보다 적극적인 관심과 활동으로 성과 달성에 노력하게 된다. DIB에서 중간지원기관의 역할은 자료 집중적인 성과 모니터링에 초점을 맞추기 때문에 이에 따라 시행기관은 공급과정에서의 혁신적 관리에 적극적일 수 있다. 따라서 중간지원기관과 시행기관의 관계에서 높은 거래 비용과 관리 감독의 비용이 발생하게 된다.

(4) 대상 집단

계약 용어에서 대상집단은 DIB의 조용한 파트너가 된다. 볼리비아의 농부, 라자스탄의 학교아동 등이 대상집단으로, 이들이 적절한 프로젝트 대상집단인지를 파악하는 일이 중간지원기관의 역할이다. 대상집단이 프로젝트의 성과를 보여주는 투자할 만한 기회를 생산하는 인센티브가 중요하며, 이것이 정부 등의 결과지불자가 기대하는 성과이며 투자자들이 프로젝트 성공의 기준으로 판단하는 투자가치이다. 투자자는 기대되는 결과가 투자할만한 기회를 제공할 정도로 충분한지에 초점이 맞춰진다.

DIB 모델의 혜택이 충분히 실현되기 위해서는 결과지불자의 역할이 제한적일 수밖에 없다. 대신 중간지원기관이 성공적인 프로젝트의 탐색과 관리에 대한 보상을 받는다. 중간지원기관이 프로젝트 개입의 유형, 스케일, 지역 및 속성에 대해 주도적인 결정을 한 다음에 결과지불자인 정부가 검토하는 단계로 진행된다. 결과지불자에게는 결과지불을 위한 측정이 가장 중요한 핵심이다. 프로젝트 개입의 우선적인 목표와 엄밀한 측정이 밀접히 관련되어야 한다. 경험적으로 확고한 측정이 이뤄지지 않게 되면 결과지불자는 추상적인 성과에 지불하는 문제가 발생할 수 있다(Clist and Verschoor 2014).

결과지불자의 관여를 최소화하기 위해서는 대상집단의 목소리가 반영되고 계약 이행에서 심각한 부정적 결과가 발생하지 않으며, 대신 긍정적인 성과들이 달성가능해지면 된다. 상당히 '세심한 주의'가 사전에 진행될 것이지만, DIB의 정당성에는 공급 메카니즘의 융통성이 포함되어 있다. 전달에 대한 교훈을 배워서 공론화시키기 위해 평가가 잘 이뤄질 필요가 있다. 이 점이 계획된 수혜층이 대상집단으로 DIB 과정에 포함되는 중요한 이유이다.

(5) 검증기관

결과 측정은 법률적 요건과 의미를 갖춰야 한다. 그래서 보고된 결과가 정확하다는 것을 검증할 필요가 있다. DIB와 관련된 하나의 아이러니는 DIB가 자료 집약적인 모니터링을 중시하지만 임팩트 평가가 필요하지 않을 수도 있다는 점이다. 검증기관이 임팩트를 검증했기 때문에 임팩트 평가가 별도로 필요하지 않다고 볼 수도 있다. 그럼에도 결과 측정은 의도된 목표의 달성에 관한 정보를 제공하지 못하는 경우도 있어, 별도의 임팩트 평가가 필요하다.

(6) 결과지불기관

결과지불기관은 결과가 측정된 경우에만 지불한다. 이점이 SIB 또는 DIB의 일반적 특성이다. 시행기관에 선불을 지급하는 것은 투자자이기 때문에 결과지불기관이 재정적 리스크를 갖고 있지 않다. 투자자는 시범사업과 같이 초기 단계에 선불을 지급해 시행기관을 지원할 수 있다. 시행기관에게 운영 자본을 지급하는 것이다. 이 투자금이 프로젝트의 성공을 확신하는 것은 아니기 때문에 재정적 리스크를 수반한다. 반면에 결과지불기관은 이런 리스크 부담 없이 DIB 계약을 체결할 수 있다.

2) DIB 평가 프레임워크

DIB의 점차 확대되면서 DIB에 대한 평가 프레임워크에 관심이 집중되고 있다. 일반적인 개발임팩트 평가틀은 OECD DAC이 제시한 다섯 가지 평가기준이 참고된다. 적절성, 효과성, 효율성, 임팩트, 지속가능성이 그것이다. 평가기준에 맞춰 DIB 평가 프레임워크 요소들의 투입, 과정, 임팩트로 구분해 정리하면 〈표 3-6〉과 같다.

표 3-6 DIB 평가 프레임워크 요소별 OECD DAC 평가기준 비교

평가 프레임워크 요소	적절성	효과성	효율성	임팩트	지속 가능성
〈투입1〉 위탁/투자기관 등이 DIB 프로그램 디자인, 개발 지원금을 제공	√				
〈전제1〉 양질의 DIB 디자인을 위한 충분한 시간 여유					
〈전제2〉 DIB 디자인과 개설 장애물과 문제들이 제거					
〈과정1〉 DIB 결과지불자는 투입이 아닌 결과에 초점	√				
〈과정2〉 시행기관이 결과에 초점을 맞추는 인센티브 제시	√				
〈과정3〉 서비스공급 접근법에 혁신과 융통성 제공					
〈과정4〉 프로그램 시행 개선과 효과성 증진		√			
〈전제3〉 DIB 디자인과 개발을 위한 시장의 창출					
〈전제4〉 다양한 이해관계자의 시간, 역량, 자원의 공조					
〈전제5〉 필요한 자료수집과 평가를 위한 재원 지원과 시행					
〈임팩트1〉 기대된 결과가 생산된다				√	
〈임팩트2〉 다른 접근법보다 DIB가 더 효과적이다		√			
〈임팩트3〉 다른 접근법보다 DIB가 더 효율적이다			√		
〈임팩트4〉 추가적인 기대되지 않은 긍정적 결과가 있다				√	
〈임팩트5〉 기대되지 않은 부정적 결과가 없다				√	
〈임팩트6〉 DIB가 다른 환경에서 창출하는 학습효과					
〈전제6〉 다른 접근법의 결과보다 더 지속가능한 결과 생산					√

자료 Drew and Clist 2015: 32.

평가 프레임워크 요소마다 다양한 과제들 또한 평가에 앞서 고려할 만한 주요 항목들이다. 투입, 과정, 임팩트 세 가지 요소별로 살펴볼 만하다.

표 3-7 평가 프레임워크 요소별 주요 과제

평가 프레임워크 요소	주요 과제
〈투입1〉 위탁/투자기관 등이 DIB 프로그램 디자인, 개발 지원금 제공	지원금 제공의 범위는 어느 정도인가? 어떤 부분이 잘되고, 어떤 부분이 잘 못되었는가?
〈전제1〉 양질의 DIB 디자인을 위한 충분한 시간 여유	시간제약이 있는가? 시간제약 문제들은 무엇이고, 어떻게 해결되었고, DIB 디자인에 방해가 되었나?
〈전제2〉 DIB 디자인과 개설 장애물과 문제들 제거	DIB 개설에 장애가 되는 문제들은 무엇이며, 어떻게 해결되었는가?
〈과정1〉 DIB 결과지불자는 투입이 아닌 결과에 초점	결과지불자는 결과 중심을 얼마나 중시하는가? 결과 중심에 어떤 인센티브가 어떻게 작용되었나?
〈과정2〉 시행기관이 결과에 초점을 맞추는 인센티브 제시	시행기관에 대한 인센티브는 무엇이며, 어떻게 시행기관에 영향을 미쳤나?
〈과정3〉 서비스공급 접근법에 혁신과 융통성 제공	결과 중심의 서비스 공급은 어느 정도 창의성, 융통성, 혁신을 창출했는가?
〈과정4〉 프로그램 시행 개선과 효과성 증진	프로그램 효과성은 얼마나 개선되었나? 프로그램 산출은 계획대로 창출되었나?
〈전제3〉 DIB 디자인과 개발을 위한 시장의 창출	DIB 시장의 창출은 얼마나 이뤄졌나? 어떤 투자자가 DIB를 투자했고, 시기적으로 어떻게 변했나?
〈전제4〉 다양한 이해관계자의 시간, 역량, 자원의 공조	DIB 이해관계자들은 누구이며, 각자의 역할은 무엇인가? 이들의 상대적 장점은 잘 활용되었나?
〈전제5〉 필요한 자료수집과 평가를 위한 재원 지원과 시행	필요한 자료는 어느정도 유용되었고, DIB가 자료 유용성과 질에 미치는 영향은 무엇인가?

〈임팩트1〉 기대된 결과가 생산된다	DIB는 계획된 결과를 공급해 대상층에 혜택을 제공했는가?
〈임팩트2〉 다른 접근법보다 DIB가 더 효과적이다	다른 접근법에 비교해 DIB는 얼마나 효과적이었는가?
〈임팩트3〉 다른 접근법보다 DIB가 더 효율적이다	다른 접근법에 비교해 DIB는 얼마나 효율적이었는가?
〈임팩트4〉 추가적인 기대되지 않은 긍정적 결과가 있다	DIB는 기대되지 않은 긍정적인 결과를 창출했는가?
〈임팩트5〉 기대되지 않은 부정적 결과가 없다	DIB는 기대되지 않은 부정적인 결과를 창출했는가?
〈임팩트6〉 DIB가 다른 환경에서 창출하는 학습효과	다른 환경에서의 DIB에 적용될 학습은 무엇인가?
〈전제6〉 다른 접근법의 결과보다 더 지속가능한 결과 생산	DIB가 생산한 결과는 얼마나 지속가능한가? 다른 접근법의 결과와 어떻게 비교하는가?

자료 Drew and Clist 2015: 33.

3) 개발임팩트채권(DIB) 사례

사례로 영국 DFID의 최초 DIB 사례로 수면병 치료 DIB와 르완다 YBank DIB를 차례로 참고해볼 수 있다. DIB 주요 사례들은 다음 제5장에서 상세히 소개한다.

(1) 영국 DFID의 DIB

2014년 4월 DFID는 우간다의 수면병 예방을 위한 개발임팩트 투자를 시행한다고 발표하였다. 가축의 이동으로 인한 수면병 감염자가 900만 명에 달할 정도로 심각한 의료문제이다(GSG 2014b: 15). 비용효과적인 처방으로 800만에 달하는 가축에 대해 주사와 스프레이로 예방조치를 하는 것으로 우간다의 50개 지역에서 일제히 시행되었다. 개발임팩트채권은 초기 자본금을 민간 투자로 유치하며, 공공, 민간, 시민사회 파트너들의 공조를 위한 플랫폼 역할을 한다.

투자자들은 프로젝트의 운영과과 공급의 리스크를 부담하게 되고, DFID는 다른 결과지불 기관들과 함께, 투자자들에게 성공적인 결과에 기초한 수익을 포함한 결과지불금을 지급한다. DFID는 연구와 디자인과 채권 구조를 위한 초기 작업에 150만 파운드를 지급하였다.

(2) 르완다 YBank의 DIB

YBank는 르완다의 키갈리 대학과 공조로 DIB를 개발하는 초기 단계의 책임을 맡았다. DIB의 목표는 HIV 감염 성인의 건강을 개선시켜 성인 보건에서의 혁신적인 파이낸싱 수단을 개발하고 르완다 보건의료 시스템의 효율성 개선에 맞추었다. DIB 개입 접근법은 금융적 인센티브제를 활용해 약복용 실천의 개선, 평생 습관을 개선시키고 약복용 습관과 심리적 웰빙을 유지하는 동료 멘토링을 지원하고 청년들에게 생활기술 훈련을 받아 저축하고 장래를 설계할 수 있도록 지원하는 실행방안을 갖고 있다(OECD 2015c: 8).

DIB의 금융 모델에는 민간 투자자, 기업 지원, 대형 NGO들이 관여한다. 성공 결과에 대한 지불자는 르완다 보건의료 시스템을 지원하는 공여기관들이며, 또 혁신적인 파이낸싱을 지원하는 조직들이 보증기관으로 관여한다. DIB 프로젝트의 기간은 5년으로 시행 2년이 되면 중간 지급금이 제공된다. 프로그램 성과 관리와 관련된 결과 지표들로는 통제집단과 비교된 치료집단의 치료약 복용 실천이며 또 병원 입원의 감소로 발생한 비용절감, 일차적 치료에 실패한 성인의 수적 감소 등이다.

제4장

개발 임팩트 투자 정책

1. 개발 임팩트 투자 생태계

1) 결과기반의 임팩트 투자

임팩트 투자의 개발 임팩트를 최대화시킬 수 있는 방법은 펀딩을 결과에 연계시키는 것이다. 결과(outcomes 또는 results)에 기초한 지불 방식은 점차 확대되는 동향이다. 〈그림 4-1〉과 같이 정부와 재단 등이 공동으로 임팩트 투자기관을 통해 서비스 공급자의 재정 지원으로 순저축과 세수입 증대를 목표로 삼는다. 여기에 민간 투자자는 자본을 제공하고 긍정적 결과가 달성되면 원금과 수익을 보장받는다. 중간기관은 투자준비, 서비스공급자 펀드와 함께 전문자문을 지원한다.

개발 원조 분야에서 결과기반의 접근법은 여러 형태들이 있다. 먼저 임팩트 결과에 따라 인센티브가 부여되는 아프리카 보건 펀드의 특징을 살

그림 4-1 임팩트 투자 프로세스

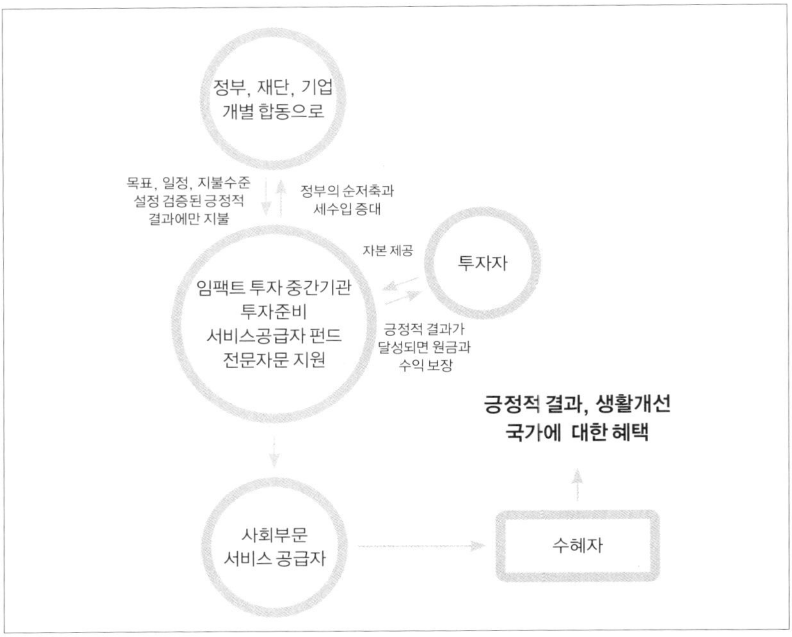

자료 GSG 2014b: 9.

표 4-1 임팩트 기반의 인센티브 구조 : 아프리카 보건기금(Africa Health Fund)

아프리카 보건기금은 글로벌 성장 시장에서 민간 자본 투자사인 Abraaj Group이 관리 책임을 맡는데, 2009년 African Development Bank, Bill & Melinda Gates Foundation, International Finance Corporation의 자본 투자로 가능하였다. 아프리카 BOP 소비자의 양질의 보건 서비스 제공을 목표로 삼는다. 성과 목표들이 펀드 매니저의 보상 구조에 결합되는 특징이 있다. Abraaj Group은 협력의료기관들에서 서비스를 이용한 소비자 수가 많을수록 더 많은 수익을 보장받는다. 협력의료기관인 Avenue Group은 병상 규모가 2011년 70개에서 2013년 140개로 두 배 늘었고, 방문자 중 57%가 BOP 소비자였다. Africa Health Fund는 10년간 펀딩을 받는데 2014년 중반에 아프리카 전역에 5천 30만 달러에 달하는 10개의 투자가 제공되었다.

자료 GSG 2014b: 10.

펴볼 만하다.

2) 정부의 개발 임팩트 투자 역할

(1) 정부와 개발기관의 역할

'임팩트 투자'를 통한 개발협력의 효과성 증진은 개발협력의 혁신적 추진방안으로 제시되고 있다. 개발 임팩트 투자 생태계 조성은 특히 정책 당국의 역할이 중요하다. UNDP가 제시하는 개발 임팩트 투자 생태계는 1) 임팩트 투자 증진을 위한 촉진활동, 2) 투자 플랫폼을 통한 생태계 구축, 3) 실행가능한 환경 조성 등으로 구분될 수 있다(표 4-2).

첫째, 임팩트 투자 증진 촉진활동으로는 투자 플랫폼 개설과 역량 개발 프로그램 개설로 재정지원과 투자준비 진흥 지원이 중요하다.

둘째, 혁신적 공조에서는 다자 이해관계자 사이의 정보 포털과 네트워크 구축으로 투자 잠재력을 증진시키고 임팩트 측정과 평가 이니셔티브를 지원하는 정부의 역할이 관심의 초점이 된다.

셋째, 실행가능한 환경 조성에서는 임팩트를 창출하는 기업들을 위한 네트워킹 플랫폼 지원이나 개설이 핵심이 된다.

(2) 정부의 개발임팩트 투자 진흥 역할

임팩트 투자 진흥을 위한 정부의 역할은 인센티브와 규저적 환경 조성과 함께 고려해볼 수 있다(표 4-3).

표 4-2 임팩트 투자 환경 조성을 위한 정책당국과 개발조직의 역할

	정책당국의 역할	개발기관 / 생태계
1. 임팩트 투자 증진 촉진활동	임팩트 투자 플랫폼 개설 → HNWI 또는 Diaspora	초기단계의 임팩트 기업에 재정지원
	역량개발 프로그램 개설 또는 지원금 지급 → 기업가의 투자준비 진흥	기업가의 투자준비 진흥을 위한 역량 개발 프로그램 또는 지원금 지급
2. 혁신적 공조: 컨설턴트 네트워크와 정보와 투자 플랫폼을 통한 생태계 구축	다자 이해관계자 관여 → 시장의 분절화	임팩트 투자 잠재력과 성공 스토리 인식과 지식의 생산물 구축
	정보 포털과 네트워크 창설 → 이해관계자 관심 파악 → 라운드테이블 마련 → 주요 정보 전달	임팩트 측정과 임팩트 평가 이니셔티브 지원
3. 실행가능한 환경 조성	임팩트 기업들에 네트워킹 플랫폼 지원 또는 개설	기업가, 비즈니스, 정책당국, 새로운 임팩트 투자자를 위한 기술지원과 비즈니스 개발 지원
	초기 임팩트 기업가정신 플랫폼 공동 재정지원	공조활동과 표준화 진흥. 인큐베이터와 진흥기관에 대한 재정 지원

자료 UNDP 2014, Impact Investing in Africa.

표 4-3 정부의 개발 임팩트 투자 진흥 역할

	정책 당국의 역할
임팩트 투자 진흥 (목표 투자에 대한 투자 리스크 감소)	임팩트 기금에 대한 씨드 자본(seed capital) 제공 또는 초기 손실 보장(first-loss guarantees)으로 투자 리스트 감소
	임팩트 기금의 하위 종속적 위치에서 "매칭" 투자 제공
	초기 단계의 임팩트 기업에 pre-seed, pilot 단계 또는 R&D 지원의 지원금 제공
	임팩트 프로젝트에 PPP(Public-Private Partnership) 모형 개발

인센티브와 규제적 환경	기관투자자 투자 진흥, 기관투자자의 임팩트 투자 관여 역량을 제한시키는 규제 저 거, 사회적, 환경적 임팩트 투자 결정에 필요한 요건 제시.
	초기 사업단계의 임팩트 기업들이 정부지원에 등록해 지원받도록 관료제를 제거하는 비즈니스 환경 개선
	특히 리스크가 있거나 초기 투자에 지역의 금융기관이나 엔젤 투자자의 참여를 진흥시키는 세제혜택 제공
	임팩트 기업에 대한 규제적 프레임워크 제공 : 다양한 법적 실체, 표준화 및 재정적, 임팩트 운영과 보고에 관한 규제적 가이드라인 제공

자료 UNDP 2014, Impact Investing in Africa.

(3) 스위스 정부의 진흥역할 사례

스위스 국제개발협력기관(Swiss Agency for Development and Cooperation)이 임팩트 투자를 주류 개발지원 정책으로 추진하는 역할을 사례로 참고해볼 만하다(Manuel Sager, 스위스 개발협력기관 대표; OECD 2016a: 105).

첫째, 파트너 정부들과 개발협력기관들은 개발도상국의 전반적인 거버넌스 프레임워크를 강화시키는 중요한 목표를 경시해서는 안된다. 거버넌스 프레임워크 강화는 임팩트 투자 등의 투자 기회를 창출하는데 필수적인 것이다. 프레임워크에는 효과적인 공공행정, 법의 지배, 거시경제 프레임워크, 간편하며 투명한 비즈니스 절차 등이 포함된다. 스위스 정부는 우선적으로 이 문제 개선에 전략적인 접근을 한다. 둘째, 임팩트 투자가 다른 유형의 투자에 비해 비용을 감소시키는데 정부가 중요한 역할을 할 수 있다. 이를 위해 스위스 정부는 민관 파트너십의 "스위스 역량구축기금"(Swiss Capacity Building Facility)을 개설해, 개발도상국에서의 금융서비스 제공기관들에 소규모의 기술지원금을 제공해주고 있다. 그래서 저소득층, 소농과 소기업인들이 이용가능한 적정가격의 혁신적인 금융서비스를 제공하는 기관들의 진입비용을 경감시켜주는 역할을 한다. 농업 투입물 보험이나 가축 임대 등의 금융상품들은 개발도상국 고객들에게 소득과 고용 증대, 취약성 감소의 성과를 갖게 해준다. 셋째, 공공기금이 민간 기금의 유치를 레버리지 하도록 하는 역할을 할 수 있다. 보증이나 초기단계의 투자 등이 좋은 사례이다. 스위스의 가장 성공적인 소액대출 기금 중 하나는 responsAbility의 글로벌 소액대출기금(Global Microfinance Fund)이다. 이것은 2003년에 스위스 경제국으로부터 초기 자본금 360만 스위스 프랑으로 개시되어, 오늘날에는 개발도상국의 다양한 소액대출기관에 투자되는 민간자본 10억 달러 이상의 가치를 가진 대표적인 소액대출기금이 되었다.

넷째, 개발협력기관들과 사회적 임팩트 투자 섹터가 공동으로 지식 교환과 경험 공유를 위한 플랫폼을 개설할 필요가 있다. 스위스에서는 많은 임팩트 투자자들을 포용하는 지속가능한 투자 공동체가 스위스 지속가능 파이낸스(Swiss Sustainable Finance)의 후원으로 결속되어 있다. 현재 스위스 은행, 보험, 금융서비스 기관의 80개가 소속되어 개발투자에 관한 실무팀도 두고 있다.

3) G8 임팩트 투자 회담과 GSG

OECD의 2015년 〈사회적 임팩트 투자〉 보고서에 따르면, 지난 수년간 정부, 재단, 투자자들이 사회적 임팩트 투자(SII) 시장을 활성화시키고 있다. 또 일부 OECD 국가들도 시장 개발에 적극적인 정책을 추진해 왔다. 영국, 미국, 프랑스, 호주 등이 대표적인 국가들이다. 이들 국가들뿐 아니라 다른 서구와 개발도상국들로 동참해 새로운 모델과 접근법의 개발에 기여하고 있다.

(1) G8 임팩트 투자 회담

국가마다 SII 개발의 진전도가 다르기 때문에 선도적인 국가들의 정책 경험을 공유하고 인식제고와 시장 활성화를 진흥하기 위해 G8 국가들이 2014년 SII TF를 구성했고, 또 관련된 국가자문위원회가 G7 국가들과 호주에 개설하였다.

이같은 국제적 이니셔티브의 제1단계가 G7 국가들과 호주에서의 SII 시장과 정책에 초점을 맞추고 있지만 TF 실무그룹은 국제개발에 대한 적용을 탐구중이다. 다음 단계는 G20 국가들 이상으로 범위를 확대시키는 고도화 추진 전략을 갖고 있다. 기본적인 전제는 전통적인 ODA 방식으로는 오늘날의 글로벌 개발 문제들의 심각성과 복잡성을 해결하는데 충분하지 않다는 점이다. 민관 섹터들의 공조를 진흥시키는 파트너십 전략과 ODA가 이같은 파트너십을 개선시키고 추가적인 자원을 동원할 수 있는 방식으로 활용되는 방안들을 탐구할 필요가 있다(GSG 2014b).

(2) 글로벌 임팩트 투자 플랫폼 GSG

2013년 6월 영국 주도의 G8 임팩트 투자 회담에서는 임팩트 투자 활성화 결의안 채택과 함께 실질적인 정책 추진을 위한 TF가 조직되었다. 이후 글로벌 플랫폼(GSG)으로 확장되어, 각국이 임팩트 투자 정책을 추진할 수 있는 임팩트 투자 생태계 분석과 정책 추진 등을 마련하였다. GSG의

2014년 정책보고서(GSG 2014a)에 따르면, 임팩트 투자의 중요성은 개도국에 대한 해외 투자가 인프라, 산업과 테크놀러지 등에 투자되어 개발 임팩트를 갖고 있고, 또 개도국에 진출한 기업들은 비즈니스 수익을 올리면서 동시에 개발에 기여하는 공유된 가치를 창출하는 역할을 한다.

최근에는 개도국의 사회적 임팩트를 창출하는 임팩트 투자가 점차 발전되고 있다. 임팩트 투자는 개도국에 일련의 자본의 흐름들이 결합되어 최대의 효과를 생산하는 잠재력을 갖고 있다(GSG 2014a: 6). 개발협력기관들은 성과기반의 파이낸싱, 결과기초적인 접근, 시장기반의 해결방안, 다양한 PPP 유형들을 포함한 새로운 혁신적 방식을 활용해 긴축 재정으로 개발협력의 효과성과 장기적인 개발임팩트를 증진시키는 전략을 탐색하고 있다. 한편 자선기관들은 장기적 임팩트를 달성하기 위해 자신들의 자선적 증여를 보완하는 투자 모델들을 이용하는 방안을 탐색하고 있다. 정부 원조기관, 개발금융기관, 재단과 자선기관들에게는 사회적 목표를 가진 민간 투자를 진흥시키는데 자신들의 자원들을 활용할 수 있는 기회를 갖게 되었다.

임팩트 투자는 개발협력에서는 새로운 동향이지만 시장에서 가장 성장하는 분야중 하나가 될 수 있는 잠재력을 보여준다. 새로운 투자 모델과 공공, 민간, 비영리부문 사이의 파트너십을 창출하는 노력들이 진행 중이다. 개발금융기관과 재단들이 지원하는 임팩트 투자 펀드들이 재화와 서비스 수요를 충족시키고, BOP에서 일자리와 소득을 창출하고 탄소 감소 프로젝트를 지원하는 지역의 기업들에 투자되고 있다.

2013년 SII 회담 이후 G8 각국의 정책추진은 주목할 만한 제도적 혁신으로 개시되었다. 글로벌 임패트 투자 플랫폼(GSG)의 홈페이지에는 G7과 호주의 국가자문위원회가 작성한 국가 임팩트 투자 보고서가 수록되어 있어 각국의 실정과 추진전략을 참고해볼 만하다(http://gsgii.org/).

(3) G8 임팩트 투자 동향

미국의 경우, 해외민간투자사 OPIC와 인터아메리칸 개발은행(Inter-American Development Bank: IDB)은 지속가능한 재정수익을 창출하면서 사회적 또는 환경적 문제해결의 목표를 가진 비즈니스 모델의 협력기업들에 투자를 실험하고 있다.

또한 개발금융기관들은 개도국에서 임팩트 투자를 증진시키기 위한 새로운 구조들을 탐색하고 있다. 프랑스 개발기관의 부속기관인 AFD Proparco는 민간 부문의 파이낸싱에 주력하는데 임팩트 투자도 시행한다. 독일 개발은행인 KfW도 임팩트 투자를 선도한다. KfW는 아시아의 마이크로파이낸스 분야에 초점을 맞춘 아시아 마이크로파이낸스 이니셔티브 등 임팩트 주력의 펀드들에 투자금을 제공한다.

영국의 DFID는 2014년 결과지불(Payment by Results) 전략 도입, DIB 등 개발임팩트 투자 전략을 추진하였다. DFID의 2015년 〈임팩트 프로그램 연간보고서〉에 따르면, DFID의 임팩트 투자 프로그램은 두 가지 핵심 요소들로 구성된다. 하나는 개발금융사인 CDC가 관리하는 임팩트 펀드(Impact Fund)가 있고, 다른 하나는 다양한 시장구축 활동이다. DFID 임팩트 펀드는 CDC가 관리하는 펀드들 중의 하나로, 사하라이남의 아프리카와 동아시아에 초점을 맞춰 인구 500만 명의 저소득층을 대상으로 하는 기업 70~100개에 임팩트 투자를 제공하는 목표를 설정해두고 있다. 임팩트 투자는 중개기관을 거쳐 투자가 이뤄지면서, 더불어 민간 자본의 투자를 진흥시키는 목표를 갖고 있다. 2014년 이후 13년간 7500만 파운드를 투자해, 보건, 농업, 에너지, 주택, 교육, 식수 분야에서 빈곤층을 소비자, 공급자, 고용인으로 가치사슬에 포용해서 생계 지원을 하는 기업들을 우선 대상으로 한다. 두 번째 핵심 요소는 임팩트 투자 시장 개발에 있다. 이를 위해 DFID는 임팩트 투자 시장 개발을 지원하기 위해 여러 기관들과의 파트너십 전략을 추진한다. 2014년의 시장 구축 활동은 GIIN과 B Lab과 파트너십으로 추진되어, 임팩트 투자 시장에 관한 연구와 지식의 공유, 임팩트 투자 측정 표준화를 진흥하는 자원, 임팩트 펀드 매니저들을 위한 역량구축 활동이 있었다.

영국의 DFID와 미국의 USAID는 새로운 혁신 펀드에 재정지원을 해서 임팩트 투자 플랫폼 역할을 하며 초기단계의 사회적기업을 지원한다. 임팩트 투자의 개발 임팩트를 최대화시킬 수 있는 방법은 펀딩을 결과에 연계시키는 것이다. 결과(outcomes 또는 results)에 기초한 지불 방식은 점차 확대되는 동향이다. 개발원조 분야에서 결과기반의 접근법은 여러 형태들이 있다. 결과기반의 용역 접근법과 마찬가지로 임팩트 투자는 사회적 목표 설정과 명확한 결과 메트릭스를 요구한다. 사회임팩트채권(SIB)과 개발임팩트채권(DIB)이 대표적인 결과기초적인 지불 방식의 임팩트 투자이다.

한편 일본의 국가자문위원회(Japan National Advisory Board 2014)의 보고서에 따르면, 일본 JICA의 ODA 채권은 공공 및 개인 투자자들로부터 펀드를 조성하는 것으로 연이자율이 0.1~0.4%에 불과하지만 특히 노인층의 투자를 유도하고 있다. JICA는 5회에 걸쳐 소매 채권을 발행해 5억 달러로 조성했는데, 1회에 6000명의 투자자를 유치한 실적을 갖고 있다. 일본의 임팩트 투자채권(Impact investment bonds)은 2008년 다이와증권(Daiwa Securities)이 다음의 개발 분야(국제개발기관)에 투자해 왔다. 마이크로파이낸스(IFC, EBRD), 남미의 아동보육(IDB), 글로벌 온난화(World Bank), 백신(GAVI), 식수

(ADB), 농업비즈니스(Rabobank), JICA ODA 채권 등이다. 또 2016년에는 휴면계좌를 활용한 임팩트 투자 입법이 추진되었다. SIB는 입양, 치매 예방, 청년 취업과 관련해서 지자체들이 2015년 이후 시행에 들어갔다(Japan National Advisory Board 2016).

4) 주요국 정부의 임팩트 투자 정책

(1) 정부의 역할: 시장 진흥자, 참여자, 규제자

지난 십여년 기간 정부의 촉매 역할을 19개국 사례에서 확인되고 있다. OECD(2019)는 임팩트 투자 상태계 조성에서 정부의 3대 역할 프레임워크를 다음과 같이 제시한다.

a) 시장 진흥자(Market facilitator): 임팩트 활동이 가능하게 진흥하고 교육하는 조직들과 시스템의 창출.
b) 시장 참여자(Market participant): 임팩트 재화와 서비스의 위탁과 조달을 통해 임팩트 투자 생태계 지원.
c) 시장 규제자(Market regulator): 임팩트 생태계의 지원과 인식 구축을 위한 법률의 시행.

(2) 정부 정책결정 : 기반조성 → 핵심강화 → 성장확장

글로벌 임팩트 투자 플랫폼(GSG)는 19개 주요국의 정부 정책결정의 발전 경로를 1, 2, 3단계로 구분해 제시한(GSG 2018: 2).

① 제1단계: 기반조성 정책(Foundational policies)

대부분 국가들이 임팩트 비즈니스 관련 교육과 활동하기 좋은 환경조성 정책으로 임팩트 생태계 기반조성을 우선적으로 추진한다. 19개국 대부분이 임팩트 산업에 대한 이해교육 차원에서 대학과정, 연구센터 교육 프로그램을 개설해 운영하고 있다. 마찬가지로 대부분의 국가들이 임팩트 인큐베이팅 형태의 역량구축 프로그램을 갖고 있으며 자본접근 프로그램, 그리고 이 둘의 연계 과정을 갖추고 있다.

② 제2단계: 핵심 강화 정책 (Strengthening policies)

기반조성이 어느 정도 갖춰지면 다음으로 생태계 핵심을 강화하는 정책에 초점을 맞춘다. 대상이 되는 19개국 모두가 공공 사업이나 서비스의 결과를 생산하는 '결과 위탁'(outcomes commissioning)을 시행하고 있거나 시행 준비를 하고 있다. 또 대부분의 국가들이 공공조달 결정에서 임팩트 가치의 시행을 준비하고 있다. 임팩트 가치 시행은 민관 파트너십을 강화시켜 정부지출을 새롭게 구조화 하는 혁신방안이며, 임팩트 투자 생태계의 수요측면을 강화하는 정책이다. 임팩트 비즈니스를 지원하는 특수한 법제는 일부 국가들이 시행하는 수요측 생태계 강화 정책이다. 법제 정책은 재정 인센티브를 비롯한 목표 달성의 정책 추진의 기반이 된다. 임팩트 리포팅 표준화 또한 생태계 핵심 강화 정책에 해당된다. 대부분 국가들이 사회적. 환경적 등 비금융적 요인들에 대한 리포팅 표준화를 준비하고 있다.

또 중간지원기관의 역량 강화를 위해 정부는 임팩트 투자 도매시장 창출을 준비하고 있다. 19개국 중 3개국이 도매시장을 갖고 있고, 다른 4개국이 준비하고 있다. 다른 국가들도 시행 준비를 하고 있지만 재정지원 문제에 부딪혀 있다. 임팩트 신의성실 의무(fiduciary duty)는 공급측 역량 강화를 위한 정책으로 대부분의 국가에서 추진되고 있다.

③ 제3단계: 성장 확장 정책(Expansive policies)

제2단계까지 성숙한 임팩트 생태계를 갖춘 국가들은 시장 확장 그리고 스케일링 확대 정책을 준비하고 있다. 임팩트 투자 산업의 규모를 확장하는 국가들의 공통점은 소매시장 투자자에게 시장을 확장하는 정책이다. 사회적 목적의 연금의 창출과 임팩트 주식거래소 개설이 소매시장 투자자 유치를 위한 주요 정책이다. 또 임팩트 자본 수요측과 공급측에 제공하는 금융 인센티브도 시행 초기 단계에 있다. 임팩트 비즈니스의 특수 법제를 갖춘 국가들에서 금융 인센티브제가 시행되는 특징이 있다. 마지막으로 국가전략은 임팩트 투자 산업의 지속적인 개발에 대한 일관된, 합의된 국가전략을 갖추는 핵심 방안이 되고 있다.

2. 영국의 임팩트 투자 정책

민간 자본을 레버리지 하기 위한 다양한 공공 및 민간 개발금융기관들의 역할을 예시하면 아래와 같다. 영국의 CDC와 미국의 OPIC를 대표적인 개발금융기관(DFI) 사례로 참고해볼 만하다.

개발 임팩트 투자는 일부 국가들 중심으로 진행되는 추세이다. 아직은 많은 국가들이 동참하지 않고 있지만, G7과 호주 등이 선도적인 역할을 하고, 특히 금융시장의 민간 자본의 규모가 크게 확장되면서 이제 개발 임팩트 투자는 점차 일반적인 글로벌 동향으로 발전하고 있다. 대표적인 국가들로 영국, 캐나다, 미국의 협동조합과 사회적기업 중심의 사회적경제 접근법을 임팩트 투자에 초점을 맞춰 차례로 정리해볼 수 있다.

1) DFID의 임팩트 투자

(1) 임팩트기금

DFID의 임팩트 투자 프로그램은 두 가지 핵심 요소들로 구성된다(DFID 2015a: 6). 하나는 정부의 개발금융사인 CDC가 관리하는 임팩트 펀드가 있고, 다른 하나는 다양한 시장구축 활동이다. DFID 임팩트 펀드(Impact Fund)는 CDC가 관리하는 펀드들 중의 하나로, 사하라이남의 아프리카와 동아시아에 전략적인 초점을 맞춰 5백만명의 저소득층을 대상으로 하는 기업 70~100개에 임팩트 투자를 제공하는 목표를 설정해두고 있다. 임팩트 투자는 중간기관을 통해 투자가 이뤄지면, 더불어 민간 자본의 투자를 진흥시키는 목표를 갖고 있다. 2014년 이후 13년간 7500만 파운드를 투자해, 보건, 농업, 에너지, 주택, 교육, 식수 분야에서 빈곤층을 소비자, 공급자, 고용인으로 생계 지원을 하는 기업들을 우선 대상으로 한다.

임팩트기금 2016년 보고서에 따르면, 2012년 최초의 투자부터 지속적인 성과를 내고 있는 것으로 나타난다. 2016년 말에 5개의 기금에 4880만 달러의 임팩트 투자가 이뤄졌다. 2014~2016년 기간에 민간 제3자 투자금은 DFID 기금에 두 배 이상에 달하는 호응이 있었다. 2017년에는

표 4-4 DFID 임팩트 기금(Impact Fund)의 성과 : 2012-16년

	2014	2015	2016
기금의 수	2	4	5
기금의 규모	£7830만	£1억3080만	£1억4860만
임팩트기금 자본금	£1800만	£3680만	£4880만
민간 제3자 자본금	£4960만	£8350만	£8940만
투자 이후 저소득 수혜층(직접, 가계)	70만 명	190만 명	370만 명
– 그중 재화와 서비스 공급 수혜층	65만5000명	180만 명	358만 명
– 그중 소득지원 기회 수혜층	4만5000 명	10만 명	12만 명
지역사회 투자 기업 자본금 (임금, 생산자지불, 세금)	$1505만	$4260만	$8590만

자료 UKAID 2017: 12.

2014년 비해 기금 규모는 네 배 늘어난 8개, 수혜층은 1240만 명으로 15배 이상 급증했다(UKAID 2018).

두 번째 핵심 요소는 임팩트 투자 시장 개발에 있다. 이를 위해 DFID는 임팩트 투자의 시장 개발을 지원하기 위해 여러 기관들과의 파트너십 전략을 추진한다. 2014년의 시장 구축 활동은 GIIN과 B Lab과 파트너십으로 추진되어, 임팩트 투자 시장에 관한 연구와 지식의 공유, 임팩트 투자 측정 표준화를 진흥하는 자원, 임팩트 펀드 매니저들을 위한 역량구축 활동이 있었다.

임팩트 투자 규모는 아직 정확하게 파악되지 않고 있지만 2014년 J.P.

Morgan and GIIN 2014 Impact Investor Survey에 따르면 사하라이남과 남아시아에 대한 임팩트 투자 규모는 각기 100억과 60억 달러 규모에 달한다. 조사에 따르면 2012~2013년 1년 새에 투자규모가 10% 가량 증가되었다(앞글: 7-8). 동아프리카와 남아시아에 대한 DFID의 집중적인 투자 규모는 위의 조사에서는 절반 이하인 것으로 나타나지만, 실제로 DFID 관련 민간 전체의 투자 규모는 각기 97%에 달한 것으로 추산된다.

성장 단계별로는 벤처(venture) 단계보다 성장(growth)과 성숙(mature) 단계에 투자기 집중된 것을 알 수 있다. 후자에 대한 투자자 비중은 사하라이남에서는 67%가 남아시아에서는 73%가 쏠려 있어, 리스크 부담이 되는 벤처 투자는 아직 낮은 비중을 차지한다. 동아시아보다는 사하라이남 아프리카에서는 투자자의 벤처투자는 다소 진전되는 상황에 있다. 투자분야도 사하라이남 아프리카에서는 농업과 식량이 70%로 가장 높은 비중을 차지하고, 이어서 에너지(53%) 등이다. 동아시아에서는 마이크로 파이낸스에 절반 이상이 몰려 있는 상태이다.

(2) 임팩트 프로그램의 '변화의 이론'

DFID 임팩트 프로그램은 아프리카와 동아시아 빈곤층의 빈곤해소 임팩를 위한 임팩트 투자이다. 이같은 임팩트 생산을 위해 아래와 같은 투입(자본제공)부터 산출(투자처 지원), 결과(직접 결과와 시스템 결과)로 이어지는 변화의 이론을 조목해 볼 수 있다.

그림 4-3 DFID 임팩트 프로그램의 '변화의 이론'

투입	산출	결과		임팩트
직접투자 자본 중개투자 자본	a) 투자처 아프리카와 동아시아 중개기관과 회사 회사에 기술지원	직접 결과 사회적 임팩트와 재정수익을 생산한 펀드매니저의 성장	시스템 결과 기금과 회사들이 자본 동원	
투자처 기술지원 (증여와 관리)	b) 정보와 증거분석 임팩트프로그램이 정보와 인사이트 제공	사회적 임팩트와 재정수익을 생산한 포트폴리오 회사의 성장	투자처 회사의 혁신과 시장구축활동의 복제와 업스케일링	구매가능한 재화와 서비스 공급, 일자리 제공, 자신들의 생산품 시장을 통한 아프리카와 동아시아 빈곤층의 삶의 질 개선
프로그램 관리 (M&E 포함)	c) 시장 구축 5개 영역의 시장제약 문제 해결을 위한 시장구축 기관 지원 – 새 금융소스 개방 – 임팩트측정관리 개선 – 펀드매니저 역량 – 시장연계 증대 – 임팩트기업 지원	시장구축 활동으로 성장하는 기금관리사, 회사, 중간지원기관	시장에서의 촉매적 효과	
시장 구축 (증여와 관리)				

참고 포트폴리오 회사(portfolio companies)는 벤처 캐피탈, 매수 회사 또는 지주 회사가 투자하는 회사.
자료 UKAID 2018: 15.

개도국 토착형 펀드 메니저의 역량개발을 위한 혁신적 투자 프로그램인 Capria에도 주목해볼 만하다.

표 4-5 Capria : 펀드 매니저 역량개발 투자

임팩트 프로그램은 Capria에 지속적인 지원으로 펀드 메니저의 역량 개발에 투자한다. 시애틀의 '전문교육과정'과 Capria 네트워크 회원활동을 통한 역량강화 프로그램이다. Capria는 11개의 펀드에 역량구축 지원금을 제공하는데, 이는 자신들의 펀드 중 1300만 달러의 증자가 된 것이다. 2016년 이래 전문교육과정을 시행한 다음, Capria는 다음의 혁신적 제안을 제시했다. a) 소기업금융기관(small business finance institutions (SBFIs) 제안. SBFIs는 새로운 금융중개기관으로 수억에 달하는 인구의 삶에 영향을 미칠수 있는 새로운 세대이다. 동시에 마이크로 파이낸스기관(MFIs)과 같은 방식으로 재무수익으로 지속가능성이 있다. SBFIs는 특히 지역 토착의 기관으로 글로벌 차원에서 교육받은 금융전문가들이 운영하며 자본을 유치하고 중개하는 다양한 수단들을 이용해 투자자에게 수익을 건네준다. b) 동료집단 학습(Peer learning)은 기대 이상으로 효과가 높은 것으로 나타난다. SBFIs 의 협력적 특성은 Capria 네트워크에 의해 또 이 네트워크로 전해지는 진전과 기여가 된다. 공동투자 기회분석. 지적 소유권 공유, 행사 초청 등이 대표적인 학습이다. **자료** www.capria.vc.

자료 UKAID 2018: 18.

(3) DFID 임팩트기금의 가치사슬

DFID 임팩트기금의 목표는 사하라이남의 아프리카와 남아시아의 5백만 명의 빈곤층과 저소득층을 대상으로 하는 비즈니스에 금융적으로 실행가능한 투자를 통해 BOP에 재화와 서비스의 접근 개선과 소득창출의 기회를 증대시키는 것이다(UKAID 2015c: 2). 임팩트기금의 성과 지표들과 지표측정 리포팅 시스템은 〈표 4-6〉과 같다.

표 4-6 DFID 임팩트기금의 성과지표와 성과 리포팅 시스템

주요 관심사	핵심적 성과 지표	성과 결과보고
1. 투자처 기업의 통한 혜택을 받는 사람들의 규모	투자처 기업들의 혜택을 받는 전체 수혜자 수 규모	정기적 펀드 보고서
2. 투자처 기업의 혜택을 받는 사람들은 누구인가? 빈곤층, 저소득층, 여성의 비율, 어떻게 이들에게 혜택이 되는가?	수혜자 중 빈곤층, 저소득층 수 수혜자 중 여성의 수 수혜자를 공급자, 종업원, 유통자, 소비자로 구분	정기적 펀드 보고서 수혜자 소득 자료 추가
3. 투자처 기업들을 통해 혜택을 받는 사람들은 무슨 혜택을 받는가?	기본 재화/서비스 접근 수혜자 수 개선된/안정된 소득창출 기회 혜택을 받은 수혜자 수	정기적 펀드 보고서 – 수혜 내용기술 수혜자 소득 자료 추가
4. 투자처 기업이 수혜 대상층의 생계에 미치는 긍정적, 부정적 임팩트는 무엇인가?	투자처 기업의 혜택으로 수혜층 생계의 변화	임팩트 심층 분석 펀드 보고서
5. 투자처 기업들은 어떻게 상업적 수익을 달성하고, 금융적 수익은 얼마인가	전체 수입/판매 EBIT, EBITDA, 순이익 공정가치, IRR	펀드 보고서
6. DFID는 어떤 역할 했는가? – 타기관으로부터 투자 촉진 – 사회적, 금융적 수익 성과	펀드와 기업 차원의 추가 투자 규모 투자처 기업에 대한 기술지원 DFID 임팩트 투자로 창출된 임팩트	펀드 보고서 CDC 서술, 증빙 반연간 시장 서베이

자료 UKAID 2015c: 2.

(4) DFID 경제개발 혁신적 파이낸싱

또 DFID는 금융 테크놀러지를 활용한 '혁신적 금융' 모델을 다음과 같이 제시한다(DFID 2017: 12).

a) 금융 서비스에 대한 이용이 저렴한 금융 테크놀러지의 혁신을 강화해, 글

로벌 원조에 비해 세배 높은 비중을 차지하는 송금의 흐름을 혁신한다.

b) 개발도상국의 중소기업들이 크라우드펀딩 웹사이트를 통해 영국 시민들로부터 직접 기부금과 융자를 투자로 유치할 수 있도록 지원한다.

c) DFID의 크라우드펀딩 플랫폼 M-Changa, CrowdCube, GlobalGiving[20]를 활성화시켜 에너지 접근 프로젝트에 시민들의 융자와 기부금 매칭을 증대시킨다. 결과가 달성되면 지불이 이뤄지는 DIB를 통해 파이낸싱 프로그램의 범위를 확장시킨다.

표 4-7 테크놀러지를 통한 혁신적 중소기업 지원

DFID는 모바일운영사협회(GSMA)와 공조해 개발도상국 중소기업들이 테크놀러지의 혜택을 활용하도록 지원한다. 모바일 산업계는 생태계 액설레이터 혁신기금(Ecosystem Accelerator Innovation Fund)을 조성해, 보건, 농업, 모바일 금융 등에서 모바일 테크롤러지를 활용한 기술 진전을 이루도록 지원한다. 스타트업과 중소기업들은 경쟁적 공모과정을 거치며, 사업 제안이 우수한 기업들이 재정지원뿐 아니라 멘토링, 기술지원을 받아 비즈니스 스케일업으로 많은 사람들을 찾아 개발의 효과성을 증진한다.

자료 DFID 2017: 12.

20 https://www.changa.co.ke/ ; https://www.crowdcube.com/ ; https://www.globalgiving.org/

2) 개발금융기관 CDC

CDC는 영국 정부가 소유하는 개발금융기관(DFI)으로 1948년에 설립되었다. 개발도상국의 비즈니스에 성공적인 투자를 해서 이들이 자국의 주도적 기업으로 성장해 국가와 국민들의 생계와 생활 향상에 기여하도록 하는 임팩트 투자를 해왔다.[21]

(1) CDC 임팩트 투자

CDC의 미션은 아프리카와 남아시아에서 비즈니스를 구축해, 세계에서 가장 빈곤하는 지역의 사람들 70%에 해당되는 인구를 위한 일자리를 창출하고 생계를 지원하도록 하는 것이다. 개발도상국의 비즈니스들은 성장에 필요한 자본을 유치하는데 매우 어려운 상황에 있다. CDC는 빈곤국의 민간 기업들에게 희소한 인내 자본을 제공해, 영국 정부의 아프리카와 동아시아의 빈곤퇴치 개발전략의 일부로 임무를 수행한다.

CDC의 포트폴리오 투자 규모는 2014년말 현재 34억 파운드로 1331개 비즈니스 투자처가 있다. 이 비즈니스들이 2014년 110만 명의 인력을 고용했고, 지역세로 15억 파운드를 지불하였다. CDC는 비즈니스에 융자를 제공해주고 원금과 이자 수입으로 다른 비즈니스에 투자하는 재정 건전성을 갖추고 있다.

CDC는 책임있는 수익을 내는 투자로 독립채산(self-financing)을 이루

---

21 http://www.cdcgroup.com/The-difference-we-make/Performance/

고 있다. CDC는 2014년 4억 7200만 파운드를 투자했고, 4억 2000만 파운드의 수입을 냈다. CDC의 투자금과 융자금이 수익을 창출하기 때문에 정부로부터 새로운 자본 유입 없이 1995년 이래로 독립채산 상태를 이루고 있다.

DFID의 개발전략에 따라 CDC의 전략은 아프리카와 남아시아에 집중한 임팩트 투자를 한다. CDC는 이 지역의 비즈니스들에 직접적으로 지분, 부채, 메자닌 금융, 보증 방식으로 투자한다. 또한 간접적인 방식으로는 CDC의 목표와 같은 목표를 지향하고 CDC를 대신하는 중간지원조직인 펀드 매니저들을 통한 임팩트 투자도 시행한다. CDC는 각 비즈니스의 욕구를 충족시키기 위한 융통적인 임팩트 투자 접근을 한다. 10년 또는 그 이상의 기간에 걸쳐 인내 자본을 투자한다. 또는 책임있는 비즈니스 실천을 도입하도록 관리기술의 지원을 하는 방식도 있다. 또는 지역 상황에 맞도록 맞춤형으로 자본 투자를 창의적으로 구조화시키는 방식도 활용한다.

일자리 창출에 초점을 맞춘 투자 전략으로 최대의 임팩트를 창출한다. 민간 부문이 취약하고 일자리가 거의 없는 국가에서 제조업, 농기업, 인프라, 금융기관, 건설, 보건, 교육 분야에서 일자리가 창출되도록 투자한다. CDC가 2012년부터 채택한 전략은 민간 부문이 약하고 일자리가 없는 지역에서 일자리 창출을 위한 임팩트에 초점을 맞추는 정책결정을 한 것이다. 일자리 창출에 대한 초점은 자본을 사려 깊게 투자해 한정된 자원을 미션 달성에 우선시하는 일이다. 거시적으로는 빈곤 지역의 민간 부문의 개발에 임팩트를 창출하고 미시적으로는 빈곤 지역 주민들의 생계에 의미있는 변화를 낳는 임팩트를 갖게 된다.

CDC는 사전적 도구를 창출해 이론을 실행으로 옮겨 일자리 창출에 자본을 투자하도록 확증한다. 이런 새로운 방법론은 경제학자, 학계, 주주들의 지원으로 가능하였다. 방법론은 투자 과정에서 실천되며 투자위원회에서 모든 투자 기회를 사정하는데 활용해 임팩트를 창출하는 잠재력이 있는지를 사정한다.

(2) Novastar와 Injaro 임팩트 투자

CDC는 DFID의 개발금융기관(Development Finance Institution: DFI)로, 2014년에 두 개의 임팩트 투자를 시행하였다. 하나는 동아프리카의 Novastar 벤처로 DFID의 1500만 달러 자본투자를 포함한 전체 4500만 달러 임팩트 투자가 이뤄졌고, 투자처는 5개 기업에 달한다. Novastar는 기본 재화와 서비스에 대한 수요가 확인된 사업에 초점을 맞춰 BOP 소비자를 위해 접근기회 확대, 질 개선, 비용 절감 등 비즈니스 모델로 초기 단계의 혁신적인 비즈니스에 투자한다. Novastar의 포트폴리오에는 5개 기업들이 포함되어 있는데, 첫 투자기업은 우간다의 SolarNow 태양열 에너지 회사이다. Novastar는 지역사회의 활동 경험과 현지화 등 높은 역량의 기업가들에 초기 소자본을 투자하며, 높은 성장 잠재력을 가진 기업들에 대한 복수의 자본투자 결합 등으로 높은 평가를 받고 있다.

다른 하나는 Injaro 농업 자본투자로 DFID의 1500만 달러 자본투자를 포함한 전체 4920만 달러 임팩트 투자가 이뤄졌고, 투자처는 7개 기업들이다. DFID의 1500만 달러 임팩트 투자의 영향으로, 프랑스의 개발금융기관(Proparco)이 420만 파운드, 네덜란드 개발금융기관(FMO)이 600만 파운드를 투자하고 있다. Injaro는 중소 농기업들에 지속가능한 투자를 하는데, DFID가 제공하는 1500만 달러의 자본투자금은 가나, 코트디브아르, 말리 등 서아프리카 농민들의 식량안보와 소득증대로 빈곤해소의 임팩트를 창

표 4-8 DFID의 아프리카 에너지 접근 벤처 펀드(Energy Access Ventures Fund)

- 포커스 지역: 동아프리카(1단계), 사하라이남 아프리카(2단계)
- 임팩트 포커스: 펀드의 목적은 농촌과 도시인근 지역의 100만 명의 저소득층에게 신뢰할 만한 에너지 접근의 기회를 제공해준다.
- 투자 포커스: 펀드는 사하라이남의 아프리카에서 전기를 생산, 분배하는 중소기업에 주로 투자. 동아프리카에서 활동중인 기업들을 우선 투자한 다음 사하라이남 아프리카 전역으로 투자를 확장.
- 분야 포커스: 재생 에너지
- DFID 임팩트 투자 규모: 1650만 유로
- DFID Impact Fund: 투자 2015년
- 최종 타깃 펀드 규모: 6천만 유로
- 기금스폰서: Schneider Electric Industries(펀드 스폰서로 DFID Impact Fund 매칭, 1,650만 유로) 및 기술시설 지원.
- 기타 투자기관(예정 투자금) : European Investment Bank(EIB) (1000만 유로), Proparco / FISEA (500만 유로), Fonds Français pour l'Environnement Mondial (FFEM) (150만 유로), OPEC Fund for International Development (OFID) (500만 유로). 〈자료〉 www.energyaccessventures.com

출하는 목표로 투자되고 있다.

구체적인 추진 전략들은 다음 세 가지로 요약된다(앞글: 8). 첫째는 소작 농민들에게 양질의 종자의 공급과 구매력을 지속가능하게 증진시키는 것이다. 둘째는 성장하는 지역의 소비 시장에 대한 기본 제품과 서비스의 공급하는 것이며, 셋째는 농업 중소기업들의 수출기회 증대를 지원하는 것이다. DFID의 임팩트 투자로 혜택을 받는 BOP 수혜층의 규모는 약 24만 명으로 추산된다. 2014년 기간 DFID가 조성한 자본 투자 중 외부 기관과의 공동투자 규모는 4630만 달러로 여기에는 930만 달러의 민간 투자금이 포함되어 있다.

또 다른 사례로 에너지 접근 벤처 펀드를 참고할 만하다(표 4-8, UKAID 2015b). 이 펀드는 2015년 개시되어 재생 에너지에 1650만 유로가 투자되어 100만 명의 저소득층에 혜택이 되는 임팩트 창출을 목표로 한다.

3) 개발 임팩트 측정과 관리

임팩트기금의 측정과 관리를 위한 DFID의 기본 접근법을 살펴보고, 구체적인 측정과 리포팅을 정리하면 아래와 같다.

(1) 임팩트 측정과 관리 접근법

임팩트기금의 임팩트 측정과 관리는 3차원의 접근법에 의존한다. 표준화된 리포팅 → 섹터별 맞춤형 리포팅 → 심층(Deep Dives) 분석이 그것이다(UKAID 2018: 16).

① 표준형 리포팅

회사와 기금관리사의 핵심 성과 지표(Key Performance Indicators: KPI)의 표준형 리포팅에는 투자자본의 규모, 분야, 지역 등이 포함된다. KPI에는 소비자, 고용자, 공급자 또는 배분자로서의 '빈곤층과 저소득층' 수가 있다. 이 수치는 투자처 회사가 투자 시점에 추산되며, 이후 심층분석(Deep Dives) 자료를 검증하고 실제 누가 혜택을 받았고 임팩트가 달성되었는지에 대한 의미있는 증거가 제공된다.

② 맞춤형 리포팅

맞춤형 리포팅은 분야별 또는 SDG 목표별 메트릭스로 임팩트 목표 달성에 관련된다. 이 접근법은 수혜를 받은 농민, 탄소배출 감소 또는 의료/교육 관련 결과 달성과 같은 시행기관의 산출/결과 관련 분야별, 지역별로 추가적인 증거를 제공한다.

저소득층과 소외층에 초점을 맞춘 임팩트기금 프로그램은 다음의 프락시(proxy)를 분석에 이용한다.

표 4-9 임팩트기금의 저소득/소외층의 프락시(proxy)

- 교육, 보건, 에너지, 식량과 식수 등 양질의 구매가능한 기초 재화와 서비스에 대한 접근 부재 또는 낮은 수준.
- 경제적 쇼크에 대한 불안한 소득과 취약성의 기후변화 또는 비공식 시장의 불안 영향.
- 비숙련 고용, 비기계적 및 소규모 농업 의존에서 발생한 저소득, 기타 저생산성, 파트타임이나 비공식 시장활동.
- 위생시설 없는 슬럼가나 교통시설이 부족한 낙후지역의 열악한 인프라 지역.
- 시장 접근 제한으로 생산품에 대한 불충분한 수익 발생, 욕구 충족을 위해 구매가능한 제품을 어렵게 탐색하며 재화와 서비스에 대한 높은 비용 지불.

자료 UKAID 2018: 16.

③ 심층(Deep Dives) 연구

이해관계자의 변화의 시각을 취합하기 위한 '상향식'(bottom up) 접근법이다. 포트폴리오 내부의 임팩트의 깊이에 초점을 맞춰 자료 분석으로 임팩트 정보분석을 제공하고 비즈니스 의사결정과 임팩트 창출의 개선 전략을 지원한다.

표 4-10 심층(Deep Dive) 성과 관리

Deep Dive는 포트폴리오 회사의 사회적 성과에 대한 심층적 연구로, 이해관계자 중심의 측정 접근법을 이용한다. 회사들이 생산하는 제품과 서비스와 이들이 대상층의 삶에 미치는 물질적 영향에 대한 피드백을 수집한다. 이 정보는 비즈니스와 투자자를 위한 정보분석으로 전환되며 동시에 광범위한 투자 시장에 관한 학습 자료를 생성한다. 연구는 다음 다섯 가지 핵심 원칙들에 기초한다. 1) 참여적(Participatory). 기업, 기금관리자 모두에게 의사결정에 유용할 수 있는 메트릭스에 초점을 맞추기 위한 자료 요구에 대한 경험. 2) 부가가치(Value-added). 기업, 고객, 공급자 및 종사자들에게 어떻게 가치를 창출하 는지에 대한 이해를 돕는다. 3) 적정 규모(Right-sized). 임팩트 규모에 적합한 회사 문화와 관련된 연구 방법을 이용한다. 4) 기밀(Confidential). 영업적으로 민감한 자료의 보안을 지키고 응답자의 익명성 권리 를 보호한다. 5) 독립적(Independent). 회사와 기금관리사 외부의 연구자들의 관여해 편견을 줄이고 비편파성을 높인다.

자료 UKAID 2018: 16.

표 Deep Dive 사례: Agricare

Agricare, 중앙 케냐의 Kumasi에 위치한 양계 사료공장으로, 펀드매니저 Injaro의 포트폴리오 회사(portfolio company)이다. 임팩트 프로그램 Deep Dive는 임팩트 3개 차원의 이해를 위한 이해관계자 서베이를 실시했다.

- 변화를 경험한 고객과 공급자는 누구인가?
- 결과로 어떤 경제적, 사회적 가치가 창출되었는가?
- 프로그램의 개입으로 발생한 결과에 무엇이 중요했는가?

서베이는 6주간 전화로 170명의 사료 고객, 35개 소매상 중 12개가 대상이었다. Agricare의 성과 벤치마크를 만들기 위해 80명의 타사 사료를 구입하는 80명의 농민들 인터뷰, 또 Agricaredp 옥수수를 판매하는 86명의 농민들이 대상이 되었다. 조사 결과는 아래와 같다.

- Agricare의 고객 대부분은 상업적인 양계 소농민으로, 1000마리 미만의 닭을 사육한다.
- Agricare 사료를 이용한 농민들은 상당한 수입을 높인 것으로 나타났는데, 판매사료가 대형이라 문제제기가 있었다. 이에 Agricare는 소형(25kg) 판매제품을 개발해 지원하는 변화도 있었다.
- 사료가 적기에 공급되지 못하는 수요-공급 불일치가 발생해 이에 대한 보완이 필요한 과제가 되었다.

자료 UKAID 2018: 25.

(2) 임팩트 측정과 리포팅

또한 임팩트기금의 성과로 나타나는 임팩트의 측정과 리포팅과 관련된 추진 전략과 실행방안에 대해서는 〈표 4-11〉을 참고해볼 수 있다. 금융성과 등 주요 데이터를 펀드와 기업에 대한 정기적인 리포팅으로 이뤄지는 과정을 보여준다.

표 4-11 임팩트기금의 임팩트 측정과 리포팅

핵심 자료 포인트	펀드와 기업의 정기 리포팅	자료 검증	심층 분석
금융 성과	국제 Private Equity Valuation과 리포팅 원칙에 따라 펀드 매니저의 리포팅		
수혜자 수	기본, 계간, 연간 리포팅. 실제 기록이나 평균 판매량으로 추산된 이용자/수혜자	포트톨리오 기업 샘플에서 수혜자 서베이 크로스체크 검증	지역사회 수혜도 포함되는 지와 같은 난해한 가정 검증을 위한 현장 정보
수혜자 특성 여성 수혜자 수	펀드와 기업이 자체 추산한 수혜자 수 빈곤층, 저소득층, 여성 수혜자수 (가구조사 등)	투자처 기업의 수혜층 샘플 서베이 (빈곤탈출 지수, 거래 행태 질문 등). 투자처 기업에 관한 문헌 자료 참고	자료 검증 도구
수혜자에 대한 직접적 수혜	수혜의 증거가 될 만한 기본/연간 기록	수혜 특성 분석에 필요한 추가적 수혜자 서베이(가능성) 투자처 기업에 관한 문헌 자료 참고	샘플에 대한 일회 및 중장기간 분석. 공급자, 종업원 소득증대 계산, 생계, 교육 보건 개선 추산.
지역 경제와 지역사회에 대한 순혜택	직접 수혜 자료, 시장 변화에 대한 기업/펀드 차원 사정	직접적 수혜 자료에 의한 순수혜 사정	샘플 사례조사, 시장 시스템 분석, 투자처 기업의 지역 시장 활동 효과분석 등.
DFID 임팩트기금의 기여, 기술지원	보고된 자료에 의한 임팩트 사정	검증된 자료에 의한 임팩트 사정 기술지원 효과성에 대한 기업과 서비스 공급자 피드백	포트폴리오 기업과 펀드 중 사례분석으로 DFID 임팩트와 기술 지원 분석
타이해관계자들의 교훈과 시사점	펀드 결과 자료의 총괄 분석	펀드 결과 자료의 총괄 분석	투자처 기업과 펀드의 샘플 사례조사

자료 UKAID 2015c: 4.

(3) 임팩트 관리 프로젝트

DFID는 2017년 임팩트관리 프로젝트(Impact Management Project)를 통해 인간개발과 지구환경에 미치는 임팩트 차원을 다음 5개로 구분해 측정하고 관리하는데 초점을 맞추고 있다(UKAID 2018: 18).[22]

a) 프로그램 결과는 인간(또는 지구)에 어떤 효과를 미치며 어느 정도 중요한가?
b) 프로그램 기간 중에 어느 정도의 효과가 발생하는가?
c) 누가 그런 효과를 경험하고 있고, 그들은 프로그램 결과 측면에서 어느 정도 혜택을 받지 못하는가?
d) 효과는 일상적으로 일어날 수 있는 결과에 어떻게 비교되며 또 기여하는가?
e) 물질적인 리스크 요인들은 무엇이며, 그 효과는 기대치와는 어떤 차이를 생산하는가?

이상의 임팩트 차원은 700여 명의 이해관계자의 피드백으로 구성되었으며 임팩트 기대치가 다른 시장행위자 모두에게 공유된 표현의 문법을 제기하게 된다(앞글: 18).

22 www.impactmanagementproject.com.

3. 미국의 임팩트 투자 정책

1) 개발금융기관 OPIC

미국의 OPIC(Overseas Private Investment Corporation)는 정부기관이지만 정부 지원금은 전혀 없는, 국민의 세금부담이 전혀 없는 기관이다. OPIC는 미국 정부의 개발금융기관(DFI)으로 1971년에 설립되어 그간 민간자본을 동원해 개발에 임팩트 투자를 하도록 진흥하는 역할을 수행한다. 임팩트 투자에 대한 관심이 높아지는 상황에서 OPIC는 2011년 2억 8500만 달러 규모의 6개의 새로운 임팩트 투자 펀드를 조성해, 개도국의 고용창출, 보건의료 개선, 숲지키기, 기후변화 대응에 투자되었다(앞글: 40). 그 중 하나인 Sarona Asset Management 펀드는 빈곤층의 고용, 생계, 재화와 서비스 개선을 위해 중소기업 진흥에 투자된다.

OPIC는 개도국의 대형 민간 주식펀드 지원기관 중 하나로, 검증되지 않은 개도국 시장에 진출하는 최초의 펀드 지원기관 역할을 한다. 개도국 시장이 장기적인 성장 자본, 관리 기술, 재정 전문성에 접근할 수 있도록 지원해 경제개발을 확장하고 저소득층을 위한 창업 등 새로운 기회를 창출하는 역할을 한다. 1987년 이래로 6개의 민간 주식펀드에 42억 달러를 제공해, 이 펀드들이 65개국의 570개 민간 기업에 56억 달러를 투자하는 진전을 이뤘다.

임팩트 투자는 사회적 임팩트를 창출하기 위해 비즈니스 도구를 이용하는 금융 수단이다. 임팩트 투자는 교육, 재정, 주택, 보건, 기후변화 등 다양한 분야에서 제기되는 심각한 문제를 해결하는데 자본을 활용해 동시에 투자에 대한 재정수익을 창출한다. OPIC의 2013년 총 투자액 39억 달러 중 27억 달러는 높은 수준의 임팩트를 창출하는 분야에 투자되고 있다. 농업, 교육, 금융지원, 빈곤층 주택, 중소기업 금융지원, 보건, 재생 에너지, 식수위생 등이다. 대표적인 임팩트 투자 프로젝트는 케냐 농촌 지역의 학교들의 네트워크를 지원하는 투자로 세계 수준의 교과과정에 학생 1인당 연 60달러를 투자하는 프로젝트, 또 마이크로 파이낸스 기관인 FINCA에 4500만 달러를 투자하는 프로젝트가 있다.

OPIC의 주요 역할은 파이낸싱, 정치적 리스크 보험, 민간 지분펀드의 지원 등으로 구분된다(CGD 2017). 파이낸싱은 프로젝트에 대한 직접 융자와 융자보증, 두 가지 유형이 있다. 프로젝트는 상업적으로나 금융적으로도 건전성을 가진 프로젝트가 대상이 된다.

첫째, 직접 융자는 개발도상국의 자격을 갖춘 프로젝트에 대한 직접 융자 제공 방식이다. 융자 제공을 위해 미국재무성에서 자금 제공을 받아 융자의 원금과 이자를 회수해 다시 재무성에 상환하는 방식이다. 융자 규모는 35만 달러~2억 5000만 달러에 달하며, OPIC는 프로젝트 전체 비용의 75%까지만 융자금 지원을 하도록 되어 있다.

둘째, 융자 보증(loan guarantees)은 자격을 갖춘 프로젝트에 대한 지원이다. OPIC는 최초의 융자 제공기관의 역할을 하면서 제3자 투자자에게 프로젝트 부채를 분담하는 역할을 맡는다. 지불 불이행의 경우 투자자에게 융자금을 상환하는 보증이다. 일반 상업 보증의 원리를 적용해, OPIC가 보증 수수료를 징수하고 전체 프로젝트 비용의 75%까지만 보증의 책임을 가진다.

셋째, 보험은 세 가지 유형의 정치적 리스크에 대한 보험이다. 정치적 폭력, 환율 비태환성(currency inconvertibility)과 수용(expropriation)이다. 환율

비태환성 보험은 지역 화폐를 미국 달러화로 전환할 수 없는 리스크에 대한 보험이며, 수용 보험은 개발도상국의 국유화, 몰수, 기타 유형의 수용 리스크에 대한 보험이다. OPIC는 법에 의해 프로젝트의 90% 이상의 보험을 지원할 수 없다.

OPIC의 투자 포트폴리오의 상당 부분은 인프라 프로젝트 파이낸싱에 있다. 포트폴리오 34%가 에너지, 수송, 물류창고 프로젝트 인프라 건설 프로젝트에 몰려 있다. 조지 부시 정권에서는 석유와 가스, 자원채취 등에 치중되었고, 오바마 정부에서는 'Power Africa' 등 전력 인프라 프로젝트에 치중되었다. 또 OPIC 투자 포트폴리오의 45%는 금융서비스로, 소액대출 등의 융자 지원이 많고, 기타 융자보증과 보험 등이 있다.

2) USAID 임팩트 투자

USAID는 개발 임팩트 투자에서 영국의 DFID와 쌍벽을 이루는 미국 원조기관이다. 2012년 DIV(Development Innovation Ventures)를 시작으로 2014년에 개발혁신과 임팩트 투자를 추진하는 새로운 혁신조직 Global Development Lab을 신설하고 LAB의 이니셔티브로 PACE(Partnering to Accelerate Entrepreneurship)를 전략적으로 추진하고 있다.

(1) Development Innovation Ventures(DIV)

USAID는 글로벌 번영을 급진전시킬 수 있는 아이디어를 탐색, 실험, 확장시키기 위한 목적으로 2012년 10월에 개발혁신벤처(Development Innovation Ventures: DIV)을 시행하였다. DIV는 USAID의 비용효율적인 혁신에 대한 투자전략의 실천적 이니셔티브로 시행된 것이다.

① 3단계 펀딩 모델

DIV는 혁신적 아이디어, 파이롯트, 테스트, 그리고 광범위한 임팩트와 비용효과성을 제시하는 해결방안의 확대를 위해 연중 개방적인 수시의 증여 공모제를 시행한다. DIV는 벤처 자본의 경험을 적용시켜 단계별 펀딩 모델을 활용한다. 제1단계 비교적 검증되지 않은 개념에 대해서는 작은 규모의 자본 투자를 하고, 제2단계 아이디어의 실행을 입증한 경우에만 임팩트 테스트를 위한 지속적인 지원이 이뤄지면, 마지막은 규모를 확장시키는 지원이 이뤄진다.[23]

DIV의 목표는 빈곤 등의 심각한 대형 문제들에 대한 해결방안을 지원하는 것으로, 재원의 한계로 작은 자본으로 큰 문제를 해결해야 하는 비용효과성, 비용효율성이 중시된다. DIV 모델은 개발의 임팩트를 내는 일에 대해 지원하는 것이지, 임팩트를 내지 않는 일에 투자하는 것은 아니다.

DIV 모델은 간단하다. 담대한 개발 아이디어에 대한 경쟁제를 도입해, 작은 규모의 지원부터 시작해 효과를 실험하고 광범위한 임팩트와 비용효율성을 제시하는 프로그램들을 확장시키는 것이다. 이런 혁신적 과정으로 통해 성공과 실패 모두를 확인하다. 실패를 확인하는 일은 신속하고 적은 비용 투자로 한다. 반대로 성공이 확인되면 성공적인 프로그램을 적정한 비용으로 수백만의 무수한 사람들에게 임팩트가 미치도록 확장시키는 방법을 알게 된다.

---

23 https://www.usaid.gov/div/apply/criteria

그림 4-3 USAID DIV의 3단계 펀딩 모델

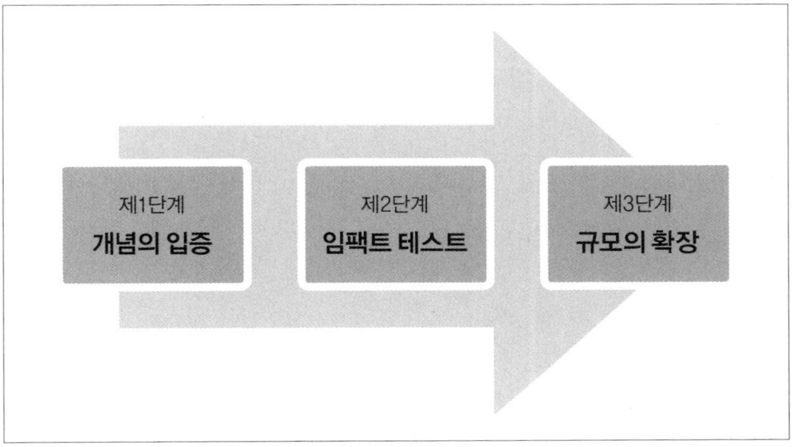

② DIV 성과와 임팩트

DIV 성과를 2018년 11월말의 성과로 살펴보면, 46개국 190개 이상의 혁신 프로그램에 1억 600만 달러를 지원했다(USAID 2018). DIV 프로그램 비용 1달러가 외부 지원금 4.6달러를 유치한 것으로 파악되어 자본 레버리지 효과가 대단했고, 이는 3000만 명에게 직접적인 삶의 질 개선 임팩트가 생산된 것으로 나타난다.

사업 신청 통계를 보면, 2010~2014년 7월말까지 6000개의 제안서가 접수되었다. 그 중 66%가 USAID에 처음 신청해서, DIV의 혁신적 프로그램에 대한 관심과 참여가 광범위하다는 것을 알 수 있다. 35개국에서 시행하는 17개 분야의 100개의 프로그램들이 선정되어 재정지원을 받았다. DIV의 포트폴리오에는 사회적기업 등을 포함한 NGO가 52%로 절반 이상을 차지하고, 다음으로 민간기업 35%, 대학기관 13%이다.

파트너십의 활용이 많은 것도 DIV의 특징이다. 전체 89%가 단독이

아닌 복수의 협력기관들로 구성되어 각자의 기술역량으로 결합되어 있다. 전체 32%가 3개 이상의 복수 기관들의 공조 프로그램이다. 전체 68%가 NGO 하나 이상을 포함하고 있고, 30%는 사회적기업, 59%는 학계 등의 평가기관, 34%는 사회적기업이 아닌 영리기업, 그리고 25%는 지방정부를 협력기관으로 동참시키고 있다. 특히 협력기관 92%가 미국 이외의 국가에 기반을 두는 기관들이 참여해 DIV 프로그램이 국제적 혁신사업이라는 것으로 알 수 있다.

DIV의 투자 방식은 특이한 임팩트 투자 방식으로 간주된다. DIV는 혁신적 아이디어에 대한 투자를 하는데, 아이디어의 성장 3단계로 구분해 재정 지원을 한다. DIV의 투자 60%는 제1단계(개념의 입증: Proof of Concept)에 투자되고 있다. 그리고 39%는 제2단계(규모 확장 테스트: Testing at Scale)에, 그리고 1% 정도만이 마지막 제3단계(광범위한 시행: Widespread Implementation)에 투자된다. DIV가 사업시행 5년에 불과해 아직은 제1, 제2단계에 머물러 있어, 상대적으로 제3단계로 진입한 프로그램들이 적은 편이다. USAID와 선정기관 사이의 비용 분담율은 평균 100: 78 정도로 나타난다.

DIV가 소개하는 주요 성과를 보면 다음과 같다.[24]

a) 태양열 에너지 4개 회사의 비용효과분석(cost-bebefit analysis)에 따르면, 지원금으로 르완다, 탄자니아, 우간다에서 870만 달러의 투자로 1700만 달러의 에너지 혜택이 생산되었는데, 주로 가계의 에너지 비용 절감과 전기 사용의 삶의 질 개선에 따른 부가가치 생산으로 발생한 것이다.

24 https://www.usaid.gov/div/evidence

b) DIV 프로그램의 초기(2010-12) 포트폴리오 평가에 따르면, 43개의 혁신 프로그램들이 2400만 인구에게 일인당 0.75달러의 비용으로 혜택을 제공한 것으로 추산되었다. 5개의 혁신 프로그램은 100만 명 이상에게, 6개의 혁신 프로그램은 10만 명 이상에게 혜택을 준 것으로 파악되었다.

표 4-12 DIV 사례: 태양열 사회적기업 MGP에 대한 임팩트 투자

미국의 사회기업가 니킬 자이싱하니(Nikhil Jaisinghani)와 브라이언 샤트(Brian Shaad)는 전기 혜택을 받지 못하는 인도인 4백만 명을 위한 문제 해결에 기업가 모델을 개발.

- 전력공급을 위한 소형의 태양열 전기판 마이크로그리드를 판매하는 사회적기업 MGP(Mera Gao Power)을 설립해, 가정에서 화석연료비의 절반 가격으로 구매할 수 있는 에너지 공급원을 제공. (http://meragaopower.com).
- 미국 USAID 개발혁신벤처(Development Innovation Ventures)의 공모사업에 선정되어, 30만 달러의 그란트로 북인도 222개 마을의 2만5천명에게 전력공급 서비스를 제공하는 프로그램이다. MGP는 개발원조금 지원으로 비즈니스 성과를 검증 받은 후, 비즈니스 확장을 지원하는 Insitor Management의 임팩트 투자를 받아 제2단계 사업확장.
- MGP의 비즈니스 모델은 적정가격(900달러)의 마이크로그리드 설치비로 하루만에 설치를 완료, 서비스 혁신성 때문에 사업 전망성과 확장성을 입증. 2015년 투자기관 ICCO는 융자로 임팩트 투자에 나섰고, 또 지속가능한 에너지 공급을 하는 사회적기업에 기술지원과 자본투자로 지원하는 Engie 또한 임팩트 투자에 동참.

(2) IIA(Innovation Investment Alliance)

IIA는 검증된, 전환적, 혁신적 사회적기업의 스케일링을 지원하는

시스템 차원의 변화를 주도한다. USAID와 스콜 재단(Skoll Foundation)의 4400만 달러 파트너십 펀드로 운영된다. 추가로 머시 코어(Mercy Corps)의 재정지원으로 Evidence Action, WSUP, Imazon, VisionSpring 등의 사회적기업의 스케일링과 임팩트 확장을 지원하고 있다.

① Imazon

비영리조직으로 아마존 숲의 지속가능한 개발을 진흥하는 역할로 연구를 통해 공공정책 지원, 정보와 역량강화 보급의 역할을 한다. IIA의 공모지원으로 브라질 아마존의 숲제거 모니터링과 추적 장치용 인공위성 테크놀러지를 활용하고 있다. 파라 주(State of Pará) 지자체들이 불법 벌목 지역을 파악해 숲제거 방지의 환경 규제를 집행하도록 역량을 강화하는 역할을 맡는다. IIA는 Imazon의 지도제작 모니터링 시스템의 제도화를 지원하며 성장을 지원한다.

② VisionSpring

고가의 안경을 구매하지 못하는 저소득층의 안경 보급을 하는 사회적 기업이다. VisionSpring은 많은 취약층이 혜택을 볼 수 있는 임팩트를 가진 재정적으로 지속가능한 비즈니스 모델을 추구한다. IIA는 남미에서 안경점의 확장을 보급하는 VisionSpring의 사업을 지원해, 저소득층 소비자에게 양질의 안경을 제공하며, 동시에 기술훈련을 통해 직원들이 농촌지역에 찾아가 시력검사와 안경판매를 하는 허브 역할을 하며 임팩트를 확장하도록 한다.

③ Evidence Action

우간다, 케냐, 말라위의 농촌 지역에 정수기를 설치, 공급하는 비영리 조직이다. IIA의 지원으로 가계들이 나무나 석탄 등을 사용해 물을 끓여 먹는 방식을 바꿔 위생적인 식수를 공급받아 기후변화에도 긍정적인 임팩트를 생산한다.

④ WSUP Advisory CIC

도시빈민식수위생(Water and Sanitation for the Urban Poor(WSUP)이 소유하는 사회적기업으로, 전세계의 도시빈민 소비자들의 식수위생 개선에 기술지원을 제공한다. IIA 지원으로 WSUP Advisory는 인도정부의 인도 전역 도시의 위생화장실 공급 프로그램을 추진한다.

⑤ One Acre Fund

비영리 사회적기업으로 동아프리카 소농들의 소득지원이 주목적이다. 파이낸싱, 농업 투입물 개선, 단순 농업기술 훈련, 시장연계 등의 지원 서비스를 한다. 또 '시스템 변화' 플랫폼을 통해 정부각 국가 전체의 농업시스템 개선의 파트너 역할도 한다. IIA 지원으로, One Acre Fund는 르완다 정부와 공조해 농경제학 공무원 교육훈련을 거쳐 다방면에서 농민들에게 단순하지만 효과적인 농업기술을 전수하는 성과를 내고 있다.

(3) 프라임 펌프(Priming the Pump)

USAID와 민간재단들과의 글로벌 연대로, 개발도상국의 글로벌 기업가들을 지원하고 기업가 성장의 생태계 조성을 위한, '글로벌 사회기업가정신'의 마중물 지원이다. 파트너 기관이 되는 민간재단들은 General Atlantic, Newman's Own 재단, Pershing Square 재단, Rockefeller 자선자문단, Echoing Green 등이다. 파트너십을 통해, USAID의 임팩트 투자 전문기관 Lab은 30명의 사회혁신가들의 사업을 지원했다. Jehiel Oliver of Hello Tractor, Sara Minkara of Empowerment through Integration 등이 Echoing Green의 글로벌 펠로십을 통해 지원받았다.

(4) Partnering to Accelerate Entrepreneurship(PACE)

USAID 또한 2013년 G8 임팩트 투자 회담 이후 임팩트 투자 시행을 위한 조직으로 Global Development Lab을 신설하고 LAB의 이니셔티브로 "Partnering to Accelerate Entrepreneurship(PACE)"를 전략적으로 추진하고 있다. LAB은 2014년에 대통령의 이니셔티브로 신설된 조직으로 USAID의 임팩트 투자 전담의 혁신조직으로, 복합적이고 종합적인 5개의 혁신센터와 2개의 관리조직을 갖추고 있다.

PACE 이니셔티브는 임팩트 투자에 성공적인 글로벌 중간지원조직들과 공조로 개도국의 사회적기업, 협동조합 등을 중심으로 빈곤감소와 여성 역량강화를 위한 비즈니스 모델을 시행하고 있다. 선정된 10개 프로젝트 중 하나인 Shujog ACTS는 2014년부터 시행중인 프로젝트로, JPMorgan Chase, Rockefeller Foundation과 함께 아시아의 100개 사회적기업의 역량구축과 기술지원을 위해 5000달러 기금을 조성, 농업, 보건, 교육, 에너지, 식수 분야의 사회적기업의 초기 단계에 자본금 투자를 한다.

제5장

글로벌 임팩트 투자와 SDGs 파이낸싱

여기 제5장에서는 개발 임팩트 투자 프로젝트의 대표적 사례들을 살펴본다. 먼저 글로벌 차원의 임팩트 투자를 비롯해 SDGs를 위한 임팩트 투자, 블렌딩 프로젝트를 차례로 정리해본다.

1. 글로벌 임팩트 투자 프로젝트

1) 보건의료 DIB

의료분야의 SIB 초기 대표적인 유형으로 글로벌 백신과 면역연대(Global Alliance for Vaccines and Immunization: GAVI)를 선행연구(Belinsky et al. 2014)를 통해 살펴볼 만하다. GAVI는 2000년에 개발도상국 아동들의 면역 접근기회 확대를 위해 창설되어, 2006년 국제면역금융설비(IFFI)의 설치로, 혁신적인 파이낸싱 메카나즘을 창출하였다.[25] GAVI는 주요 9개 원조국의 장기적인 금융지원으로 국제 자본시장에 '백신 채권'(vaccine bond)을 발행해 GAVI의 면역 프로그램 펀딩의 규모를 거의 두 배 확장시키는 변화를 일으켰다. 채권의 수익금으로 주요 백신의 제조사와 유통사와 구매와 유통 계약을 협상을 추진하였다. 한국도 2018년에 최빈국 아동 백신 프로그램에 1500만 달러 펀드 제공을 협약하였다.

(1) 동남아시아 보건의료 사례

사례로 동남아시아의 보편적 의료의 과제를 살펴보면, 이 국가들은 저조한 공공보건지출, 높은 소비자 부담율. 높은 불평등 보건 결과 등의 심각한 보건 문제들에 직면해 있다(Belinsky et al. 2014: 221-3). 이들은 유사한 개발 수준의 국가들에 비해 국내총생산(GDP)에서 차지하는 보건지출의 비중은 매우 저조하다. 인도네시아, 라오스, 캄보디아의 총보건지출은 MDGs 달성을 충족하는데 필요한 수준인 일인당 최소 49~54불에도 미치지 않는다. 저조한 수준의 공공지출은 민간 보건 파이낸싱의 압도적인 역할과 밀접히 관련된다. 전체 보건지출액의 70% 가량이 소비자부담 형태로, 일반가구의 전체 보건소비지출의 10% 이상을 차지한다. 그 결과 보건 결과에서 소득계층간의 불평등의 심화가 심각한 사회문제로 부각되어 있다.

동남아시아의 보편적 의료의 성공적인 시행을 방해하는 장애물이 있

25 https://www.gavi.org/

다. 첫째는 비효율성의 요인들이 공공부문의 재원의 유용성을 제한시키고 있다. 미흡한 용약계약의 선별성과 평가, 서비스 수수료제에 대한 지나친 의존은 부정적인 인센티브를 창출한다. 서비스 제공기관들은 결과에 대해 책무성을 갖지 못하고 투입에 기반한 보상에 의존하므로 비용 증가와 환자의 욕구에 대한 호응성 결여 문제를 야기한다. 보편적 보건 제도로 지원되는 서비스 내용은 배분적 효율성보다는 정치적 사회적 요인들에 기반해서 예방보다는 치료 서비스에 그리고 3차 기관과 도시 의료시설에 자원이 몰리는 문제를 야기한다.

둘째는 한정된 정부재원 때문에 가장 일반적인 보건 파이낸싱 접근법은 직장인 중심의 의무적 사회보험프로그램이다. 많은 국가에서 이 프로그램은 비공식분야를 형성하고 있는 대다수의 인구, 그리고 빈곤층과 취약층에 대한 적용의 문제들이 있다. 태국, 필리핀, 베트남에서 비공식 부문의 집단들을 대상으로 하는 세제 지원을 받는 자발적 건강보험은 적용 대상층에 더 이상 확대되지 못하는 한계를 보여준다. 이 보험은 재정지원액이 적어 적용 대상층의 넓이와 깊이를 확대하지 못하는 한계를 드러낸다. 인도네시아의 취약층 건강보험은 외래와 입원 서비스에 대해 대상층 1인당 연간 6달러 정도의 정부 지원금밖에 지급되지 않는다.

마지막은 사회적 건강보험은 재정지원이 극히 한정적으로, 빈곤층의 접근을 크게 제한시킨다. 필리핀의 건강보험공단의 의무제에서 외래 서비스는 적용에서 제외되고 입원 서비스는 부분 적용만 되지 않아 환자 개인 부담이 높다. 한국에서는 입원 서비스 비용의 20%, 외래 서비스의 30~50%만 개인부담이다.

(2) 보건 공급 효율성

보건 공급의 효율성 개념은 배분적, 기술적, 역동적 효율성으로 구분해볼 수 있다(Belinsky et al. 2014: 223). 배분적 효율성(allocative efficiency)은 보건에 대한 추가 투자액 1달러 늘어날 때마다 최적성이 있는지에 초점이 맞춰진다. 기술적 효율성(technical efficiency)은 재정, 의사, 약품의 복합이 비용을 최소화하고 결과를 최대화하는지에 집중된다. 역동적 효율성(dynamic efficiency)은 보건체계의 변화율이 최적한지에 초점에 맞춰진다.

SIB는 이같은 세 유형의 효율성 개선에 기여하는 것으로 평가받는다. 첫째, 배분적 효율성에서 보건체계를 치료에서 예방으로 전환시키는 인센티브를 제시한다. HIV 등의 급성질환 대부분은 치료보다는 예방이 비용효과적이다. 그럼에도 예방 서비스 제공에는 상당한 파이낸싱이 필요하며, 이를 SIB로 해결해 스케일을 확장할 수 있다는 낙관론이 지배적이다. SIB는 치료비용의 감소 결과를 달성한 서비스에 지불하는 방식이다.

둘째, 기술적 효율성에서는 보건공급기관들이 계획된 결과 개선에 대한 지불을 받는 구조이므로 결과 개선의 달성에 필요한 재원의 배분 관리를 잘 하도록 동기를 부여한다. SIB는 보건공급기관이 비용을 최소화할 뿐 아니라 결과를 최대화하도록 인센티브를 제공한다. 저소득층의 의료부조 프로그램인 미국의 메디케이드(Medicaid)의 시행에서 뉴욕주는 재입원 문제 해결을 위한 결과지불제를 실험하였다. 재입원율이 높은 병원들이 환자 일인당 서비스 지불금을 적게 받는 방식을 실험한 것이다. 만약 이 방식으로 병원의 수입 감소를 환자를 적게 받고 환자 일인당 치료비용을 높이는 병원은 증거기반의 재입원 감소 방안을 이용하게 된다.

이론적으로 SIB는 보건공급기관이 재정, 인력, 약품 등의 자원들의 혁신적 배분을 창출하도록 동기를 부여한다. 그럼에도 혁신의 수준은 여전히 중요한 과제로 남아 있다. 보건공급기관이 결과지불의 혁신을 위해 성과 증진에 필요한 전달체계 개선을 실험할 수도 있다. 반면에 결과지불제에 재정적 인센티브를 갖지 못하게 되는 보건공급기관이 외면하는 사태가 발생할 수도 있다.

셋째, SIB가 보건케어 시스템의 역동적 효율성에 상당한 개선을 이뤄낼 것인지는 아직은 판단하기 이르다. 효과적인 보건케어 개입방법의 탐색을 지원하는 보다 광범한 이니셔티브 범위에서 SIB가 디자인 된다면 개선의 여지는 충분하다. 민간투자자와 보건케어 공급자 사이의 파트너십이 공급자의 성과관리 시스템의 질을 개선해 공급자의 학습 진도를 개선할 수 있다. 특히 동남아시아 보건케어에 대한 SIB 적용의 이점은 비공식 섹터와 저소득층을 위한 서비스 수혜 범위 활용의 증대라고 볼 수 있다. 또 SIB는 수혜층의 서비스 활용에 직접적인 인센티브 제공으로 이용될 수 있다.

(3) SIB 창출 과제

SIB 창출의 과제들은 다음 몇 가지로 정리될 수 있다(앞글: 222-3). 첫째는 SIB 개발의 선불 지출비를 감소할 방안을 탐구해야 한다. 초기의 SIB 파이롯트들은 서비스 공급 비용보다도 높은 비용이 든다고 알려져 있다. 그 이유는 정부나 원조기관들이 결과가 달성되기를 바라는 기대에서 더 높은 비용을 지불하고, SIB 개발에 전문 자문이 부재하기 때문이다. 개발도상국의 정부는 SIB 개발에서 국제사회의 자문을 필요로 한다. 개발국의 정부들은 외부 법률 자문을 고용하거나 법률을 제정해 문제를 해결하는 경우가 일반적이다.

둘째는 SIB 착수단계의 기간과 복잡성을 해소할 방안을 탐구해야 한다. SIB 계약서 작서의 법률적 지원, 중간기관의 성과 모니터링 비용 등이 대표적인 이슈들이다. 일부 정부들은 초기 파이롯트의 높은 비용 문제를 외부 전문가의 프로보노 서비스 지원으로 해결하거나 다른 정부기관들과 비용 공동부담을 하거나 또는 재단이나 다른 자본 제공기관들의 금융지원을 받아 해결하기도 한다. 그런데 이제 SIB가 보편화되면서 표준화가 이뤄지면 선불 비용의 감소가 있을 것으로 기대된다.

셋째는 보건케어 SIB가 불필요한 행태의 동기유발이 되어서는 안된다는 문제의식이다. 현장 보건활동가들에게 제공되는 금전적 인센티브와 같은 외재적 동기들이 환자를 돌보는 이타적 욕구, 개인적 가치, 자존감 등의 내재적 동기를 구축시키는 경우이다. SIB의 인센티브 디자인에서 현장 활동가들의 의견을 모아 그들의 외재적, 내재적 동기의 균형을 모색하는 것이 바람직하다. 인센티브 위주의 디자인으로 단위당 결과의 비용도 감소시킬 수 있어야 한다.

SIB는 평가 시스템이 일종의 게임이 되지 않도록 세심히 디자인되어야 한다(앞글: 224). 일부 사례에서 특정 산출(outputs)에 대한 성과금이 현장 보건요원들로 하여금 산출을 극대화시키지만 환자의 건강 결과(outcomes)의 개선이 되지 않는 방식의 서비스 공급을 유도할 수 있다. 개인이 복수의 임무에 대한 책임을 수행하는 경우, 선행연구들은 한 임무의 보상이 같은 수준의 보상이 없는 다른 임무에 대한 수행력 감소를 이끈다고 지적한다. 예를 들면, 케냐에서 학교의 영양실조 비율의 감소에 대한 보상이 교사의 학습 시간의 15% 감소로 나타났고, 중국에서는 학생의 빈혈 감소에 대한 보상이 교사의 학습 시간 감소와 성적 저하의 요인으로 나타났다. 또 복수의 결과에 대한 인센티브가 작용되면 공급자는 달성하기 쉬운 결과, 한계

수익이 높은 결과에 초점을 맞추게 된다. 치료가 가장 필요한 가장 병약한 환자나 낙후 지역의 환자보다는 비교적 건강하거나 치료가 용이한 환자들을 선택하는 체리 피킹(cherry picking) 문제가 있다.

또 성과 인센티브제로 많은 보상을 받기 위해 성과 평가지를 조작하는 동기 유발을 일으키는 경우도 적지 않다. 인도에서는 일과 시간 이후의 출산 서비스 제공에 보상을 주는 프로그램을 시행한 결과, 일과 시간 이후의 출산이 급증한 것으로 기록이 조작되기도 했다.

2) 여성 생계지원 : 여성생계채권

여성생계채권(Women's Livelihood Bond: WLB)은 동남아시아의 취약여성 50만 명의 생계를 지원하는 채권이다. 미국 USAID와 호주 DFAT가 합작해 싱가포르의 Impact Investment Exchange Asia(IIX)와 공동으로 2016년 9월에 추진한 세계 최초의 '공공 채권'이다.

(1) 여성생계채권의 특성

WLB는 금융소외층인 여성을 위한 새로운 금융지원방식으로, '젠더 렌즈 투자'(Gender lens investing)에 해당된다. 젠더 렌즈 투자에는 여성 소유의 비즈니스, 여성 고용 성과가 좋은 비즈니스 또는 제품과 서비스로 여성의 삶 개선을 하는 기업 등이 투자처가 될 수 있다(Impact Investment Asia 2018: 4).

WLB는 투자금 800만 달러와 USAID's DCA(Development Credit Authority)가 50% 융자보증을 제공해 개시되었다. WLB의 채권 수입금은 4개의 마이크로 파이낸스 기관과 3개의 임팩트 기업(캄보디아, 필리핀, 베트남)에 대출된다. 채권으로 모집된 민간 자본이 이들에게 융자로 제공되어, 이들은 취약여성에게 대출 접근, 소득창출 자산과 직업훈련 등 여성생계 개발을 지원한다.[26] WLB는 운영실적이 좋은 마이크로 파이낸스 기관에 저리스크 융자와 임팩트 기업들에 고리스크 융자를 복합해 투자자의 리스크 부담을 감소시켜준다.

WLB는 중간지원기관 IIX의 첫번째 지속가능성 채권(Sustainability Bond)이다. 미국 USAID와 호주 DFAT의 재정지원으로, 미국 Development Credit Authority의 융자보증을 받아 리스크 완화 패키지로 민간투자자가 1525만 달러의 채권을 구매하도록 싱가포르 사회주식시장(Social Stockmarket)에 상장하였다. 록펠러 재단과 일본 리서치인스티투트(Japan Research Institute)가 채권 구조의 창출을 지원했고, USAID PACE 프로젝트의 중간지원조직인 싱가포르의 비영리기관 IIX가 융자를 받아 사업을 시행하는 기관들의 성과를 모니터링하고 투자자에게 사회적 결과를 제시하는 임팩트 보고서를 제출한다. WLB는 채권이라는 혁신적인 금융수단으로 동남아시아 전역의 여성의 생계를 지원하는 자본의 유용성을 증대시키는 역할을 한다.[27]

---

26 USAID, https://www.usaid.gov/asia-regional/fact-sheets/womens-livelihood-bond

27 IIX, http://www.asiaiix.com/womens-livelihood-bond/

그림 5-1 여성생계채권(WLB) : 투입-산출-결과-임팩트

투입		산출		결과		임팩트
특수목적기업 (SPV) 창설, 민간투자 유치	→	MFI와 임팩트 기업 융자, 여성 생계활동 지원	→	취약여성에 대출 기회, 소득창출 자산과 고용훈련	→	농촌 생계유지형 빈곤에서 탈출, 삶의질 향상

채무증권(debt security)은 확정된 금액을 특정한 날짜(만기)에 갚기로 하고 돈을 빌리는 데 사용되는 광의의 증권을 지칭한다. 이 증권에 이자율이 명시되어 있거나 할인된 가격으로 이자율이 없이 판매되기도 한다. 예를 들면 단기성 채권(bill), 중기성 채권(note), 장기성 채권(bond) 및 CP(commercial paper) 등이 대표적이다.

여성생계채권이 추구하는 핵심 목표들은 다음 세 가지로 요약된다(앞글: 6).

a) 미션지향적 자본의 유용성(availability): 지속가능한 임팩트 창출의 준비를 갖춘 고임팩트 조직에 유용한 미션 지향의 투자자본을 확장시키기 위해,
b) 미션지향적 자본의 접근성(accessibility): 혁신적인, 복제가능한 금융도구로 고임팩트 조직의 수요를 투자자의 자본공급과 연계시키기 위해,
c) 미션지향적 자본의 적절성(affordability): 공공 채권시장의 자본보다 비교적 낮은 비용의 자본에 대한 접근을 제공하기 위해.

(2) 여성생계채권(WLB)의 메카니즘

WLB의 메카니즘은 〈그림 5-2〉와 같이 중간지원기관을 핵심으로 정부, 지원기관, 재단 등 보증자, 투자은행 파트너, 투자자 등으로 구분해 볼 수 있다(IIX 2017: 6-7).

①a 채권의 구조 책임을 맡은 임팩트 투자 중간지원기관은 채권 메카니즘과 핵심 리스크 완화 요인들을 디자인하고, 주요 채무자의 파이프라인을 개발하며, 은행, 법률, 학계, 측정과 평가기관 등 파트너들을 연계하는 채권 구조화 작업을 한다.

①b 동시에 투자은행 파트너는 투자자 선호에 기반한 상품에 전략적 투입을 제공한다. 여기에는 증권의 주요 특성 중 채권 규모, 쿠폰 등급, 만기 등이 포함된다. 투자은행은 (임팩트 투자 중간지원기관이 증권 판매 허가권을 갖고 있지 않는 한) 채권을 투자자에 판매하는 책임을 맡는다.

②a 사회적 리스크를 완화하기 위해 M&E 전문가는 잠정적 채무자들이 선정되기 전에 임팩트를 측정하고 예측하기 위해 이들에 대한 예비적 심사를 시행한다. 결과의 투명성을 보증하기 위해 지속적인 M&E와 정기적인 임팩트 보고를 시행한다.

②b 정부, 지원기관, 재단 등 보증자가 채권의 전체 또는 일부를 보증해 추가적인 리스크 완화를 제시한다. 투자자에게 제시되는 쿠폰 등급과 보증자가 부담하는 포트폴리오 금액 사이에 트레이드오프가 있다. 보증금의 전체비용을 감소하기 위해 그리고 포트폴리오의 가장 리스크가 큰 자산만을 보호하기 위해 상한금액이 적

그림 5-2 여성생계채권(Women's Livelihood Bond: WLB)의 메카니즘

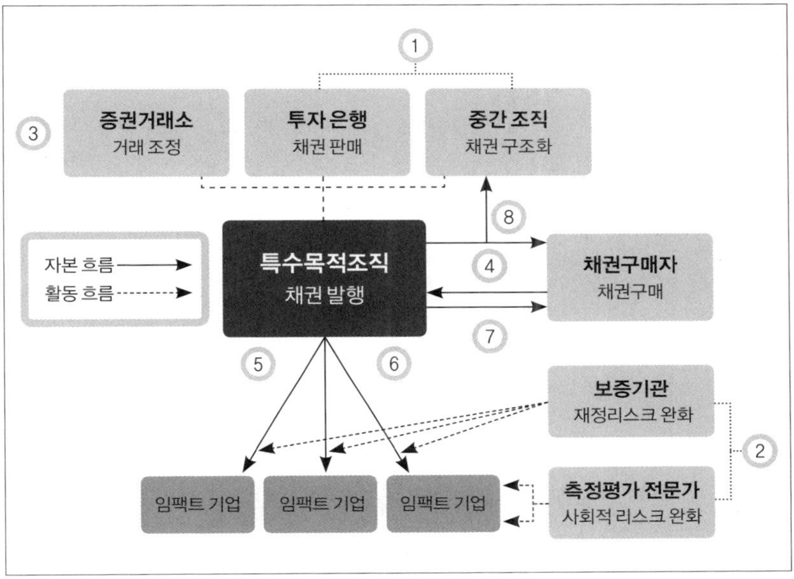

자료 IIX 2017: 6.

용될 수 있다.

③ 채권은 모리셔스 증권시장에 상장되어 두 번째 유동성을 제공한다. 이 단계에서 임팩트 메트릭스에 대한 지속적인 M&E가 시행되며 결과의 투명성을 보장하기 위해 (리스크와 수익)의 금융적 시각의 보고가 정기적으로 이뤄진다.

④ 공인된 투자자들이 특수목적기관(SPV)이 발행하는 채권을 구매한다. 기대된 임팩트 결과가 달성되지 않은 경우 등 여러 이유에서 투자자들은 채권 만기 기간에 주식시장을 통해 채권을 거래할 수 있다. 이같은 이차적 유동성은 투자자에게는 출구 옵션이 될 수 있다.

⑤ 채권 판매 수입금은 SPV가 사전에 선정된 채무자 임팩트 기업들에 융자로 제공된다. 임팩트 기업들은 융자금으로 사업의 임팩트를 높이고 운영의 스케일 확장 기회를 가진다.

⑥ 임팩트 기업들은 채권 만기 기간 내에 SPV에 원금과 이자를 합친 융자금을 갚는다. 임팩트 기업에 지불한 이자의 일부는 부채서비스예비금회계(DSRA) 개설에 사용되어, 처음손실(first-loss) 예비금으로 사용된다. 채무이행이 이뤄지지 않은 경우 보증자와 DSRA가 투자자의 투자금 일부를 보호한다.

⑦ 채권소유자는 반연간 기준으로 쿠폰을 지불받고 채권 만기시에 원금을 회수받는다. 채권소유자들은 채권의 재정적, 사회적 실적에 관한 정기적인 업데이트 보고를 받는다.

⑧ 채권이 만기에 달하면 DSRA의 미사용 금액이 있는 경우 채권소유자들에게 리스크 부담의 보상으로 그리고 중간지원기관에게는 건전한 정밀심사의 보상으로 균등 배분된다.

(3) WLB와 SIB/DIB의 차이점

IIX 지속가능성채권(ISB)은 결과지불제인 사회임팩트채권(SIB)이나 개발임팩트채권(DIB)과 다른 몇 가지 특성들이 있다(앞글: 9).

결과지불제는 아시아와 아프리카에서 성과 측정을 의무화하지만 현장에서는 자원과 역량이 부족한 임팩트기업이나 비영리기관들이 결과자료 수집부터 임팩트 측정까지 수행의 어려움을 겪는다. 이같은 문제를 해결하기 위해 IIX 지속가능성채권은 투자자 리스트 부담을 완화하면서 전문 중간지원기관의 역할을 중시하는 채권의 구조를 갖추고 있다.

표 5-1 IIX 지속가능성채권과 결과지불제(Pay for Success)와의 차이

	결과지불제 (PFS)	IIX 지속가능성 채권
임팩트 측정과 사정	임팩트 사정은 투자자에게 금융도구가 발행/판매된 이후 시행	기관 선정 사전에 사회적 정밀심사, 채권 기간에도 임팩트 사정과 측정
수익과 지불 조건	계획된 사회적 결과 달성시에만 투자자의 수익 발생	계획된 사회적 결과 달성과 관계없이 리스크 조정의 수익보장(원금과 쿠폰)
리스크 (이해관계자 부담)	투자자가 모든 리스트 부담	리스크는 투자자와 보증자(정부기관 등) 분담
채무자 (법률구조와 상환능력)	비영리기관이나 NGO; 결과지불자는 정부, 원조기관	MFI와 임팩트기업이 채무자로 투자자에 상환
유동성 (투자자의 출구 옵션)	투자자 출구 기회는 명확하지 않고 모호. 채권 만기후 지불.	투자자는 주식시장에서 채권 거래; 채권 만기후 지불.

자료 Shujog 2016: 9.

사회적 임팩트를 보증하는 세 가지 방법을 이용한다. 첫째는 임팩트 기업 선정 사전에 엄밀한 임팩트 전망을 사정하고 잠정적인 임팩트 예상을 하는 과정을 거친다. 둘째는 채무자와의 계약에서 융자 합의의 의무조항으로 융자금의 이용을 사회적 목표 달성으로 제한해 목표달성을 보장하도록 한다. 마지막으로, 사회적 성과의 완전한 투명성을 보증하는 지속적인 정기 리포팅을 한다.

수요측면에서는, 결과지불제(SIB와 DIB)에서 자본 채무자인 비영리기관이나 NGO들은 재정적 지속가능성이 부족해 민간자본 투자의 규모와 금액에서 소액의 자본 지원을 받지만, ISB에서 임팩트기업이나 MFI들은 자본을 효과적으로 유치해 활용할 수 있는 역량을 갖고 있어, 스케일 확장의 가능성이 높다.

공급측면에서는 SIB와 DIB 등의 결과지불제와는 달리 ISB는 정부나 원조기관 등의 제3기관이 채권소유자에게 지불할 의무를 갖지 않다. 금융적인 지속가능성이 높아 같은 금융모델을 쉽게 보급할 수 있어 장차 같은 구조를 활용해 필요한 자본을 동원하는데 유리하다. 글로벌 개발 차원에서 개발의 임팩트 증진과 스케일 확장에는 ISB가 상당한 장점을 갖고 있다.

(4) WLB의 지속가능성 스펙트럼

나아가 WLB가 지향하는 여성생계의 지속가능성 스펙트럼의 목표와 경제적, 사회적, 환경적 임팩트를 정리해보면 〈표 5-2〉와 같다.

표 5-2 여성의 생계 지속가능성 스펙트럼

	자본과 크레딧 접근	시장 연계 접근	재화/서비스 접근	적정가격의 청정 에너지 접근
목표	취약여성에게 적정가 크레딧 제공, 비즈니스 확장, 소득창출 자산 구입, 역량/기술개발	시장연계망구축, 여성에게 시장정보, 유통채널, 경쟁적 가격과 안정한 근로 환경, 공정거래 접근 제공	부가가치 도구를 제공해, 여성들이 고수익 분야나 고가치 기능으로 유동성 개선, 공식 노동에 통합되는 근로자수당	깨끗한 적정가의 에너지 소스에 접근한 여성들이 비지속가능한 에너지 사용 시간과 비용 절감. 생산성과 소득 향상 능력 개선
투자처 (임팩트기업)	마이크로파이낸스 기관(MFI)	공정무역과 윤리적 공급사슬 임팩트 기업	포용적 소매 및 소비자금융 임팩트 기업	청정에너지 독립형 (offgrid) 전기 임팩트 기업

경제적 임팩트	사회적 임팩트	환경적 임팩트
- 여성 노동력 참여 증대	-사회통합 개선	-신뢰할만한 에너지 소스
- 상업활동의 형평성 개선	-여성과 아동의 교육과 보건 이용 기회 확대	-자연자원에 의존 감소
- 여성노동인구 증대 혜택	-생계수준의 향상	- 탄소 발자취 감소
- 국가안보와 안정 증진	-사회갈등 리스크 감소	-기후변화 리스크 감소

자료 Shujog 2016: 20.

(5) WLB의 자본유치 성과

IIX의 채권 마케팅 노력으로 WLB의 자본금 800만 달러가 확보되면서 2017년 7월 공식적인 시행에 들어갔다(Impact Investment Exchange 2018). 창안자인 샤나스와 로버츠(Shahnaz and Robert) 교수가 첫손실 자본금 50만 달러를 투자해, 또 USAID 개발보증기관(DCA)는 융자금의 50% 보증을 제공해, 초기 운영자금이 확보되면서 본격적인 채권 마케팅이 진행될 수 있었다. 또 록펠로 재단의 '제로갭 포트폴리오'(Zero Gap Portfolio)는 사회적 임팩트 창출에 필요한 재원의 갭을 민간자본 투자로 매우는 새로운 방식으로 WLB를 사업초기에 지원하였다.

계획된 임팩트 스케일링을 생산하면서 투자자에 대한 재정수익을 보장하는 포트폴리오 작성부터 시작해 실제 임팩트 성과를 내는 단계까지 중간지원조직 IIX의 역할이 중요했다. IIX의 다년간의 경험을 바탕으로 후보 소액대출기관(MFI)과 사회적기업을 선정했는데 우선 대상국으로 캄보디아, 인도네시아, 필리핀, 베트남으로 좁혀 후보 기관에 대한 사회편익분석(SROI)이 진행되었다.

a) SROI에 기반해 채권 기간의 투자금 1달러당 순임팩트(net impact) 전체가 파악되었고,

b) 여성 수혜자의 수의 비율, 그리고

c) 긍정적인 임팩트 수혜를 받는 가계의 수가 추산되었다.

이상의 SROI 결과, 2개의 소액대출기관 SAMIC과 NWTF, 그리고 사회적기업 Viet Phu에 투자가 이뤄졌다. 이로써 전체 38만 5000명의 여성들이 생계지원을 받아 빈곤해소와 임파워먼트 성과를 낼 것으로 기대된다.

IIX는 이런 경험을 바탕으로 채권의 디자인에 앞서 채권의 실행가능성 조사(feasibility study)가 중요하다며, 투자자 선호와 피드백 등을 반영한 채권 구조의 조정이 필수적이라고 강조한다(Impact Investment Exchange 2018).

3) 극빈층 빈곤탈출 DIB

MDGs에 이어 SDGs 또한 제1의 목표를 빈곤해소로 설정해 추진되었다. 빈곤층 중에서 극빈층을 대상으로 하는 새로운 실험이 2007년에 방글라데시의 BRAC이 추진한 이래 최근 극빈층 빈곤탈출 DIB가 추진된 것을 주목해볼 만하다.

(1) BRAC의 극빈층 빈곤탈출 프로젝트

BRAC의 〈극빈층 빈곤탈출 프로젝트〉는 18~24개월 기간에 걸쳐 진

행되어, 참여 극빈층 95%가 빈곤탈출에 성공했다. 빈곤탈출에 성공한 극빈층은 4년 기간 내내 탈빈곤 생활을 유지했다. 소액대출을 받아 자영업으로 생계유지를 할 수 있었다. 기업가정신이 빈곤탈출에 중요한 증거를 제시해주었다.

표 5-3 세계 최대의 NGO: 방글라데시의 BRAC

1972년에 설립, 1971년 내전 이후 전쟁 피난민들과 빈곤층을 위해 1400여 집을 지었고, 어민들의 생계 지원했다. 지금은 국가를 대신해서 교육, 보건, 지역사회개발, 사회서비스 제공 등 거의 국가가 해야 할 일들을 대신하는 준국가 공공 서비스를 제공한다. BRAC은 방글라데시 전국에 걸쳐 3만 7500개 초등학교와 2만 4750개 유치원을 건축해 운영한다. 300만 아동, 그 중 65%가 여학생들로 양성평등에 기여한다. 1979년에는 보건 사업에도 진입해 설사 등 수인성 질병치료에 BRAC 회원들이 가정방문으로 치료약과 예방법 보건교육을 실시해, 아동사망률을 획기적으로 줄였다. 협동조합을 만들어 농민과 빈곤층의 자치력을 향상시켰고, 태풍과 수해가 발생하면 국가를 대신해 재난예방과 복구 작업에 BRAC 마을자치 활동을 진흥시켰다. BRAC은 아시아, 아프리카, 남미, 미국과 영국에도 지부를 두고 있는 세계 최대의 NGO로, BRAC이 고용한 인력만도 10만 명에 달한다. 70%가 여성으로 이들이 1억 2600만 명에게 다양한 보건, 교육, 농업 등 기초서비스를 제공한다. 많은 사업에 필요한 재원은 외부 원조에 의존하기보다는 무수한 사회적기업 운영의 수익으로 충당하는 재정적 지속가능성도 보여준다.

자료 BRAC 홈페이지 http://www.brac.net

BRAC은 London School of Economics, University College London 등과 프로젝트를 공동으로 진행해, 프로젝트 기간(2007~2011)이 지난 2년 후, 참여 빈곤층 자영업 비율이 30% → 47%로 늘었고, 비참여자 통제 집단에서는 변화가 없었다. 참여자 1인당 프로그램 비용은 연간 300달러에 불과해, 프로젝트의 비용효과성도 확인되었다.

프로젝트 추진 과정은 다음 다섯 단계로 구분된다.

① 제1단계 타깃 설정(Proper targeting)

어떤 최빈곤층을 프로그램에 참여시킬 것이지를 결정하는 방법은 지속적인 모니터링과 현장방문을 필요로 하며, 관련 스탭들에 대한 훈련도 병행한다. 일차적으로 극심한 빈곤가계가 집중된 빈곤지역을 선정하는 지리적 위치 선정을 하고, 참여한 40~50명의 대상 주민들에게 각 가정의 부를 등급으로 매겨, 스탭들이 가가호호 방문하는 방법이 뒤따른다.

② 제2단계 주간 생계비(Weekly stipends) 지급

극심한 빈곤에서 탈출하기 위해서는 임금노동이나 구걸을 하지 않을 정도의 기회비용을 제공하고, 그 정도의 주간 생계비, 일부는 식품 지원 형태로 복합한다.

③ 제3단계 저축(Savings)

극빈층 참여자들은 저축과 금융수치와 관련된 교육을 받은 후 각자 저축통장을 마련해, 통장을 통해 합리적으로 수입과 지출을 관리는 자기 의사결정력을 갖게 한다.

④ 제4단계 생산적 자산의 지급(Grants of productive assets)

한 차례의 생산적 자산이 되는 가축(소, 양, 닭 등)을 지급한다.

⑤ 제5단계 집중적인 실제 훈련(Intensive hands-on training)

지급한 자산을 활용하는 방법 훈련, 코칭, 프로그램 스탭의 현장방문으로 문제해결 또는 불확실성 제거 실무를 진행한다. 또는 보건소 방문 동행 등이 사례로, 현장 상황에 따라 다양한 실제 훈련을 진행한다.

그림 5-3 BRAC의 극빈탈출 실험과정

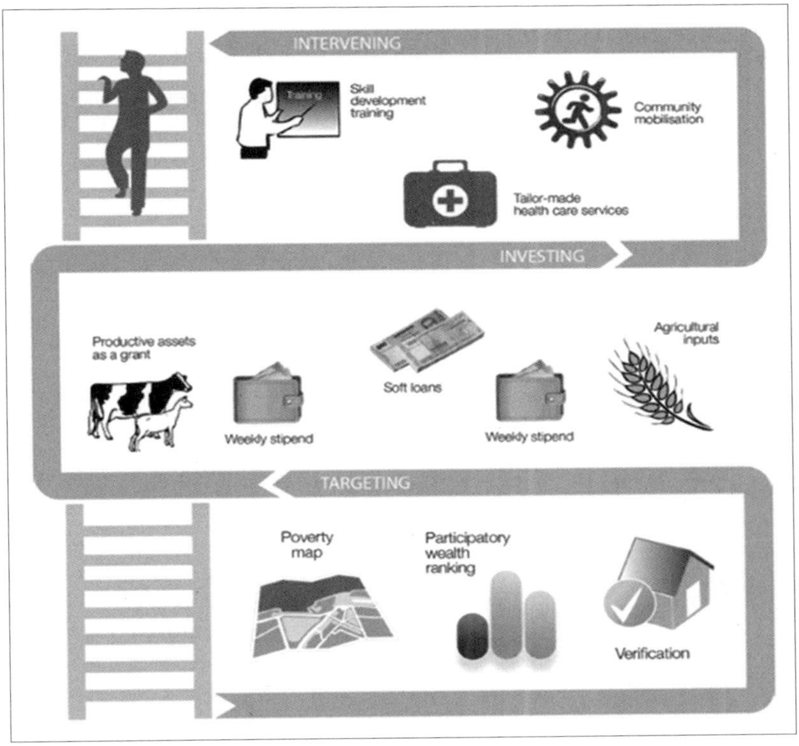

(2) Village Enterprise의 극빈탈출 DIB

빌리지 엔터프라이즈(Village Enterprise)와 인스티글리오(Instiglio)는 2017~2022년 기간 4년에 걸쳐 케냐와 우간다에서 마을기업 모델을 시행한다. 농촌지역의 여러 마을의 1만 8000명 이상의 주민들의 빈곤해결 등 삶의 질 개선을 위한 440만 달러의 DIB이다(Brookings Institution and Convergence 2017:: 96-7). 실험 모델로 전통적인 재정지원 방식과 새로운 임팩트 투자 방식을 비교해 향후 빈곤해소 프로그램으로 통합하기 위한 전략적 프로그램이다.

극빈층의 탈빈곤 프로그램은 빈곤해소에 상당한 임팩트가 있다는 것이 앞의 Brac 실험과 다른 연구에서도 확인되고 있다(Banerjee et al. 2015). 그럼에도 다양한 프로그램, 시행기관, 국가들의 성과에 대한 증거 자료 부족 등의 문제 때문에 일관된 결과측정 증거들이 부족한 상태다. 이에 결과지불 방식의 임팩트 투자를 적용시켜 시행기관이 많은 임팩트를 생산하는 융통성과 인센티브를 제공하는 새로운 실험이 DIB로 시행된 것이다.

시행기관(Village Enterprise)은 극빈층의 빈곤탈출을 지원하는 1년 탈빈곤 모델을 제시한다. 프로그램은 하루 $1.90 미만의 수입으로 생계를 유지하는 극빈층 가계를 대상으로 한다.

a) 훈련: 지역사회 멘터들은 중소기업 운영에 필요한 9개월 기간의 비즈니스와 금융기술 훈련 프로그램을 제공.

b) 씨앗자본: 3명의 창업 개시에 $156의 씨앗 자본(seed capital)이 증여로 제공.

c) 멘터링: 멘터들이 기업 선택 및 1년간 지속적인 자문 제공 역할.

d) 비즈니스 저축그룹: 회원들에게 재정 쇼크에 대한 보호 장치와 성장자본 접근 기회를 제공하는 자영 소액대출 그룹 창출.

표 5-4 케냐와 우간다의 '탈빈곤 모델' DIB

– 시행기관: Village Enterprise – 결과지불자: USAID DIV 및 다른 국가원조기관 – 투자기관: 추후 결정 (TBD) – 중간기관: Global Development Incubator – 결과 평가기관: TBD
a) 결과 매트릭스: 소비와 자산의 증가(소비의 개념은 가계의 전체 음식과 음료 소비로 소비와 지출(Consumption & Expenditure) 서베이에서 이용되는 도구를 활용한다. 자산은 가계의 저축, 자산 및 비즈니스 자산 등이다. b) 평가 방법: RCT c) 지불 최저수준: 설정하지 않음. d) 지불 금액: 각 코호트에 3차 지불방식. 1) 2차는 씨앗 자금 지급에 대한 상환금, 2) 마지막 1차는 프로그램 종료 후 1년 기간 소비와 자산 임팩트. 지불금은 코호트의 규모(1000~3000 가계)에 따라 지급. e) 투자자의 잠재적 투자금 손실: 100% f) 최대 수익: 추후 결정.

자료 Brookings Institution and Convergence 2017: 97.

프로그램의 '변화 이론'의 5대 구성 요소는 다음과 같다.

a) 극빈층 타깃팅: 가계의 기초생계 유지가 어려운 가장 극심한 빈곤가계를 선정한다. 지역사회 기반의 '빈곤 부 랭킹'(Poverty Wealth Ranking)으로 파악된 극빈가계의 선정 기준은 다음과 같다.

- 가계의 8명 이상의 자녀가 생활
- 가장이 여성 외짝이거나 장애인 또는 18세 미만의 고아.

- 자연재해가 아닌 재해 피해 가계
- 가장이 HIV/AIDS 환자.

b) 비즈니스저축그룹(Business savings group: BSG): BSG는 3인 1조의 10개 비즈니스(전체 30명)의 자치적 그룹이다. 각 그룹이 자율적인 규정을 갖고 있다. BSG를 통해 시행기관(VE)이 저축 등 금융 교육을 실시하며, 참여자들 사이의 신뢰와 존중의 문화를 개발한다.

c) 교육훈련: 지역사회의 멘터들이 참여자들의 비즈니스 경영을 할 수 있는 4개월 기간의 교육훈련 프로그램을 시행한다.

d) 씨앗 펀딩(Seed funding): 씨앗 자본이 3인 창업 비즈니스 운영자금으로 지원된다. 전체 65%가 50달러, 35%가 150달러를 증여(grants)로 지급받는다.

e) 멘터링(Mentoring): 멘터들이 사업 1년 기간 내내 지속적으로 상담과 지원을 한다.

그림 5-4 변화의 이론 : 활동-산출-결과-임팩트

활동	산출	결과	목표	임팩트
극빈층에게 씨앗자본 제공, 비즈니스 훈련, 멘터링	소기업 창업 기업소유자의 비즈니스 역량	가계소득 증가	생활수준, 삶의질 개선	극빈으로부터의 자유
극빈층에게 금융, 문자독해교육, 멘터링	자치적 저축그룹 형성	가계저축 증가		

자료 Instiglio, 2018. p.9. www.instiglio.org

4) 숲지키기 결과지불

(1) 기후변화 완화에서 숲의 역할

니콜라스 스턴의 2006년 기후변화 보고서에서 세계 12개의 숲이 글로벌 완화 전략의 성공을 가늠하는 핵심요소라고 밝혀진다. 코펜하겐과 칸쿤의 국제기후변화회담에서 기후변화를 중단해 글로벌 기온을 섭씨 2도 상승을 멈추게 하는 협정이 이러졌다. 2도 상승 이내에 머물기 위해서는 브라질과 인도네시아 등의 열대우림 국가들에서 연간 배출 감축이 지속되어야 하는데, 숲제거 손실로 인한 배출(산업, 전기 등의 다른 분야 배출을 제외하고도)이 2008~2012년 기간에 연간 5, 4 기가톤에 달해, 전체의 탄소배출 총량과 거의 같은 수준에 달했다(Birdsall and Kuczynski 2015: 4). 숲이 글로벌 배출 총량에 기여하는 순기여도가 약 10%에 불과하지만, 숲지키기와 숲재생을 대규모로 시행하면 연간 그린하우스 가스의 배출 30% 가량 감축할 수 있다.

탄소 저장 측면에서 나무들의 현상유지를 하는 것이 숲에 나무를 심는 일보다 훨씬 더 비용이 덜 들어 효과적인 방법이다. 1헥터의 숲을 제거해 발생하는 탄소의 분량을 만회하는데는 수십년(25~100년)의 기간이 걸리며, 생다양성의 숲 생태계는 영구히 상실될 수 있으며, 복구에만 수백년이 걸릴 수 있다(앞글: 4). 현상태의 숲을 유지해 카본을 흡수하면 지금까지 검증되지 않은 비용이 많이 드는 테크놀러지가 탄소를 흡수하는 것보다 훨씬 더 비용이 저렴하다. 열대우림은 다른 지역이나 섹터에 비교해 저비용의 배출 감소의 풍부한 원천을 제공한다.

또 열대우림 제거를 중단하고 제거된 숲을 복원하면 기후변화 완화를

그림 5-5 글로벌 열대우림 손실 → 온도상승, 비용증가, 피크 배출

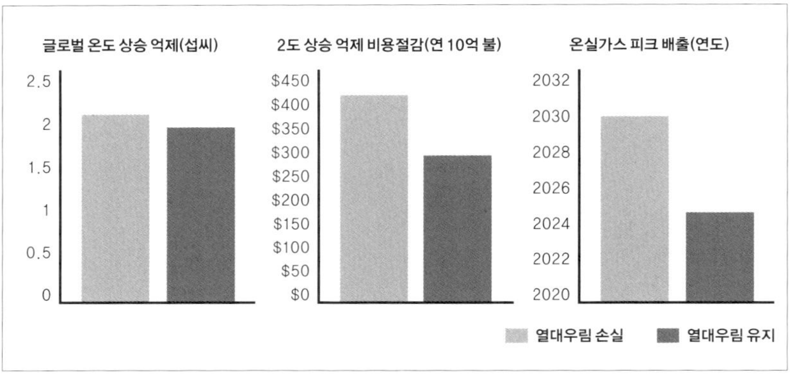

참고 열대우림 손실(유지)로 온실가스 배출 증가(감소).
자료 Seymour 2017: 2.

앞당길 수 있는 효율적인 처방이라는 자료들이 제시되어 있다(그림 5-5). 숲 지키기를 잘 하면 2도 기온 상승 억제로 연간 10억 달러 비용이 감소하며, 온실가스 '피크 배출'(peak emission)을 5년 앞당길 수 있다.

기후변화 완화전략으로 숲제거를 중단하는 상대적 장점은 그 결과들이 중단기에 걸쳐 상대적으로 높은 임팩트를 낼 수 있다는 점이다. 이에 비해 에너지와 수송의 새로운 저탄소 테크놀러지는 여전히 개발 과정 중에 있다. 열대우림 제거 감소전략에서 국제 파이낸싱이 결정적으로 중요하다. 열대우림 국가들은 숲제거 배출을 감소를 최대화하는데 소요되는 금융지원을 필요로 한다. 이 자원의 상당 부분은 당사국들이 부담하지만 글로벌 차원의 대규모 확장을 위한 목표를 수행하려면 열대우림 국가들이 적극적인 노력을 하도록 인센티브를 제공하는 외부, 국제적 재정지원이 절실하게 필요하다.

(2) REDD+ 파이낸싱 현황

공공 및 민간부문의 REDD+ 재정지원은 2006~2014년 기간에 90억 달러에 불과하다. REDD+은 원래 탄소시장 메카니즘으로 간주되었지만, 공공, 민간 부문과 탄소시장에서 오는 성과기반의 지불에 재정지원을 할 수 있다. REDD+ 지지자들은 섭씨 2도 이상으로 상승하는 글로벌 온난화를 억제하는 글로벌 협정의 배출 감소 목표 달성에 필요한 경제적으로 효율적인 도구로 간주한다. 그런데 글로벌 목표 달성을 위한 기후변화 협정이 지연되면서 기대를 거는 탄소시장이 작동되지 않고 있고, 시장이 작동되는 유럽의 경우 매우 낮은 가격에서 시장이 형성되고 있다. 전체 숲제거 감소 재정지원에 자발적인 탄소시장은 10% 정도밖에 기여하지 않고, 규제적(법 준수) 시장은 거의 기여하지 않는다.

① 규제적(법 준수) 탄소시장

탄소시장은 기업들이 다른 기업들과 그린하우스 가스 배출 감소 요구를 받는 기업들은 다른 기업들과 거래를 할 수 있다, 거래를 통해 배출 감소를 더 저렴하게 할 수 있는 것이다. 법준수의 시장 구매자들은 상한거래제(cap-and-trade) 프로그램의 규제를 받는 기업, 국가, 기타 기관들이다. EU의 배출거래시스템이나 캘리포니아의 상한거래 시장이 대표적인 사례가 된다. 기업간 그리고 섹터간의 거래뿐 아니라 기업들은 법준수 탄소 시장에서 상한거래제 적용을 하지 않는 즉 '오프세트' 거래로 배출 감소분을 구입할 수 있다. EU의 배출거래시스템은 에너지와 산업 부문 대부분이 해당되는 UN 청정 개발 메카니즘(UN Clean Development Mechanism)을 통해 구매된 개발도상국의 오프세트 이용을 허용한다. 이 메카니즘은 조림(afforestation)

과 재식림(reforestation)의 오프세트를 허용하지만, 산림제거(deforestation) 중단의 오프세트는 허용하지 않는다.

REDD+는 열대우림 국가들로부터 산림제거 중단이나 감소의 오프세트를 기업, 국가, 다른 기관들이 구매하도록 허용하는 메카니즘으로 간주되었다. 그런데 실제로 많은 국가, 지역들에서 상한거래제 프로그램이 시행되어 왔지만, 캘리포니아만이 유일하게 REDD+를 통한 오프세트를 그린하우스가스 법준수 시스템의 일부로 인정하는 법안을 고려중이다. 캘리포니아는 시행가능한 프레임워크와 REDD+로부터 법준수 자산을 창출하는 메카니즘을 개발하기 위해 주요 산림 국가들의 지역들과의 공조체제인 주지사의 기후와 산림 TF를 선도한다. 그럼에도 캘리포니아는 아직법과 규정을 정비하지 않은 준비과정에 있다.

에코시스템 마캣플레이스(Ecosystem Marketplace)는 2006~2014년 기간 산림탄소 오프셋 거래가 REDD+ 전체 지원금의 10%에 달하는 9억 달러라 추산한다. 캘리포니아와 호주의 구매자들이 자국의 국내 시장에서 탄소규제 감소분을 충족시키는 산림 오프셋을 구매하였다. 국내 산림오프셋은 한구과 중국 등의 탄소시장에서 허용되는 중요한 비중을 차지한다. 그럼에도 국내 산림 오프셋을 포함시키는 법준수시장을 아직 존재하지 않는다.

② 민간의 자발적 시장

"자발적인" 탄소시장은 내부적으로 자발적인 배출가스 발자취 감소를 설정한 기업들이 자발적으로 배출감소 크레딧(인증된 배출 감소분을 구입을 유도한다. 자발적인 구매기업들은 법적으로 배출 감소의 의무는 없지만 자벌적으로 배출감소 크레딧을 구매한다. 배출 감소분은 열대우림에서도 구매될 수 있다. 민간의 자발적인 시장 구매자들은 2013년 산림 탄소시장 배출감소분의 대부분(89%, 3억 7900만 달러)을 구매하였다.

주로 에너지 설비와 식품음료사들로, 기업 사회공헌(CSR) 차원에서 자신들의 기후변화 리더십 주도 차원에서 나선 것이다. 그럼에도 민간의 자발적 탄소시장 규모는 전체 산림 배출감소 투자금의 작은 일부에 지나지 않는다. 대부분의 투자금은 탄소시장을 통하지 않은 공공자금이다.

마이크로소프트나 디지나 등은 산림 프로젝트를 개발해 투자하는 민간 프로젝트 개발기관으로부터 인증된 배출 감소분을 구매해, 인증기관이 측정해 보고하고 검증한 크레딧의 인증을 획득해, 소유하거나 크레딧을 판매한다. 2013년 자발적인 시장의 산림 배출 오프셋 거래의 2/3 가량이 열대우림 제거 감소를 위한 것으로, 초기의 재조림 중심에서의 변화를 보였다. 민간 자발적인 시장의 파이낸싱은 일반적으로 대형의 지역의 규모나 성과기반의 도구보다는 소형의 자가발전적 프로젝트를 지원한다. 공공-민간 파트너십(PPP) 접근법이 보다 다양하게 개발되면서 자발적 민간 시장도 변화한다. 산림제거를 야기하지 않는 소싱(deforestationfree sourcing)으로 팜오일과 기타 생필품을 구매하는 기업의 실천 등 민간기업들의 공급사슬 노력의 결과로 대형의 지역 규모의 프로그램에 대한 투자가 늘고 있다.

③ 공공 재정지원

REDD+ 프로그램과 프로젝트의 대부분(약 90%)는 공공 쌍무적 개발지원(ODA)로 이뤄진다. REDD+에 20개 이상의 원조국과 80개국의 수원국이 있는데, 재정의 흐름은 소수 원조국과 소수 수원국에 집중되어 있다. 원조국으로는 노르웨이가 41억 7400만 달러로 선도하며, 미국 10억 4300만 달러, 독일 9억 1300만 달러, 영국 8억 천만 달러, 일본 5억 7800만 달러, 호주 2억 4600만 달러 등이다. 수원국 중에는 브라질과 인도네시아가 전체 40%의 재정지원을 차지하고, 콜롬비아, 에쿠아도르, 리베리아, 페루 등도 점차 재정지원을 받고 있다.

그림 5-6 숲 지키기 온실가스배출감소(REDD+) 참여 국가

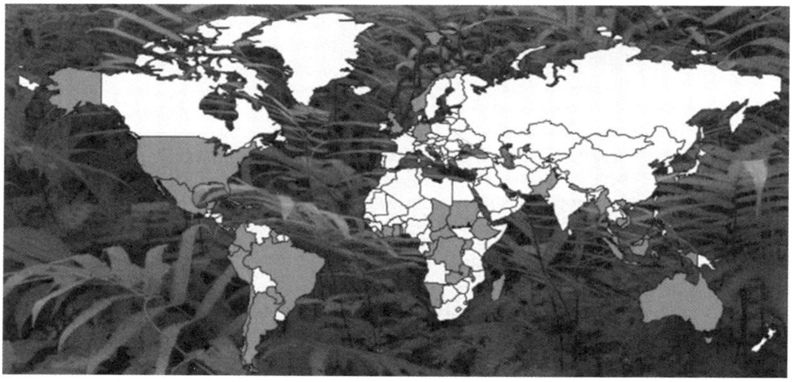

자료 UN REDD+ Platform http://redd.unfccc.int/ (2018.9. 현재)

④ 산림제거 감소를 위한 성과기반의 펀딩

REDD+의 목적은 열대우림 국가들에 보상금을 지원해 산림제거에서 발생하는 그린하우스 가스 배출을 감소시키기 위한 효율적이고 효과적인 파이낸스 메카니즘을 창출하는 것이다. 이를 위해 REDD+ 3단계가 설계되어, 제1단계는 역량 개발, 제2단계는 파이로팅과 홍보를 통해 제3단계 완전한 결과지불제의 시행으로 발전하는 것이다(앞글: 7). 그럼에도 2014년말 기준, 공공 REDD+ 파이낸스의 42%가 실제로 결과지불제 기반이고 나머지는 해당되지 않는다. 공공 및 민간의 REDD+ 파이낸스는 여전히 열대우립 국가들이 배출을 감소하고 미래의 탄소시장에 배출 크레딧을 판매하도록 준비해주는 '준비' 프로젝트들에 대한 펀딩(투입 펀딩)이 더 많고, 배출 감소 성과에 대한 지불(결과지불)이 더 적다. 결과지불제를 선도하는 국가는 노르

웨로, 2014년말까지 브라질과 인도네시아를 비롯해, 구아나, 콜럼비아, 에콰도르, 리베리아, 페루와의 파트너십 프로그램들이 있다.

(3) REDD+ 파트너십 현황

REDD+의 초기 선구자(REDD+ Early Movers) 프로그램에는 독일의 7200달러 규모의 결과지불제를 비롯해, 노르웨이와 영국이 포함되어 있다. 유일한 다자간 결과지불제는 세계은행의 산림카본파트너십기금(Forest Carbon Partnership Facility: FCPF)의 3억 8800만 달러의 카본기금으로 노르웨이, 미국, 영국이 지원국이다. 대표적인 브라질과 노르웨이 파트너십은 2008년에 협정을 맺어 산림제거감소 성과(1996~2005년 기간의 평균치 이하로 성과 달성)에 대한 브라질의 환경기금에 10억 달러를 투자하는 것이다. 2013년 5년 기간의 시한을 넘어 2012년까지 연장하는 협정이 다시 체결되었다. 아마존 기금은 브라질개발은행이 창출한 것으로 아마존에서의 산림제거 감소와 지속가능한 개발 진흥에 기여하는 프로젝트에 재정지원을 하는 것이다.

a) 구아나-노르웨이 파트너십은 2009년에 양국이 체결해 산림제거 감소의 성과(국가와 글로벌 차원의 역사적 배출률의 평균치에 해당되는 0.275% 미만의 전국 차원의 성과)에 대한 2억 5000만 달러를 지불하는 프로그램이다.

투입기반의 파이낸스(51억 달러) 중 대부분이 쌍무적 펀딩(ODA)이 차지하고, 그밖에 신림투자프로그램(6억 달러) 등이다. 성과기반 파이낸스(46억 달러) 중 아마존 펀드와 인도네시아-노르웨이 파트너십이 각각 10억 이상으로 가장 높은 비중을 차지하고, 그밖에 다른 펀드들과 노르웨이 정부와 가아나, 페루, 리베리아와의 파트너십이다.

b) 인도네시아-노르웨이 파트너십은 2010년 양국이 체결해 3단계에 걸쳐 인도네시아의 REDD+ 파이낸싱 메카니즘이 정착될 때까지 10억 달러를 지원하는 프로그램이다.

c) 페루-노르웨이-독일 파트너십은 2014년 페루의 3단계 배출감소 노력에 대해 3억 달러를 결과지불제로 지원한다(1단계와 2단계 5000만 달러, 3단계 2억 5000만 달러).

d) 리베리아-노르웨이 파트너십: 2014년, 양국이 협정을 체결해, 산림제거 감소, 산림 거버넌스 개선과 법집행 강화에 1억5000만 달러를 결과지불하는 프로그램이다.

초기에 정책 개발과 제도화에 7000만 달러까지 사용하고 검증된 배출 감소 시행에 8000만 달러를 사용하도록 약정되었다. 펀드는 세계은행을 통해 전달된다.

e) 독일의 초기선구자(REDD+ Early Movers) 프로그램: 2012년 독일은 산림보전의 선구자에 보상하는 프로그램을 제시해, 사전이 아닌 사후 결과지불제를 국가 차원과 대형 지역 차원의 프로그램들에 제공하였다, 최초의 수상기관은 브라질의 State of Acre로 500만 유로 지원을 받았고, 2014년에는 에콰도르가 노르웨이의 지원으로 100만 유로 지원을 받았으며, 세 번째는 노르웨이와 영국이 콜롬비아를 지원할 계획이다.

f) 세계은행의 산림카본파트너십설비 카본기금(FCPF)는 준비기금(Readiness Fund)과 카본기금(Carbon Fund)을 갖추고 있는데, 준비기금은 국가들이 협정체결까지 준비를 지원하며, 카본기금은 실제 성과에 대한 지불 기금이다. 세계은행은 카본기금의 피신탁자(trustee)로 2011년 시행되었다. 2015년 4월 현재 8개국이 카본기금의 파이프라인에 초대되어 의향서를 맺었다.

인도 정부는 산림 보전을 위한 새로운 순수형 결과지불 프로그램을 도입하였다. 연간 2000억 달러의 세수입 가운데 800억 달러를 주정부에 이전하는 이른바 '조세이양'(tax devolution)을 시행한 것이다. 이전금 중 60억 달러를 산림조전 진흥지원금으로 배분할 예정이다. 이같은 수평적 이양은 인구, 소득 등뿐 아니라 산림 규모(위성기반의 모니터링 시스템으로 측정된 산림 서베이에 기초해) 이양금이 분배된다. 세계 최초로 산림 보전에 대한 성과기반의 파이낸싱을 제공하는 사례이다. 중요한 정책 초점은 중앙정부가 산림조번의 조건을 요구하지는 않는다는 점이다. 다만 보전의 성과에 대해서만 지불을 한다는 전략이다.

(4) 숲지키기 결과지불제는 왜 중요한가?

결과지불 협약은 세계가 그린하우스 가스 배출을 획기적으로 줄이는 가장 신속하고 효과적인 방법을 모색하는 가운데 인센티브, 가시성, 투명성을 제시하며 산림제거를 대규모 감소시키는 가속화 전략이다(앞글: 11). 가장 진전된 유형의 결과지불제는 REDD+ 메카니즘이다. 개발협력에서 결과지불제 지원이 증가하는 것은 프로그램 결과의의 스케일을 확장하고 속도를 증대시킬 수 있기 때문이다. 결과에 대한 지불 방식으로, 투입(훈련과 장비 등)이나 산출(계획이나 전략 완료)에 대한 지불을 하는 정기적인 원조 프로그램의 효과성을 높이는 파이낸싱 지원방식이다.

또 결과지불제는 원조국과 수원국 사이의 파트너십을 전환시켜 수원국 파트너기관들의 임파워먼트를 구축하는 목표를 가지고 있다. 성과기반의 프로그램은 파이낸싱을 제공하는 국가와 수원국 모두에서 산림 감소에서 거대한 차이의 변화를 일으킬 수 있는 정치적, 사회적 관심을 유도할 수 있다. 결과지불제는 정책결정층에게 토지이용 분야에서 우선순위와 목표에 대한 국내의 합의를 구축하는 확고한 핵심을 제시해주며 프로그램 진전을 모니터링 하고 지지를 유지하기 위한 국내의 참피언들을 지원할 수 있는 수준의 투명성을 설정한다.

산림제거를 중단하는 결과지불제의 혜택은 몇 가지로 제시되어 있다. 결과지불제는 산림제거 중단의 결과를 대규모로 중단기에 걸쳐 생산하는 국가의 비전, 의향을 증대시킬 수 있다. 결과지불제는 국가로 하여금 구체적인 결과를 달성하는 인센티브(원조금 지원)를 증대시킨다. 결과지불제는 원조국과 수원국이 리스크 분담을 하도록 지원한다. 또 결과지불제는 가시성과 투명성을 증진시켜 산림국가의 정치적 실행의 신뢰성을 강화시킨다.

① 스케일

산림에 제공하는 기후변화 온화 잠재력을 실현시키기 위해 산린제거 감소를 가속화시켜야 하며 범위를 국가와 지역차원으로 확장시켜야 한다. 초기의 '준비' 지원과 분명한 지역의 범위를 설정한 프로젝트에 대한 투자가 경험의 축적해 대규모의 프로젝트 수행에 기반이 된다. 그럼에도 글로벌 차원의 지속적인 산림제거의 비율의 증가를 차단하는 효과를 발휘하지 못하고 있다. 국가와 지역 차원의 결과지불로 바람직한 대형 규모의 성과를 달성할 수 있다.

② 인센티브

결과지불제는 합의된 개발과 기후변화 결과를 달성하는 산림국가에 세 가지 중요한 인센티브를 제공한다. 첫째는 금전적 인센티브로, 노르웨이가 재정을 지원하는 선도적인 파이롯트 프로그램은 글로벌 산림제거 배출 감소라는 결과에 대한 대규모의 재정지원을 제공한다. 이 재정은 산림국들이 보전을 위한 토지의 농지개발의 기회비용에 대한 부분적인 보상금이다. 여러 개의 노르웨이 정부와의 파트너십은 결과지불이 행태 변화를 유도하는데 필요한 어려운 정치적, 제도적 방안들을 정당화하는데 충분할 만큼의 거대 규모가 될 필요가 있다. 그렇다고 결과지불금이 상실된 기회나 시행된 비용에 대한 완전한 보상이 될 필요는 없다.

둘째는 융통성과 재량권이다. 프로그램의 목표에 대한 국내의 실행(국가 소유권)이 프로그램 성공의 핵심이다. 그럼에도 전통적인 개발원조 접근법은 분석, 기획, 디자인, 전략 모든 과정에 심할 정도로 관여로 개입한다. 그래서 확고한 계획의 승인과 원조국 지정의 절차와 과정으로 환경적, 사회적 정책 기준으로 규정을 준수하게 한다. 산림국들이 스스로 프로그램 디자인을 하고 자체 설정한 기준과 제도를 활용하도록 하는 것이 목표에 대한 수원국의 오너십을 강화해 성과 달성의 가능성을 높여준다. 브라질은 2004~2013년 기간에 아마존의 산림제거 감소를 80% 시행하는데 2000년대 중반에 도입된 정책 변화로 가능했다. 노르웨이와의 협정으로 브라질 스스로가 계획해 시행한 변화 과정을 강화시킬 수 있었다.

셋째는 결과지불의 이용에 대한 재량권이다. 결과지불제는 산림국들이 지원금의 이용방법의 제약을 받지 않고 스스로의 개발 전략을 추진하는데 적합한 방법으로 결과지불제를 이용하는 재량권을 주는 인센티브제이다. 필요한 곳에 결과지불금을 사용하는 자유로 산림국의 프로그램 오너십을 강화한다.

③ 리스크 분담

원조국과 수원국은 프로그램 시작부터 두 가지 유형의 리스크에 직면한다. 하나는 결과지불금의 심한 변동성이며 다른 하나는 산림제거 감소와 같은 높은 수준의 결과 달성에 관련된 불확실성이다. 전통적인 프로젝트에서 원조국과 수원국은 산림제거 감소와 같은 높은 수준의 결과 달성에 기여하는 투입과 활동에 대한 상세한 계획을 개발해 계획된 시행 단계별로 지불계획을 설정한다. 그래서 전통적인 원조의 지불 변동성은 매우 높다. 원조국 내의 정책과 정치의 변동으로 수원국이 계획을 수립해 예산수립을 하기 어려운 상황이 발생할 수 있다. 또 원조국은 지불금에 대한 책무성 책임을 맡아 성과 달성에 실패한 프로젝트의 책무성에 대해서는 제한적인 관리 책임을 가진다. 예를 들면 기술훈련 프로그램이 지역기관의 프로그램 시행 활동을 증대시키는 활동을 하는지 아닌지 관계없이 쌍무적 증여는 지불된다.

결과지불제는 이상의 리스크 분배를 변화시키는 여러 방법을 추진한다. 지불의 변동성은 성과와 밀접히 관련된다. 성과가 예측하기 어렵지만 원조국이나 다자기관의 정책보다는 수원국의 정책에 많은 영향을 받기 때문이다. 결과지불제에서 지불은 성과 관련되어 있어 지불이 성과의 지표가 되기 때문에 고수원국은 자신들이 달성한 성공의 정도에 대해 스스로 책무적일 수 있다. 원조국은 성과에 대해서만 지불하므로 성과 달성이 되지 않으면 세금을 절약할 수 있고, 수원국은 성과 달성을 위한 가장 비용효과적인 방법을 활용하는 인센티브를 가진다.

그럼에도 수원국의 결과지불제를 주저하는 것은 자신들이 더 많은 리스크를 안게 된다는 것이다, 산림제거 감소를 달성하는데 드는 비용과 국가의 정책과 시행의 효과성이 불확실하기 때문이다. 수원국은 결과지불을 지원받지 않은 상태에서 산림제거 감소를 위해 비용 부담이 되는 정책과 조지들을 수행하는 리스크를 안는다. 지속적인 산림제거를 이끄는 예측불

가능한 요인들은 무수하다. 예를 들면 생필품 가격이 폭등해 토지를 농지나 목축지로 변경하는 압력이 증가할 수 있다. 목표 달성의 기준의 수준에 대한 세심한 협의를 통해 리스크 관리를 하는 것이 중요하다. 변화하는 환경을 반영하기 위한 과거 소급적인(ex post facto) 기준의 수준을 설정하는 것도 바람직하며 프로그램 시행을 지원하는 초기 단계의 선불제의 유용성을 보장하는 것도 리스크 완화에 도움이 된다.

④ 가시성과 투명성

결과지불 협정은 산림제거 감소의 성과에 집중하는 지역의 참피언들의 의욕을 강화시키는 역할을 한다. 지역의 오너십을 강화하고, 재무당국이 환경 당국이나 시민사회의 산림 참피언들과의 연계 강화를 촉진한다. 결과지불제는 비교적 적은 재정지원으로 구아나와 인도네시아의 정책 변화에 상당한 영향을 미쳤다. 성과가 달성되면 지불이 이뤄진다는 신뢰할만한 제안이 산림국의 행동 변화를 유도한 것이다. 협정에 대한 가시성과 투명성은 성과 달성에 필요한 어려운 시행조치들을 채택하는 정치적 실행에 신뢰성을 제시해준다. 노르웨이와의 협정들은 노르웨이와 수원국의 웹사이트에 공개되었다.

2. SDGs 임팩트 투자

1) SDGs를 위한 혁신적 금융

2016년부터 추진되는 지속가능한 개발 목표(Sustainable Development Goals: SDGs)를 달성하는데 드는 투자 요청 규모는 개발도상국에서만 연간 3~7조 달러에 달할 것으로, 연간 2조 5000억 달러의 갭이 발생할 것으로 추산된다.

(1) 혁신적 금융의 필요성

그런데 SDG 시행에 소요되는 재정자원의 상당한 몫이 민간 부문에서 충당될 것으로 계획되고 있다. 기업, 재단, 투자자 등이 대표적인 민간 재정 공급자들이다. 이들은 전통적인 자선과 자발적인 기업 사회적 책임 차원을 넘어 재정수익을 올리면서 개발 목표를 지원하는 포용적(inclusive), 지속가능한(sustainable) 비즈니스 모델을 지향한다. 이 모델의 특징은 혁신(innovation), 새로운 비즈니스 모델에 있다.

혁신적 모델은 정부의 규제적 프레임워크와 공공 인센티브의 제도적 지원이 필요하며 일반적으로는 소비자 수요의 변화도 유리한 환경을 조성해줄 수 있다.

첫째, 민간 투자자들은 규제적 환경이 취약하고 리스크가 높은 분야, 국가들의 지속가능한 개발에 투자하는 전략적 방안이 필요하다. 또한 위와는 대조적으로 SDG에 부정적인 분야에 대한 투자를 줄이는 전략도 필요하다. 환경적, 사회적 성과 기준과 평가를 입법하는 규제 전략이 추진될 필요가 있다. 또 말레시아, 인도, 인도네시아에서처럼 화석연료 사용에 대한 해악적인 보조금제 폐지도 필요한 조치이다.

둘째, 사회적 성과가 수익보다 높지만 비즈니스가 취약한 분야에 인센티브를 제공하기 위해 국내의 공공 파이낸스, ODA, 임팩트 투자, 새로운 금융 메카니즘들이 활용될 필요가 있다.

마지막으로, 시장의 수요와 공급 과정에 지속가능한 개발 원칙들이 내재화될 필요가 있다. 이를 위해 비즈니스 모델의 내재적 변화와 소비자 선호의 변화가 뒷받침되어야 한다. 모범 사례가 되는 모델레스 인터내셔날(Mondelez International)의 Cocoa Life initiative는 가나, 인도, 동남아시아, 카리비안 몬델레즈의 100만 코코아 농민들과 지역사회의 경제적, 사회적, 환경적 생활 환경의 개선을 위해 UNDP의 녹색 생필품 프로그램(Green Commodity Program)과 공조적인 비즈니스 활동을 한다.

이상과 유사하게 SDG 파이낸싱을 위해 '혁신적' 금융(innovative finance)이 추진되고 있다는 시각도 참고해볼 만하다. 혁신적 금융이란 "민간 부문의 자본을 이용해 세계의 핵심적인 사회적, 경제적, 환경적 문제들을 해결하기 위한 새로운 메카니즘이자 접근법"을 의미하며, "더 많은 기금의 동원에 초점을 맞추지만 이미 유용한 기금의 최상의 활용을 하는데 디자인되고 있다."(Knowledge@Wharton 2016: 3).

혁신적 금융이란 광범한 이니셔티브들의 스펙트럼을 형성하는데, 이런 메카니즘은 MDG 어젠다가 착수되면서 등장했다. 백신 선도시장 실행(Advanced Market Commitment for Pneumococcal Vaccines), 사회임팩트채권(social impact bonds), 예방접종국제금융설비(International Financing Facility for Immunization), 재해채권(catastrophe bonds) 등이 그것들이다. 또한 전통적으로 활용되었던 다양한 금융수단들도 메카니즘에 포함되는데, 채권, 융자, 보험상품, 보증, 금융증권화(securitizations) 등이 그것들이다. 또 그린채권, 마이크로파이낸스 등도 포함된다. 마지막 유형의 혁신적 금융은 시장 메카니즘이 아니라 시장 메카니즘이 개발 목표 달성에 필요한 민간 자본 유치를 실패한 경우를 대비한 대안들로 UNITAID와 UNITLIFE 등의 지불방식으로, 숲제거의 탄소배출감소(Reduction in Emissions from Deforestation and Forest Degradation : REDD), 보건을 위한 부채탕감(Debt2Health) 등 부채탕감 방안 등이 있다.

이상의 다양한 금융수단들은 새로운 수단으로 개발 목표 달성을 위한 새로운 기금을 조성한다는 의미에서 '혁신적'인 것이다. 일부 이니셔티브들의 경우 기금 조성의 규모가 광대하므로 혁신적이고, 다른 경우들에서는 기금의 효과적인 활용 측면에서 혁신적이며, 또 다른 사례들에서는 개발협력의 노력들의 효과성과 효율성 개선에 기여하므로 혁신적이다.

혁신적 금융의 혁신성은 개발협력의 세계를 변화시키고 있다는 점에서도 혁신적이다. 혁신적 금융의 도입으로 공공 개발기관들은 더욱 혁신을 수용하게 되고 혁신적 개발 메카니즘으로 공공과 민간 부문 사이의 이해 증진과 양측의 문화, 인센티브, 리스크 차이에 대한 수용도 확장되고 있다는 것이다(앞글: 4).

혁신적 금융 메카니즘에는 몇 가지 핵심적 원칙들이 정립되어 있다(앞글: 4). 하나는 미래지향적 지불(payments forward)로, 현재를 이용해서 지불이 미래에 이뤄질 것을 약속하는 것이다. IFFIm(International Finance Facility for Immunisations)의 경우, 장래의 자금제공자의 지불에 기초한 채권을 통해 백신의 재정지원을 하는 기금을 조성한다.

둘째는 가치 부여가 되지 않거나 가치가 저평가된 자산의 가치를 현금화하는 원칙이다. 사례로서 숲복원 임팩트채권(forest resilience impact bond)을 들 수 있다. 이 채권은 벌목을 줄이고 식수 유용성을 높이기 위한 숲복원의 기금을 조성하는 것이다. 또 다른 사례는 고고학개발채권(archaeological development bonds)으로 이 채권은 고고학 유적지의 복원과 개발에 필요한 재원을 조성하는 채권으로, 복원 이후 관광객 확대 등으로 기대되는 장래 수입으로 지불되는 방식이다.

셋째는 비용 절감의 가치를 현금화해서 예방적 수단으로 활용하는 것이다. 비용절감은 개발에 필요한 잠재적 자원에 해당되므로 또한 중요한 가치를 가진다. 예를 들면 재생에너지를 개발해서 에너지 비용을 크게 절감하는 방식이다. 사회임팩트채권이 이런 원칙에 기초해 이용되는 금융수단이다. 민간 투자자들이 노숙자 등의 사회문제 해결을 위한 프로그램에 투자하며 정부가 프로그램의 성과에 기초해서 비용을 후불하는 결과지불 방식이다. 몬테레이 합의로 혁신적 금융을 최우선으로 실행하며 다양한 이니셔티브들이 추진되고 있지만 실제로 혁신적 금융의 동원은 SDG 목표 달성에는 턱없이 부족한 실정이다.

(2) SDGs 파이낸싱 갭

SDG 파이낸싱 갭을 매울 수 있는 자본이 부족한 것은 아니다. 기관 투자자들은 글로벌 자본시장에 투자 가능하는 자본금 91조 달러를 갖고 있고, 소매 투자자도 자산 110조 달러를 갖고 있다(GSG 2018a: 5). 문제는 자본이 부족한 게 아니라 자본의 배분의 문제인 것이다. 이 정도 많은 투자가능한 자본을 SDGs 프로젝트에 얼마나 많이 이동할 수 있겠는가 하는 것이다. SDGs와 파리 협약이 체결된지 3년이 지났지만 여전히 그 이동은 더

디고 규모도 적다. 〈그림 5-7〉에서 볼 수 있듯이 사회책임투자(Socially Responsible Investing: SRI)는 두드러지게 성장하고 있는 반면에 SDGs 프로젝트에 동원된 민간 자본은 오히려 줄어드는 추세이다. 2012~2016년 기간에 SRI 투자가 13조 3000억 달러 → 22조 9000억 달러로 늘었지만 민간자본에 포함된 프로젝트는 6520개 → 271개로 줄면서 투자 규모도 $123조 → $74조로 크게 줄었다.

그림 5-7 글로벌 사회책임투자(SRI)과 SDG 관련 민간자본 동향 : 2012-16

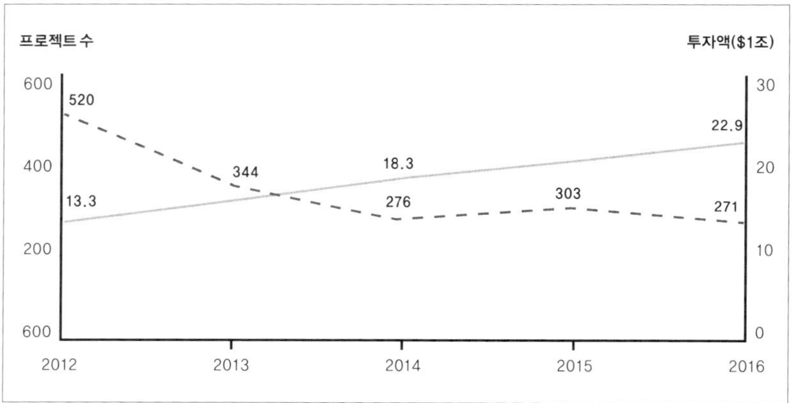

자료 GSG 2018a: 6.

위에서 '혁신적 금융' 사례로 소개한 녹색채권, 재해채권과 보험 등이 SDGs 파이낸싱의 혁신적 사례로 소개되고 있다. 이들의 공통점은 여러 부문과 지역들에 걸쳐 광범한 임팩트를 갖고, 첫째는 글로벌 이슈 해결에 측정가능한 목표들을 제시하며, 둘째 주류 시장의 수익추구적 자본을 유치하고 있으며 셋째, 스케일링과 복제의 가능성이 높다(앞글: 7).

(3) 임팩트 투자 SDG 영역

OECD(2015f)는 SDG 달성에 필요한 임팩트 투자 영역으로 17개 분야 중 6개로 투자의 집중이 필요하다는 제안을 제시한다.

임팩트 투자(SII) 가능성이 높은 SDG 6개 분야는 다음과 같다.

① 제2목표: 굶주림 종식, 식량안보 달성, 영양 개선, 지속가능한 농업 진흥

② 제3목표: 모든 사람의 건강한 삶 보장, 웰빙 증진.

- 예상되는 재정 규모: 510~800억 달러
- 글로벌 차원의 임산부 사망률 10만 명 중 70명 미만으로 감소
- 비전염병 원인의 출산전 사망률 1/3로 감소
- 보편적 건강보험 달성

③ 제4목표: 포용적, 균등한 양질의 교육 보장, 모든 사람의 평생교육 기회 증진

- 예상되는 재정 규모 : 380억 달러
- 무상의 균등한 양질의 초등과 중등교육
- 경제적으로 적합한 양질의 중등교육에 대한 남녀 모두 균등한 기회
- 초기 아동 발달, 보육, 유치원 교육에 대한 접근 기회

④ 제7목표: 모든 사람에게 경제적으로 적합한, 의지할만한, 지속가능한, 현대적 에너지

⑤ 제8목표: 지속된, 포용적인, 지속가능한 경제 성장, 완전한 생산적인 고용과 모든 사람에게 적합한 일자리 보장

- 고용, 교육, 훈련 상태가 아닌(NEET) 청년층의 비율 감소
- 일자리 창출과 지역 문화와 생산품을 진흥시키는 지속가능한 관광 증진

- 모든 사람이 은행, 보험, 금융 서비스에 접근하도록 확대

⑥ 제11목표: 포용적이고 안전한, 생동적, 지속가능한 도시와 인간 주거 조성.

2) SDGs에 대한 ODA와 민간 투자

한편 세계경제포럼(World Economic Forum)의 2014년 보고서는 SDG에 대한 파이낸싱 문제의 중요성을 크게 부각시킨다. SDG 파이낸싱은 중요한 이슈이지만 아직 명확한 전략방안이 제시되어 있지 않다며, 다음 몇 가지 정책들을 제안한다(WEF 2014: 22-24).

(1) 지속가능한 개발금융에 대한 높은 기대

- 글로벌 환경 지속가능성을 해결하면서 빈곤감소와 모든 형태의 불평등을 해결한다는 포스트 2015 지속가능한 개발의 의욕적인 목표들은 개발금융의 의욕과 혁신을 수반해야 한다.
- 2002년 몬트레이 합의(Monterrey Consensus)에 기초해 빈곤감소의 일차적인 책임은 개발도상국 자신들에게 있지만 국제적인 공공 및 민간 금융은 개도국의 개발과 글로벌 공공 재화의 공급에 기여할 것이다.
- 개발 금융은 다양한 유형들이 점차 통합될 것으로, 다양한 유형의 재원들은 서로 보완적인 역할을 할 것이다. 공공 금융은 추가적인 민간 부문의 금융을 레버리지 하는 역할을 한다. 그리고 모든 유형의

자원의 흐름은 거래, 수혜자, 임팩트와 관련한 공통적인 측정과 리포팅의 기준들을 준수하게 될 것이다. 결과에 대한 투명성과 책무성은 포스트 2015 개발금융의 핵심이 되어야 한다.

(2) ODA에 대해

- 2030년까지 절대빈곤 퇴치의 목표가 2030년까지 ODA의 종말이라고 혼동되어서는 안된다. ODA의 필요성은 하루 1.25달러 미만의 빈곤을 해결하는 수준으로 진전해, 공중보건이나 글로벌 공공재화의 공급에 필요하다. ODA로 더 높은 수준인 하루 2달러 미만의 생계로 생활하는 빈곤층을 지원할 필요가 있다.
- 공동의 원칙과 차별화된 원칙에 따라 고소득국들은 약속한 사항들을 실천해야 하고 중소득국들은 글로벌 빈곤감소와 글로벌 공공재화의 공급에 기여하도록 진흥되어야 한다.
- ODA는 최빈국 그리고 최빈국의 최빈곤층을 대상으로 가장 효과적으로 빈곤감소를 하는 프로그램에 우선 지원되어야 한다.
- 중소득국의 대부분의 욕구는 국내 자원동원과 국제시장 접근으로 재정이 지원될 필요가 있지만 많은 중소득국 중 취약국(fragile states)은 인도적 목적과 제도적 역량강화를 위한 기술협력을 위해 지속적인 원조를 필요로 한다.
- 원조로부터의 졸업은 매우 신중한 고려를 해야 한다. 신흥 중저소득국(LMICs) 중 많은 극빈층을 가진 국가들은 외부 파이낸스 접근에서 차단되는 일이 없도록 신중해해야 한다.
- ODA에 광범위한 평화유지 활동이 포함되도록 하는 재정의가 필요

하지만 원칙적으로는 권장될 필요는 없다. 마찬가지로 기후 예산이 원조 예산중 다른 요소들을 위축시켜서도 안된다.

- 개도국들이 자국의 자원을 잘 동원하도록 역량을 개선하는 일이 ODA의 중요한 요소가 되어야 한다. 세금 베이스 확장, 세금 수입 증대, 세금 비리 근절에 투자되는 것이 바람직하다. 국제적 공조를 강화해 개발국들의 세제정책이 개발도상국들의 국내 자원동원의 역량을 약화시키는 일이 없도록 해야 한다.
- 전통적 공여자와 신흥 공여자 사이에 핵심적인 원조 효과성 원칙에 관한 강력한 파트너십이 필요하다. 신흥 공여자로 신흥국의 원조기관뿐 아니라 대규모의 임팩트 투자자, 자선기관들이 포함된다.

(3) 민간 투자와 책임

- 민간 부문은 정부와 시민사회와의 공조 형식으로 포스트 2015 개발 파이낸스 제공에서 주요 역할을 할 것이다. 핵심 비즈니스, 공유된 가치, '피해 안주기' 공헌활동 등의 비금융적 민간 공헌활동도 매우 중요할 수 있다. 국가와 국제 기업들의 책임있는 비즈니스 실천을 진흥하는 일이 중요하다. 의무적 리포팅이 높은 수준의 스탠다드와 책무성 제고를 위한 하나의 방안이다.
- 정부는 기업의 창업과 성장을 위해 그리고 일자리를 창출하는 투자를 진흥시키기 위해 정책과 규제 환경을 개선할 필요가 있다.
- 포스트 2015 지속가능한 개발을 달성하는데 필요한 민간 금융의 규모와 특성에 관한 인센티브 제공을 위해 공공 정책방안들을 크게 개선할 필요가 있다. 대형 투자 영역은 인프라, 에너지, 농업, 식수 등

으로 모두가 리스크 보증(risk guarantee), 호혜적인 장기 융자(advantageous long-term borrowing) 수단, 기타 구조 등의 일종의 혼합 방식을 필요로 한다.

- 혁신적 도구들은 유용한 공공 부문의 자원을 레버리지, 확장하는데 필요하다. 대형 투자자들의 중요성과 지속가능성 초점으로 혁신의 기회들이 확장될 수 있다.
- 글로벌 기후 금융 문제들은 전통적인 ODA 영역을 넘어서는 심각한 문제라는 인식이다. 저탄소 글로벌 경제의 달성을 위한 구조조정에 덧붙여, 중소득국과 저소득국의 기후변화 완화와 적응 문제를 해결하는데 공공 및 민간의 자원들이 더 필요하다.
- 많은 지속가능한 개발을 위한 민간과 공공 인프라 투자는 세계의 기후변화 완화와 적응의 장래를 결정하는 투자들과 다르지 않은 같은 투자라는 점이다. 빈곤퇴치, 지속가능한 개발과 기후변화 완화와 적응 파이낸싱 실행들은 밀접히 관련되어 있다. 다차원적인 혜택을 갖다주는 파이낸싱을 진흥시키는 일이 이같은 복합적인 문제들을 해결하는데 핵심이 된다.

3) ODA, 민간투자, NGO 증여

원조가 주는 혜택은 다양하다. 부유한 사람, 지역, 국가에서 가난한 사람, 지역, 국가로 재분배를 하고 박탈에 맞서 싸우게 하며, 질병통제와 환경보호 등 지구적 공공재화에 투자하게 한다. 개발도상국 중 저소득국은 원조 의존도가 높다. 정부수입 중 ODA가 차지하는 비중이 100%를 넘는 국가도 4개국이 있다.

그러나 원조 자체가 개발을 가져다주는 것은 아니다. 잘 구성된 원조 프로그램들은 국가와 지역공동체의 개발을 보충하고 지원하며 효과적인 국가와 능동적 시민들을 강화하지만, 잘못 구성된 원조는 국가와 시민들과 대립하거나 심지어는 양쪽 모두를 약화한다. 원조 지지자들 사이에서도 원조의 성격에 대한 의견이 분분하다. 한편에서는 그것을 소득분배의 극심한 불평등을 바로잡기 위한 합리적이고 관대한 재원으로 보며, 다른 한편에서는 식민주의와 제국주의, 불공정한 '무역과 금융 체제' 등을 통해 나타난 문제들에 부국들이 최소한의 배상을 하는 '정의'의 차원으로 보기도 한다(Green 2008: 354).

그림 5-8 저소득국, 중저소득국의 해외 원조 의존도 : 2015년

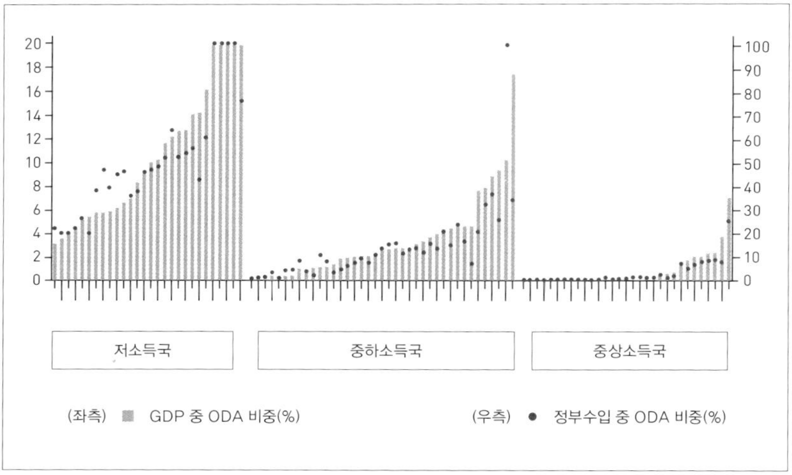

참고 GDP 20% 이상을 차지하는 국가는 아프가니스탄 24%, 중앙아프리카공화국 35%, 리베리아 37%, 말라위 22%. ODA가 정부 재정에 차지하는 비중이 100%를 초과하는 국가는 아프가니스탄 105%, 중앙아프리카 공화국 260%, 리베리아 126%, 시에라리온 143%.

자료 World Bank 2016.

그림 5-9 DAC 회원국의 ODA 구성: 2000-2017 ($10억)

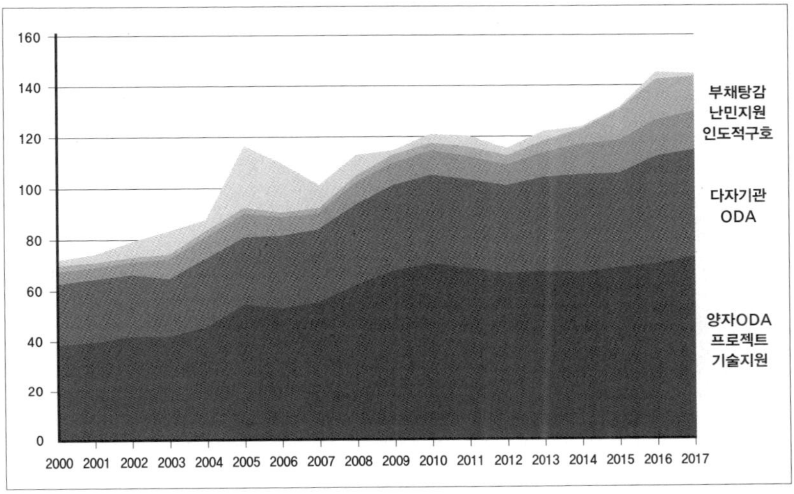

자료 OECD 2018a.

그런데 원조가 가장 필요한 최빈국에 대한 ODA는 크게 개선되지 않고 있다. DAC 회원국들이 합의한 ODA/국민소득(GNI) 0.7%를 이행하지 않고 있어 획기적인 변화를 기대하기 어렵다. 0.7% 약속을 이행한 국가는 2017년 현재 덴마크, 노르웨이, 룩셈부르크, 스웨덴, 영국뿐이다(OECD 2018a). DAC 29개국 전체의 ODA 규모도 GNI의 0.32%(2016년) → 0.31%(2017년)로 오히려 줄고 있다.

ODA 규모는 점차 증가해 2017년 1400억 달러를 넘었다. ODA는 다양하게 구성되는데, 가장 많은 비중을 차지하는 것은 '국가 대 국가'의 양자 프로젝트, 프로그램 및 기술지원이며, 다음으로 다자기관을 통한 ODA다(〈그림 5-9〉의 하단). 그리고 인도적구호와 난민지원은 세계적으로 재난이 늘어난 것에 비례한 ODA 지원으로, 난민지원은 아프리카에서 유럽으로 난

표 5-5 DAC 회원국의 ODA, 민간투자, NGO 증여: 2000-16년

	2000~1	2005~6	2012	2016
ODA	44%	34%	27%	46%
민간투자	49%	61%	62%	41%
NGO 증여	6%	5%	7%	13%
기타	1%	0%	4%	0%

자료 OECD 2018a.

민이 크게 늘면서 2017년에 전체 ODA의 9.7%로 증가했다.[28] 부채탕감은 2005~6년 사이에 가장 많았고, 이후 점차 줄어든 추세다.

개발도상국에 대한 재정의 흐름은 정부지원의 ODA를 비롯해 민간투자와 NGO의 증여로 구성된다. 이 세 유형의 비중은 2012년 전후로 ODA가 민간투자에 비해 위축된 후 2016년 최근 다시 민간투자보다 더 높은 비중을 차지하고 있다. 실제로 2012~2016년 기간 ODA는 약간 늘어 1450억 달러 규모이며, 민간투자는 두 배 이상 줄면서 1287억 달러에 그쳤다. NGO 증여는 지난 10년(2006~2016) 기간 두 배로 늘어난 403억 달러로 상대적 비중이 늘었다. 정부와 기업의 역할이 다소 위축된 반면에 NGO 역할이 상대적으로 확대되는 추세다.

---

28 DAC은 난민비용을 1988년 이후 ODA로 계산하는데, 2017년 난민비용이 ODA에서 차지하는 비중은 아이슬란드 36%, 이탈리아 31%, 독일 24.6%, 그리스 22%, 네덜란드 17%, 스웨덴 15%, 스위스 9%, 프랑스 5%, 미국 4.7%, 영국 2.7% 등이다.

4) '공식 원조금'의 임팩트 투자 현황

'공식 원조기관'(offical providers)의 증여, 융자, 지분, 보증의 현황을 차례로 살펴보면 아래와 같다(OECD 2018b).

(1) 증여

증여(grants)는 가장 일반적인 '공식' 금융수단이다. 증여는 모든 양자, 다자기관의 양허적 금융 중 각기 78%, 48%를 차지한다. 민간부문의 금융지원도 대부분이 증여이다. 민간 부문은 자선재단을 비롯해 기업, 가계, 비영리단체들로 이뤄지는데, 재단의 금융지원 대부분은 증여이다. 가장 규모가 큰 게이츠 재단(Bill & Melinda Gates Foundation)의 99%는 증여이다.

(2) 융자

융자 또한 일반적인 금융지원 방식이다. 공공 및 민간 제공자 모두가 많이 활용한다. 융자는 상환되는 것으로 채무자가 재정 디스플린을 지키도록 만드는 긍정적 인센티브가 된다. 그런데 상화 의무가 있기 때문에 융자는 이자 부담으로 지속가능한 부채 수준에 달하면 통화와 저축 위기를 일으킬 수도 있다. 융자는 일부가 양허적이지만 대부분이 비양허적으로 DAC 회원국의 비양허 원조의 96%를 차지한다. DAC 회원국의 쌍무적 원조기관의 21%가 융자이며, 78% 대부분은 증여이다. 그런데 DAC 비회원국의 양허적 원조의 대부분도 증여이고 융자는 19%를 차지한다. 그런데 비양허적 원조는 일부 지분투자를 제외하면 전체가 융자라는 것을 알 수 있다.

증여인가, 융자인가는 이자보상(debt distress) 기준으로 결정되는 것이 일반적이다. 세계은행과 IMF는 부채지속가능성 프레임워크(DSF: Debt Sustainability Framework)를 적용해 증여 또는 융자를 결정하는데, 다른 기관들과 국가들도 이를 적용하는 경우가 일반적이다. 이자보상 비율 리스크가 높으면 증여를, 낮으면 융자를 제공하고, 중간 수준의 리스크는 증여와 융자를 각각 절반 가량 제공한다.

(3) 지분 투자

지분은 민간 부문의 전통에 해당되며, 공공 부문에서는 거의 찾아볼 수 없는 금융지원 방식이다. 투자를 받는 개도국이나 기관들의 입장에서는 융자보다 더 안정적인 금융지원이 된다. 지원기관이 투자 리스크를 부담해 주기 때문이다. 반면에 지원기관에게는 융자보다는 투자 리스크가 높은 금융지원 방식이다. 따라서 지분투자는 공공 부문보다 민간부문에서 일반적인 것으로, 해외직접투자(FDI)의 80% 이상이 지분투자이다. 지분투자는 특히 포트폴리오 투자의 절반 이상을 차지한다.

(4) 보증

보증은 정치적, 상업적 리스크에 대한 보호 수단이 된다. 보증은 그 비중이 적지만 공식 원조기관들이 점차 활용하면서 늘어나는 추세이다(앞글: 157). 보증은 특히 블렌딩의 주요 수단이 되면서 융자와 지분 투자 등을 유도하는 촉매제 역할을 한다. 2012~2015년 기간 OECD-DAC 서베이 결과, 35개국 원조기관 중 20개가 민간자본 레비리지를 위해 보증을 이용한 것으로 조사되었다.

3. SDGs 블렌딩 전략

1) 공여기관과 개발금융사 역할

다양한 분야의 정책 당국과 전문가들은 SDG 17개 목표 달성에 필요한 금융지원 방식을 논의하기 시작해, 개발 금융의 사고방식에서의 새로운 패러다임 전환의 시작을 알리고 있다. 개발 금융의 장벽을 제거하는 방법, 리스크 완화 방법, 그리고 새로운 개발 어젠다 달성에 필요한 수조 달러의 자원을 확장하는 방법 등이다(Gavin and Wilson 2016: 68).

ODA 기관들이 민간 부문과 파트너가 되어 상업적으로 생존가능한, 지속가능한 스케일 확장이 가능한 혁신적 방안들을 파악하는데 핵심적인 역할을 할 수 있다. 공공 자금을 전략적으로 활용해 리스크 완화 금융수단들을 제공할 수 있다. 그래서 높은 실제적 또는 인지적 리스크 때문에 실행되지 않게 되는 민간의 투자 금융에 인센티브를 제공해 강력한 사회적 혜택과 개발 혜택이 창출되도록 할 수 있다. 완전한 상업적 프로젝트와 보조금/증여 의존의 프로젝트 사이의 교차점에서 운영되는 '블렌딩'이 필요하다. 블렌딩 모델은 민간 부문이 리스크와 수익의 균형을 갖추게 해주는 새로운 혁신 수단이다. 그래서 대상집단이 시장에 연계되고 궁극적으로 금융적으로 지속가능한 해결방안을 탐구할 수 있다.

〈그림 5-10〉에서 오른편의 공공 공여기관은 개발에 우선적 목표를, 왼편의 상업 자본은 수익에 우선적 목표를 가진다. 중앙의 개발금융기관(DFI)은 공여기관의 개발(development)과 상업 자본의 수익(returns) 사이의 균형을 갖추도록 프로젝트의 리스크(risk) 관리를 일차적인 목표로 한다. "블렌딩은 다른 금융 파트너들이 감당하려 하지 않거나 감당할 수 있는 수단을 갖고 있지 않은 리스크를 해결한다."(OECD 2018c: 105). DFI는 프로젝트에서 우선 수익성을 추구하는 민간부문이 프로젝트 리스크 부담을 줄여주는 역할로 투자를 유도한다.

2) 블렌딩 전략과 도구

블렌딩의 수단으로는 시장가의 공동 파이낸싱(market-priced co-financing)을 비롯한, 집단 투자조직을 위한 종자 자본, 부분적 리스크 보증, 건전한 프로젝트 구조화를 위한 자문 서비스와 지원이다(Gavin and Wilson 2016: 70). 이를 위해 보조금 지원은 필수적이다. 블렌딩 솔루션은 부분적인 시장실패가 높은 리스크 환경 또는 새로운 테크놀러지를 이용한 환경에서의 모험적인 투자를 포함한 경제적 효율성을 저해하는 부분적인 시장실패 시기에 가장 잘 이용될 수 있다. 또 취약층을 위한 기본 서비스의 적정가격의 이용을 증흥하는 형평성 또는 배분적 목표가 요구되는 상황에서도 잘 활용될 수 있다.

SDG 결과를 생산하는 파이낸싱 수단 중 개발국과 개도국의 연금 기금은 이미 1조 4000억 규모를 개도국 시장에 투자되어 있다(앞글: 70). 투자잠재력은 인프라(전기, 재생에너지, 수송 등) 분야, IT, 식수와 위생 등으로, 여기

그림 5-10 블렌딩(Blending) : 개발, 수익, 리스크 조정(개발금융사 역할)

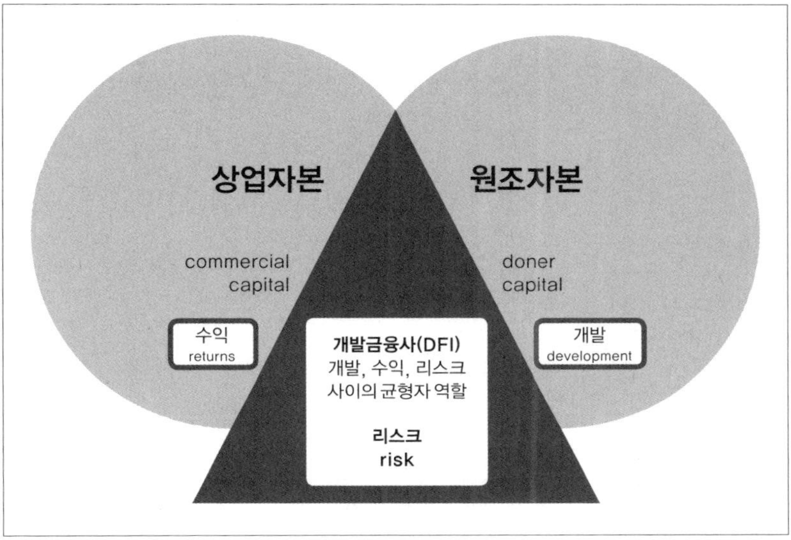

자료 OECD 2018c, p.105

에 공공 자금의 부족분이 연간 1조 6000억 규모에 달한다. 이 시장은 특히 평균 이상의 수익을 제공하며 상대적으로 개발국의 문제들로 인한 리스크가 적은 편이다. 신흥 개도국의 높은 GDP 성장은 투자자들에게는 상당한 투자 기회가 된다.

또 신흥 개도국 시장에서는 부의 축적과 청년층과 노동인구의 증가로 중산층의 증대가 이뤄지고 있다. 2008년 금융위기 이후 민간 자본금 1조 1000억 달러가 매년 개도국으로 투자되어 2030년이면 그 규모가 세배 증가할 것으로 예측된다. 또 지난 15년간 신흥 개도국의 장기 투자가 개발국 장기 투자를 능가할 정도로 확대되었다. 민간지분 투자도 신흥 개도국에서 크게 늘어, 2014년 글로벌 전체 민간 지분 투자의 11%를 차지한다. 또 전체 민간 지분 투자중 절반 이상이 성장하는 중산층을 겨냥해 투자되어, 소비자 서비스, 소비 제품, 테크롤러지, 보건, 금융 서비스에 집중되고 있다. 자선 재단들도 개발을 위한 추가 파이낸싱에서 중요한 역할을 한다. 개발을 위한 자선적 기부는 2003년 30억 달러에서 2012년 300억 달러로 10배가 늘었다.

투자자에게는 많은 투자 장애를 제거하는 장점이 있는 것으로 환영한다(앞글: 74).

a) 비용 감소를 비롯해,

b) 유동성을 추가하고 출구 기회를 제공,

c) 새로운 제품, 프로젝트, 시장의 상업적 생명력 개선,

d) 크레딧 질과 제도적 등급 투자의 창출,

e) 지역의 시장 지식 공유,

f) 지역 네트워크와 파트너 접근 제공,

g) 규제 환경, 투자 기후와 비즈니스 시행 용이성 개선,

표 5-6 수단에서의 혁신적 민간 파이낸싱

수단은 아프리카 최대 규모의 약 200만 헥타르의 관개 지역을 갖고 있고 농업 분야가 국가 노동력의 80%를 고용하고 GDP의 30%를 차지하며 관개와 농업의 국가이다. 그럼에도 관개 집중도는 지난 30여년간 낮은 수준에 머물러 잠재력에 비해 낮은 작황 성과를 보여준다. 제도, 정책, 입법 요인들이 복합적으로 작용한 좋지 않은 성과이다.

먼저 자유화/민영화 정책이 준비없이 황급히 시행되어 결국 나쁜 실적으로 나타났다. 불균형한 수력발전으로의 이동은 기존의 관개 인프라의 운영과 유지에 필요한 펀딩의 부족을 결과하게 되었다. 이 문제들은 또 정부의 조정 역량, 전략적 기획, 식수와 토지 입법과 거버넌스 역량 부족으로 더 심화되었다. 수단에서 역사적으로 관개의 운영과 유지를 위한 파이낸싱은 농민의 관개 이용료과 정부 보조금의 복합으로 이뤄졌다.

1980년대와 1990년대 중반까지 관개 이용료 징수는 줄면서, 1995년에 도입된 자유화/민영화로 인한 펀딩의 감소와 결합된 부정적 영향은 댐 물저장과 관개 인프라 악화를 낳았다. 이용료와 보조금이 관개 인프라의 운영과 유지 비용을 커버하지 못하게 되자 작황 실적이 크게 떨어졌다.

2005년 정부는 자신들의 관리에서 기업의 민간위임 분권화 접근법으로 변화시켜, 소형 펌프 관개 시설의 복구에 민간의 투자를 개방시켰다. 2006년 기업 사업기관(Al-Shamil)이 정부의 21%, 민간 기금의 79% 투자로 개시되어 농민에게 관개 농수 제공, 농수 이용료 징수와 관개 인프라 운영의 책임을 맡아 11개의 프로젝트를 시행하였다. Al-Shamil 프로젝트는 농민들이 수용가능한, 적정가의 용수를 제공하며 정부의 민영화 정책과도 조율적인 것이다.

사업의 활동을 모니터링하는 생산 위원회를 통해 프로젝트에 책무성(accountability)을 구축한 장점도 있다. 농수 이용료를 지불하는 농민들도 지불의지를 보여, 농민의 이주가 줄고 안정적인 농민 공동체 개발에 기여하게 되었다. 이용료 징수율이 2006년 50%에서 2011/12년 70%로 향상되어, 이용료가 적정가라는 것을 입증해보였으며, 오래된 인프라의 운영과 유지 비용 문제도 해결되며 지속가능성을 보였다.

자료 Gavin and Wilson 2016: 74.

표 5-7 지속가능한 개발 투자 파트너십

네팔의 수력발전 프로젝트나 말리의 태양열 발전소는 비즈니스, 주민, 지구를 위해 바람직한 프로젝트가 되어야 한다. 그럼에도 시장은 수요에 공급을 매칭하는데 종종 실패한다. 제3차 국제개발 파이낸싱 컨퍼런스에서 세계경제포럼과 OECD는 지속가능한 개발투자 파트너십(SDIP)을 출범시켜, 개발국과 개도국의 상업 투자자, 정부, 개발기관의 공조를 진흥시켜, 특히 민간 투자를 동원하는 목표를 추진한다. 또 기존의 개발 수단의 공유, 새로운 수단과 금융모델의 개발도 목표에 포함되어 있다.

SDIP는 개도국의 지속가능한 인프라를 지원하는 복합금융의 확장으로 향후 5년간 민간 파이낸싱 1000억 달러를 동원하는 목표를 설정하였다. SDIP는 일관된 조정 접근법으로 스케일, 스피드, 거래비용, 리스크 조정을 지원한다. 궁극적인 목표는 식수와 위생, 운송, 청정 에너지. 농업, 보건과 기후적응 분야에서 상업적으로 실행가능한 프로젝를 통한 포용적 성장과 빈곤 감소를 지원하는데 있다.

자료 Gavin and Wilson 2016: 80.

3) SDGs 지원의 블렌딩(Blending) 현황

(1) DAC 주요국 블렌딩(Blending) 현황

개발도상국에 대한 SDGs 이행에 필요한 연간 투자비 부족분(gap)은 2조 5000억 달러에 달한 것으로 추산된다. DAC 회원국 23개국 중 17개국이 블렌딩(복합금융)을 시행하며 10개국은 수년간의 운영 경험과 광범한 금융수단을 활용하는 프로그램을 잘 정비한 것으로 조사되었다. 2000~2016년 기간에 전체 167개의 블렌딩 퍼실리티가 착수되어 실제 투자액 전체가 310억 달러에 달한 것으로 나타난다(OECD 2018c: 20).

OECD의 2017년 DAC 23개국 서베이 결과, 블렌딩은 SDGs 중 8개에 집중되어 있다. SDG 1(빈곤퇴치), 6(식수위생), 7(청정에너지), 8(일자리와 결제성장), 9(산업과 인프라), 11(도시와 공동체), 13(기후변화행동), 17(파트너십) 등이다.

(2) SDGs 지원의 블렌딩 사례: GEEREF

2006년 유럽이사회(European Commission)가 지원하고 유럽투자은행(EIB)이 운영하는 글로벌 에너지효율과 재생 에너지 기금(GEEREF)은 2억 2200만 유럽 자산 규모로 운영되었다(OECD 2018c: 105). 개발도상국의 청정, 재생 에너지 테크놀러지의 활용을 위해 특수 민간 지분기금에 투자한다. 이 기금들은 다시 태양열, 바이오매스, 풍력 등의 재생에너지와 에너지 효율성 분야의 광범위한 중소형 프로젝트들의 복합 기금(지분과 메자닌 도구를 통해) 투자한다.

GEEREF는 복합 구조를 갖고 있다. 정부들로부터의 공공 씨드 펀딩

그림 5-11 DAC 23개국의 SDGs 지원의 블렌딩(Blending) 현황

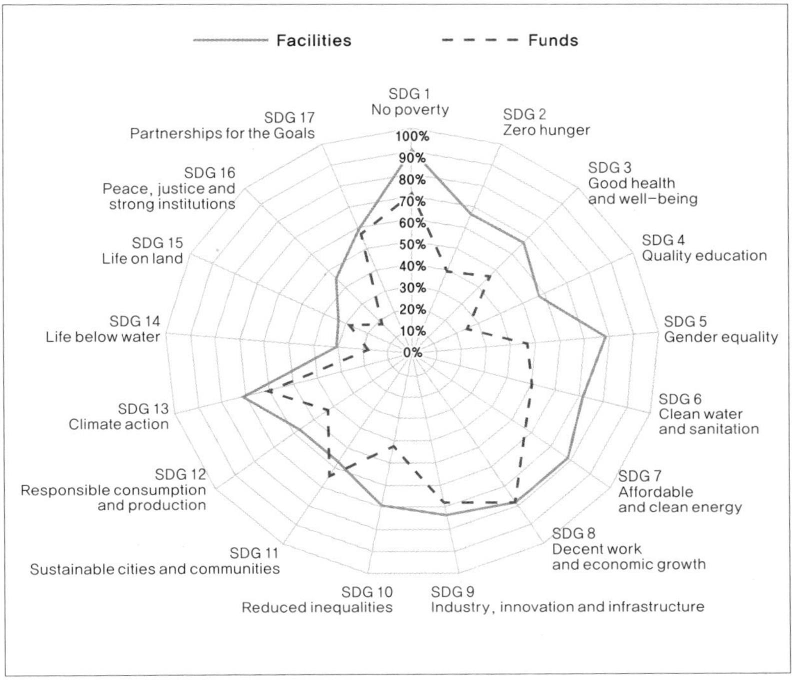

자료 OECD 2018c. "Making Blended Finance Work for Sustainable Development." p.27.'

(1억1,200만 유로)가 초기 투자되어 추가적인 민간 1억 1100만 유로 투자 유치를 하였다. 이같은 펀드들의 펀드 접근법은 공공 펀딩에 대한 추가적인 레버리지를 창출해 GEEREEF가 투자하는 민간 지분기금들에 상업 투자기관들이 투자에 동참한다. EIB는 상업 투자기관들의 동참으로 조성되는 새로운 GEEREF, GEEREF Next 개설을 준비한다.

4) 임팩트 투자 기관의 SDGs 투자

임팩트 투자 기관들이 SDGs 달성에 어떻게, 얼마나 기여하는지를 알아보기 위해 글로벌 임팩트 투자기관을 대표하는 다음의 7개 기관들의 임팩트 투자를 참고해볼 수 있다(GIIN 2016: 2-13). SDGs가 제시하는 개발의 임팩트와 임팩트 측정의 방법 등이 임팩트 투자자에게 투자결정에 주요한 배경이 되고 있다. SDGs 달성을 위해서는 임팩트 투자자들의 관심과 지원을 임팩트 투자로 유치해, SGD 17개의 목표 달성에 보다 전략적인 접근을 추진할 필요가 있다.

(1) Encourage Capital

Encourage Capital은 자산관리사로 주요 사회적, 환경적 문제들의 해결에 전략적 투자를 전문으로 한다. 금융적 포용, 기후변화, 지속가능한 인프라, 지속가능한 해양식품, 식수보존 등에 투자 전략의 개발과 관리를 한다. 빈곤층과 취약층의 소득증대, 자산보유, 소크보호, 생계유지를 위해 개발도상국의 금융시스템 개발에 기여하는 화시들에 투자하는 전략으로 민간 지분 전략을 추진하고 있다. 금융적 포용(financial inclusion)은 개인, 비즈니스, 국가들 모두가 완전한 경제적 잠재력을 갖추게 되어 SDGs 달성에 기여한다는 의지를 갖고 있다.

그렇다면 Encourage Capital은 SDG 연계적인 전략을 어떻게 실행하고 있는가? Encourage Capital은 금융적 포용의 전략에서 건전한 비즈니스 메트릭스와 임팩트 메트릭스 사이에 강력한 연계성이 있다는 전제에서,

투자의 임팩트 평가를 세가지 차원으로 구분해 진행한다. 직접 임팩트는 투자처가 사람과 생태계에 미치는 임팩트이며, 시스템 임팩트는 투자처 비즈니스 모델이 광범한 투자국가의 금융적 포용의 지형에 미치는 임팩트, 그리고 Encourage 자본의 임팩트는 Encourage의 포트폴리오 관여와 섹터 전문성의 결과로서 투자처의 효과적 운영의 역량에 미치는 임팩트다.

대표적인 사례는 인도의 도시빈곤 여성 270만 명에게 소액대출을 하는 마이크로파이낸스사 Ujjivan에 임팩트 투자금을 제공한 것이다. 소액대출을 받은 빈곤여성들은 금융서비스 접근 개선뿐 아니라 소득증대와 저축증대의 성과를 내고 있다. Ujjivan은 인도의 마이크로파이낸스 크레딧 사무실을 개발해, 소비자와 자영업자들의 파이낸싱의 접근과 투명성을 높이고 있다. 그 결과 SDG 1(빈곤 퇴치), SDG 5(젠더 평등), SDG 16(평화, 정의, 강력한 제도)에 기여하고 있다.

(2) PGGM

PGGM은 임팩트 투자를 통한 리스크 조정의 시장가의 수익을 추진한다. 기후변화 완화, 식수, 식량, 보건 분야를 선택집중하는 기준은 다음 세 가지로 제시한다. 첫째는 신탁의무로, PGGM의 신탁의무에 기여하는 분야이다. 둘째는 역량으로, PGGM이 임팩트 투자에서 전문과 경험으로 상대적인 어드밴티지를 갖고 있는 분야이다. 셋째는 아이덴티티로, PGGM이 임팩트 투자로 알려질 수 있는 분야이다. 이같은 세가지 기준에서 선택된 분야에 대해 현행 및 잠재적 임팩트 투자자들에게 장기적으로 상업적 수익과 함께 사회와 환경에 대한 긍정적 임팩트를 창출할 것이라는 제안을 한다. 이를 위해 PGGM은 각 분야마다 3~4개의 임팩트 메트릭스 관련 자료들과 보고서를 분석해, 자체 임팩트 투자 포트폴리오를 만들어 6대 글로벌 목표들과 4대 SDGs 달성의 임팩트 주제들을 제시하였다.

PGGM의 임팩트 목표들 각각이 SDG 한 개 이상과 매핑이 되는데, 더 나아가 각각의 목표를 실행할 수 있는 구체적인 전략과 투자 유형들을 파악할 수 있었다. PGGM은 타깃으로 설정한 6개 SDGs 달성 진전도를 추적하는 핵심 임팩트 메트릭스를 파악해두고 있다. 이를 통해 임팩트 자료 수집뿐 아니라 투자자들과 다른 해심 이해관계자들에게 대한 보고서를 작성한다.

대표적인 사례는 SDG 6(깨끗한 식수와 위생)에 직접적인 매핑이 되는 식수부족 문제해결의 임팩트 투자이다. PGGM은 목표 달성을 위한 3대 요소, 양, 질, 접근을 개선하는데 초점을 맞춘다. 이를 위해 하수정화, 물절약 테크놀러지, 장비나 담수화 공장 등에 투자가 이뤄지고 있다.

(3) RobecoSAM

RobecoSAM은 식수, 에너지, 보건, 식량안보, 자연자원과 식량자원의 보존 등 기본 서비스에 대한 접근 개선을 시행하는 기업들에 임팩트 투자 포트폴리오를 투자한다. 투자처는 주로 제품과 서비스 공급으로 직접적인 임팩트를 창출하는 임팩트 기업들이다. RobecoSAM은 SDGs의 임팩트 접근법을 검토해본 결과 자신들의 사회적, 환경적 목표들과 관련된 임팩트 메트릭스들이 대부분의 SDGs와 관련된 것으로 파악한다.

RobecoSAM은 투자 포트폴리오를 통해 100개의 비금융적 임팩트 메트릭스 관련 자료를 수집하고 있다. 각 투자마다 20개의 관련 메트릭스 자료수집과 모니터링을 시행한다. 특히 RobecoSAM은 100개의 임팩트 지표 각각을 SDG 16개 목표 각각에 한 개 이상을 매핑하는 분석틀을 제시한다. 분석 결과, 평균적으로 이미 수집되어 보고된 5개의 지표 이상이 SDG 각각의 목표에 기여한 결과의 지표로 확인되고 있다. 이같은 매핑 과정을 통해 RobecoSAM은 임팩트 측정 방안을 검토해 적합하며 달성가능한 임팩트 목표들을 효율적으로 추구하는지를 점검하고 있다.

대표적인 사례로 RobecoSAM은 특정 분야의 투자 포트폴리오 기업의 성과를 경쟁 기업들의 성과에 비교하는 방법을 추진한다. 산업 분야의 노동력의 젠더 평등에 미치는 영향을 평가하는데 RobecoSAM은 해당 산업 분야의 포트폴리오 기업들 각각의 젠더 다양성을 측정하고 추적해서 글로벌 경쟁사들과 비교하고 있다.

(4) Triodos Investment Management

Triodos Investment Management(Triodos IM)는 네덜란드의 펀드운영사로 포용적 금융, 에너지, 기후변화, 지속가능한 식품과 농업과 부동산, 예술과 문화 분야에 22억 달러의 직접 임팩트 투자를 하고 있다. Triodos IM은 자체 개발한 변화의 이론에서 개별 임팩트 메트릭스로 임팩트 측정 과정을 검토하는 단계에 있다. 특히 SDGs를 투자자를 위한 커뮤니케이션 자료에 새로운 프레임워크로 활용하며 이를 장래의 펀드 리포팅에 통합할 계획이다. Triodos IM은 현행 임팩트 측정의 기준들이 SDGs에 적용되어 글로벌 목표를 지향하는 집단적 진전을 제시해주는 것이 중요하다고 판단한다.

Triodos IM은 SDGs와 임팩트 투자를 함께 진흥하는 몇몇 다자 이니셔티브들에 동참하고 있다. UNEP의 파이낸싱 이니셔비브 실행위원회와 SDGs의 파트너십 위원회에 참여하며 글로벌 임팩트, 투자 네트워크(GIIN) 위원회 위원 역할도 한다.

대표적인 사례로는 새로운 유기농 농업과 무역기금을 지원하는 투자 전략이다. 이 전략은 글로벌 지속가능한 시량과 농업에 기여하는 개발도상국 기업들과 이니셔비티에 투자하는 것이다. 이를 통해 SDG 2(기아 퇴치), SDG 8(적정의 일자리와 경제성장), SDG 13(기후변화 행동), SDG 15(토지의 생명) 등이 직접적으로 기여하며, 이에 따라 SDGs 1, 3, 12 달성에도 기여한다. 이같은 SDG 타깃을 투자 선정, 마켓팅, 메트릭스, 리포팅에 정보를 제공하는 주요수단으로 활용한다.

(5) LGT Impact Ventures

LGT 임팩트 벤처스(LGT IV)는 스위스의 민간 지분 임팩트 투자사로, 시장가의 수익을 지향하며 측정가능한, 긍정적인 사회적, 환경제 임팩트를 투자 목표로 제시한다. LGT IV 는 교육, 보건, 농업, 에너지, ICT 분야의 제품과 서비스에 대한 접근을 개선하는 스케일 확장이 가능한 비즈니스에 투자한다. 2016년까지 세계의 54개 기업들에 8000만 달러를 투자해, 380명의 취약층 지원을 하고 있다.

LGT IV는 자사의 미션이 되는 취약층의 삶의 질 개선을 SDGs에 연계시키는 투자를 진행한다. 자신들의 투자로 달성된 임팩트를 SDGs 프레임에 매핑하고 있다. SDGs 프레임워크가 임팩트 측정에서 단점이 있다는 것을 파악해, 자신들의 투자처별로 임팩트 목표, 타깃, 메트릭스를 적용하는 방안을 추진한다. LGT IV는 자체 개발한 임팩트 측정과 관리 도구들을 활용하는데, 이것들은 GIIN의 IRIS metrics 등에 기반을 두고 있다. LGT IV는 가능한 한 많은 사람들에 혜택을 볼 수 있도록 스케일과 접근의 잠재력을 가진 지속적인 해결방안을 제시하는 기업들에 투자한다. 이를 의해 LGT IV는 자신들이 투자한 국가들이 설정한 정책 우선순위를 투자에 고려한다.

대표적인 사례는 민간 교육기관으로 공공 초등학교를 운영하는 브릿지 국제 아카데미(Bridge International Academies) 투자이다. 브릿지는 사하라이남의 아프리카와 인도에서 자렴한 등록금으로 운영되는 혁신적 교육기관 모델로 부각되어 있다. 브릿지의 교육은 SDG 4(양질의 교육)에 직접적으로 기여한다. 브릿지는 LGT IV와 다른 투자를 받아 새로운 학교를 지속적으로 개교하며 스케일 확장으로 많은 학생들에게 교육 혜택을 제공한다. 아동 일인당 5달러의 교육비로 초등교육 접근을 개선한 혁신적 사례이다. 또 브릿지는 교육의 질적 개선을 위해 교사의 자격이나 학생의 수업 개선 결과를 특정해 정기적으로 보고한다. 브릿지는 "모든 이를 위한 지식(Knowledge for all)"의 미션으로 2025년까지 십여개 이상의 국가에서 1천만 명의 아동들에게 양질의 초등교육 제공의 계획을 갖고 있다.

(6) Cordaid Investment Management BV

Cordaid Investment Management BV(CIM)는 네덜란드의 국제적 가톨릭 비영리기관(Cordaid)의 임팩트 투자 기관이다. 취약국 인구들에 구호와 개발 지원을 하기 위한 목적을 추구하는 조직이다. 지금은 농업, 기업가정심, 보건 세 분야에 증여 지원을 제공해 새로운 임팩트 투자가 활성화되도록 하는 일종의 '촉매적 메카니즘'을 갖춘 임팩트 투지기관 역할을 한다. 특히 국제개발에 초점을 맞춘 조직으로 MDGs부터 개발목표 달성에 적극적인 투자자 역할을 했고, 이어서 SDGs 달성에도 임팩트 투자 전략을 추진한다.

CIM은 SDGs가 다양한 유형의 자본을 동원하는 실행가능한 접근법이라 평가한다. CIM은 포트폴리오 구축, 임팩트 측정, SDGs 사이의 강한 연계의 가치를 확인한 다음 이 세 가지를 글로벌 프레임워크에 통합해 추진한다. 먼저 SDGs, 임팩트 목표, 타깃 대상 등을 설정한 다음, 투자의 단기적인 산출과 장기적 임팩트를 설정하는 변화의 이론을 개발한다. 마지막은 IRIS 메트릭스로 SDGs 달성의 진전도를 정기적으로 측정한다.

대표적인 사례로 르완다 서브지역 미빌리지 병원(Mibilizi Hospital)에 융자로 임팩트 투자를 했다. 병원은 취약층이 35% 가량되는 27만 명을 대상으로 수술, 특수 의료서비스, 야간진료를 제공하는데, 융자금으로 전문 의료진의 기숙시설을 갖추게 되었다. 이로써 의료진 이직을 낮추고 유지율이 60%에서 80%로 증가해 안정적인 의료인력 확보가 이뤄지면서 르완다 보건성이 시행한 병원의 실적 기반의 파이낸싱 성적도 77%에서 91%로 높아졌다.

제6장

개발 임팩트 투자의 임팩트

개발 임팩트 투자는 주요국을 중심으로, 주요 민간기관의 주도적으로 추진하는 동향이다. 제6장에서는 먼저 미국, 영국, 독일 등 주요국과 한국의 개발 임팩트 프로젝트의 개발 임팩트 현황을 정리해본다. 이어서 민간기관들의 혁신적인 임팩트 투자 프로그램 사례들을 차례로 살펴본다.

1. 미국 USAID의 임팩트 투자

1) 미국 USAID의 PACE 이니셔티브

PACE 이니셔티브는 초기 사업단계의 혁신적 기업들에게 민간 투자를 촉진시키는 목표를 갖고 있다. 20개의 인큐베이터, 촉진, 초기단계 임팩트 투자기관들과 파트너십으로 향후 5년간 공공 및 민간 투자금 5600만 달러를 조성하는 10개의 PPP를 창출하는 이니셔티브이다.

① Catalyst for Growth

JPMorgan Chase 재단, Dalberg Global Development Associates 및 USAID가 합작해 남아프리카 공화국에서 '비즈니스개발 서비스'(BDS) 투명성과 효과성 증진을 위해 2014년 설립한 현지의 새로운 NGO로 BDS 공급기관의 성과를 비교해 공시하는 임팩트 플랫폼이다. 투자전문기관의 파트너십을 통해 Catalyst for Growth는 수천 개의 비즈니스로부터 자료를 수집해 임팩트를 분석해 효과적인 BDS를 유도하는 혁신적 방안을 제시한다. Catalyst for Growth는 JPMorgan Chase 재단이 프로그램이 기업 성장에 미치는 임팩트를 집중적으로 측정하는 자문기관 Dalberg와 공조해 2년 기간에 20개의 중소 비즈니스의 인큐베이팅과 촉진 지원 프로그램에 투자, 지원해온 결과로 설립된 비영리조직이다.

② Open Capital Advisors

아프리카 케냐, 탄자니아, 르완다, 우간다의 초기단계의 성장하는 소기업들의 성장과 투자를 촉진시키기 위한 혁신적인 기술지원을 위한 파트너십이다. 해당 지역에 4개의 검증된 투자기관들과 공조해 60개의 비즈니스 중 15개를 선정해 2년간 투자해 지원한다. Open Capital Advisors는 관리 컨설팅 및 금융자문 회사로 동아프리카에서 지난 5년간 100여건의 프로그램들을 성사시켰다.

③ Unitus Seed Fund

PACE 이니셔티브의 지원으로, 다양한 혁신적 기업들에 대한 투자를 지원한다. USAID는 인도에서 강력한 기업가정신 생태계 조성 지원을 하면, Unitus는 양질의 임팩트 기업가들의 초기단계의 자본 문제를 해결하는데 투자를 유치하는 역할을 한다. 초기단계 비즈니스에 대한 자문과 지원 서비스를 통해 대규모, 취약층을 위한 지속가능한 기회를 창출하는데 초점을 맞춘다.

④ Shell Foundation

저소득 소비자들의 에너지 문제 해결을 위한 보충적 모델들을 지원한다. 쉘 재단은 글로벌 개발 도전이 되는 에너지 문제에 새로운 혁신적 해결 방안을 제시하는 사업에 인내자본을 투자한다. 비즈니스 지원과 시장 연계, 전문가 중간조직의 창출을 통해 아프리카, 아시아, 남미에서 일부 파트너기관들과 공조한다.

⑤ Shujog ACTS

USAID는 JPMorgan Chase, Rockefeller 재단과 합작으로 싱가포르의 Shujog 재단을 통한 새로운 임팩트 투자 프로그램인 '역량구축과 기술서비스 지원'(Assistance for Capacity-building and Technical Services : ACTS)을 2014년에 개시했다. 농업, 보건, 교육, 에너지, 식수 분야의 아시아 100개의 사회적기업들에게 임팩트 투자를 한다. 일부 증여가 포함되지만 융자를 결합한 파이낸싱이 제공된다. Shujog ACTS는 초기 단계의 사회적기업들이 비즈니스 개발 서비스(BDS)를 획득할 수 있도록 유동자금을 제공해준다. 다국적기업들과의 파트너십으로 Shujog ACTS는 소규모 사회적기업들이 중간기관들의 잠재적 고객들이 되도록 정당성을 부여해주는 중요한 역할을 한다.

⑥ Village Capital

USAID는 Sorenson Impact Fund and Chilton Capital과 공조해, 농업, 교육, 에너지, 마이크로 파이낸스, 보건 분야의 Village Capital의 기업가 프로그래밍을 급진시키는 임팩트 자본을 제공한다. 2009년 이래 Village Capital은 미국, 동아프리카, 인도, 중국, 브라질, 유럽에서 27개 비즈니스 프로그램의 400개 소기업들을 지원했다. Village Capital의 혁신적인 프로그램은 동료집단 선정 방식에 있는데, 글로벌 취약인구와 환경적 문제해결에 초점을 맞춘 가장 전망있는 벤처들에 자본을 배분하는 과정에 기업가들이 참여하는 민주적 의사결정방식이 가장 혁신적인 것이다. Village Capital은 42개 선정된 기업들에 200만 달러를 조성했는데, 이 기업들이 4000만 달러 자본을 만들어 60만 고객과 수혜자에 서비스를 제공했고 5500개의 일자리를 창출하였다. 또 Village Capital이 지원하는 Simpa Networks는 소비자들이 모바일 폰으로 할부 납부할 수 있는 저렴한 태양에너지를 제공하는데 약 3000명의 고객을 확보하고 있다.

⑦ Jibu

USAID의 Lab은 임팩트 투자자와 재단들과 공조해 동아프리카의 도시빈민들에 초점을 맞춰 지속가능한 포터블 식수 프랜차이즈를 설립하는 Jibu에 투자하고 있다. Jibu의 혁신적 비즈니스 모델은 프랜차이징과 뱅킹(franchising and banking) 서비스를 통합시켜 기업가들이 필요로 하는 파이낸싱, 도구, 지원을 제공한다. 이를 통해 Jibu는 기업가들에는 저비용의 프랜차이즈 창업 모델을 제시하면서 동시에 도시빈민 소비자들을 위한 청정 식수 시장의 핵심 갭을 채워주는 역할을 한다. Jibu의 접근법은 광범위한 인간 욕구 서비스와 제품의 공급을 통한 선순환의 부의 창출을 지원해 서비스 제공 규모를 확장시키고 타지역의 보급가능성을 높이는 데 목표를 둔다.

⑧ Variable Payment Obligation(VPO)

Enclude, Agora Partnerships, Banco de America Central(BAC) Nicaragua, Santa Clara 대학의 Miller Center for Social Entrepreneurship 등이 공조로 소기업들의 재정 이용을 확대하는 프로그램이다. VPO는 여성 소유 또는 여성 주도의 기업들을 대상으로 '현금 흐름의 크레딧'(cash flow-based credit)에 대한 접근과 역량 구축 서비스를 제공한다. 또 VPO 구조는 제3자 투자자와 지역 은행들이 소기업들에 공동 대출을 할 수 있도록 공조한다. 니카라과에서 파이롯트가 시행되어, 타지역으로 점차 확장할 것이다.

⑨ Intellecap

Shell 재단 공조로, USAID는 Intellecap가 이디오피아, 케냐, 르완다, 탄자니아, 우간다의 소기업들에 성장을 지원해 성공한 접근법을 타지역에 확대하도록 지원하는 이니셔티브이다. Intellecap는 초기 단계의 벤처 기업들에 금융을 제공하는데, 지난 12년간의 경험의 성과로 900개 이상의 소기업들을 300개의 투자자와 연결시켜 2억 달러 규모의 자본 투자를 유치했고 50여 대기업들이 기업가정신과 혁신 생태계 강화에 동참하였다. Intellecap은 이 접근법을 동아프리카에 확대시켜 자본, 자문, 기술 지원의 네트워크 고성장의 사회적기업들에 대한 직접적인 투자 진흥을 목표로 활동한다. USAID는 이 접근법을 동남아시아에 적용시켜 여성 소유 또는 여성 주도의 기업들을 지원할 계획이다.

⑩ Global Accelerator Learning Initiative

PACE 이니셔티브가 혁신적 가속화 모델 테스트를 받고 이 분야의 지식 기반에 상당한 기여를 하도록 USAID의 Lab은 Omidyar Network, Lemelson 재단, Argidius 재단, Aspen Network of Development Entrepreneurs(ANDE), Emory 대학과 공조해 가속화 프로그램들의 효율성에 대한 가장 종합적인 연구 프로젝트를 착수한다. Global Accelerator Learning Initiative(GALI) 연구결과에 따라, 가속화 프로그램들은 자체 정책결정에 필요한 통계 데이터를 갖고 재화와 서비스 창출을 하는 기업가들의 훈련에 활용한다. 이 자료들은 모든 기업가 생태계의 이해관계자들에 제공될 것이다.

이상에서 8개 파트너십을 투자 가치사슬로 요약하면 〈표 6-1〉과 같다. USAID는 민간 자본과의 복합 자본으로 중간기관을 통해 사회적기업을 포함한 중소기업과 협동조합 또는 NGO에 투자하는 방식이다.

표 6-1 USAID PACE의 투자 가치사슬

USAID+ 민간자본	투자처 (중간기관)	2차 투자처 투자자	중소기업 협동조합	고객 수혜층
JPMorgan Chase Dalberg	Catalyst for Growth (남아공)	투자자 유치	중소 비즈니스 (20개)	종사원 BOP
케냐, 탄자니아, 르완다, 우간다 4개 투자기관	Open Capital Advisors	투자자 유치	중소 비즈니스 (15개)	종사원 BOP
USAID	Unitus Seed Fund (인도)	CoCoop 협동조합 플랫폼	협동조합	조합원 / 온라인 고객
JPMorgan Chase, Rockefeller Foundation	Shujog ACTS (아시아)	투자자 유치	아시아의 100개 사회적 기업	종사원 BOP 지역사회
Sorenson Impact FundChilton Capital	Village Capital	투자자 유치	42개 소기업	60만 고객 5,500개 일자리 창출
USAID	Jibu (동아프리카)	투자자 유치 창업 소액대출	르완다 프랜차이즈 창업	100만 식수 소비자 중저소득층
Enclude, Agora, BAC Nicaragua	Variable Payment Obligation (VPO)	투자자 유치 지역은행 공동 대출	니카라과 등지 여성 소기업	여성 기업가와 종사원 BOP
Shell Foundation	Intellecap	투자자 유치	동남아시아 벤처 기업	종사원 BOP

2) Jibu의 동아프리카 식수 공급 프랜차이즈

위의 PACE 이니셔티브 중 대표적으로 Jibu 식수공급 프랜차이즈 임팩트 투자 모델을 살펴볼 만하다(주성수 외 2016: 230-5).

(1) 프로젝트 개요

USAID의 새로운 PACE 이니셔티브로 선정된 Jibu의 동아프리카 식수 공급 모델은 혁신적인 비즈니스 모델로 안정정한 식수를 중저소득층에게 공급 해주는 지속가능한 사회적 임팩트를 가진 사업으로 기대된다. Jibu의 혁신적 비즈니스 모델은 프랜차이징과 뱅킹(franchising and banking) 서비스를 통합시켜 기업가들이 필요로 하는 파이낸싱, 도구, 지원을 제공한다.[29] 이를 통해 Jibu는 기업가들에는 저비용의 프랜차이즈 창업 모델을 제시하면서 동시에 도시빈민 소비자들을 위한 청정 식수 시장의 핵심 갭을 채워주는 역할을 한다. Jibu의 접근법은 광범위한 인간 욕구 서비스와 제품의 공급을 통한 선순환의 부의 창출을 지원해 서비스 제공 규모를 확장시키고 타지역의 보급가능성을 높이는데 목표를 둔다.

---

29 http://www.jibuco.com/#tab-1

(2) 사회적 목적과 경제적 목적

Jibu는 다음 네 가지 목표를 설정해두고 있다.

a) 누구나 구매가능한 식수에 대한 지속적인 접근 제공.

b) 동아프리카와 그 외 지역에서 지역 소유의 프랜차이즈 비즈니스 네트워크 구축.

c) 보다 효과적인 공동 투자 모델을 진전시키기 위해 신흥 시장 기업들과 동료적 파트너십 구축.

d) 플랫폼으로서 물 배분 네트워크를 확장시켜 다른 필수 제품과 서비스 제공.

Jibu는 "진정한 하이브리드 사회적 기업"이라 자칭하면서, 수익을 내고 동 시에 자선적 임팩트라는 통합적 목표를 가진 영리적 비즈니스라고 자평한다. 수익이 자선적 목적을 확장시키는 공급원으로 간주한다. '유한 책임의 저수익 회사'(L3C: Limited Liability Low-profit Company)는 유한회사(LLC)와 같은 이윤추구 회사이지만 수익창출과 동시에 자선적 임팩트를 준수하도록 법적 규제를 받는다. '저수익'이란 L3C는 수익이 자선 적 목적을 준수하는 한 수익의 제한을 받는 것은 아니지만 자선적 목적 준수에 따라 수익이 적게 결과된다는 의미이다. 많은 투자자들은 한쪽 주머니에서는 투자를 또 다른 쪽 주머니에서는 기부를 하는 것이 일반적이지만, Jibu 투자자들은 Jibu가 수익과 자선적 기부를 동시에 함으로써 투자는 하나의 주머니로 투자와 기부를 동시에 실천하게 된다.

그림 6-1 Jibu 프랜차이즈의 투입-산출-결과-임팩트 모형

투입	산출	결과	임팩트
USAID 투자 Jibu 시설 및 기술 지원	프랜차이즈 시설 및 기술 지원 식수 공급	안전/저렴한 식수공급 프랜차이즈창업 일자리 창출	100만명에게 안전한 식수공급 수인성 질병 50% 감소 목표 설정

(3) 투입–산출–결과–임팩트

① 투입

공동창업자 랜디와 갤런은 2012년 7월에 만나 둘의 경험과 아이디어에서 Jibu가 탄생되었다. 아프리카는 Jibu 아이디어를 실험하는 논리적 초점이 된 것은 랜디의 아프리카에서의 20년 이상의 리더십 개발 사업의 경험과 갤런의 모로코와 DR 콩고에서의 생활과 활동 경험에서 나온 것이다. 공동 창업자 랜디 웰쉬(Randy Welsch)는 식수 위기에 대한 비즈니스 해법을 탐색하는 월드 비전의 임원 팀에 자문역을 맡았다. World Vision은 최대 민간 자원의 자선기관이자 신흥 시장에 최대양의 안전한 식수를 공급 하고 있다. 팀이 개발한 혁명적인 접근법은 Jibu 접근법과 유사한 것이지만, 이는 시행되지 못했다. 거의 같은 시기에 갤런 웰쉬(Galen Welsch)는 모로 코에서의 Peace Corp 봉사활동을 마친 시점으로 그도 빈곤에 대한 비즈니스 해결방안을 찾고 있었다.

2014년 새로 조직된 USAID의 Lab은 임팩트 투자자와 재단들과 공조해 동아프리카의 도시빈민들에 초점을 맞춰 지속가능한 포터블 식수 프랜

차이즈를 설립하는 Jibu에 금융지원을 개시하였다. Lab의 새로운 사업인 PACE(Partnering to Accelerate Entrepreneurship) 이니셔티브는 100여개의 프로포절 가운데 6개가 선정하였는데, 그 중 Jibu를 유망한 임팩트가 높고 지속가능성이 높은 협력기관으로 선정한 것이다. PACE 이니셔티브는 초기 사업단계의 혁신적 기업들에게 민간 투자를 촉진시키는 목표를 갖고 있다. 20개의 인큐베이터, 촉진, 초기단계 임팩트 투자기관들과 파트너십으로 향후 5년간 공공 및 민간 투자금 5600만 달러를 조성하는 10개의 PPP를 창출하는 이니셔티브이다.

② 산출

Jibu는 2015년 현재 매일 수천명의 고객에게 서비스를 하는 성공적인 프랜차이즈를 우간다와 르완다에서 시행해 왔다. 고객 수는 매월 늘고 있는 추세이다. 식수가 당장 시급한 핵심문제이지만, 아프리카 시장의 혁명적 변화를 일으킬 만한 역량을 가진 사회적 기업가들의 네트워크를 창출하는 것이 궁극적인 목표이다. Jibu는 임팩트 극대화를 우선시하는 영리적 기업이다. 민간과 공공 부문의 자원과 기술을 결합시켜 최상의 실천과 새로운 아이디어를 통합시키는 비즈니스를 추구한다. 동시에 Jibu가 아이디어를 공유하며 성공하는 오픈 소스(open source) 환경을 유지하는 특징이 있다. 특유의 하이브리드 접근법은 수요자들에게 안전한 식수와 기타 삶의 질을 개선하는 제품을 공급하면서 책임 있는 경제 성장과 독립을 진흥시키는 역할을 한다.

③ 결과

Jibu 프로그램은 임팩트 투자로 초기단계의 자본투자로 조직과 시설과 인력을 갖추는데 사업의 결과가 집중되어 있다. 따라서 아래와 같은 프랜차이즈의 개설을 주요 결과로 참고해볼 수 있다.

첫째는 프랜차이즈의 위치이다. 프랜차이즈는 도심이나 준도심 지역의 공동체의 식수원을 이용할 만한 위치에 자리를 잡는다. 고객들이 접근이 용이한 여러 곳에 위치한다.

둘째는 정수 기술이다. 각 프랜차이즈는 태양열 울트라 정수 시설을 갖춰, 가장 불결한 식수원에서도 상업적으로 양질의 식수를 생산하는 기술을 적용한 시설이다.

셋째는 식수 용량으로, 식수는 1, 5, 7, 20리터의 재활용 용기를 사용해 정부의 품질보증 포장을 한 상태로 판매된다.

넷째는 식수 가격은 물을 끓여 먹는 비용과 경쟁이 되는 가격으로, 프랜차이즈들이 고객에게 직판하며 중개상인, 수송비, 플라스틱 병 처리비용이 발생하지 않는 비용절감의 혜택을 소비자에게 돌려준다.

마지막은 고객이 피라미드의 중간층 70%의 저소득층으로 이들은 걸어와 가게에서 식수를 구매할 수 있다. 가게는 가장 교통이 편리한 고객 접근성이 좋은 곳에 위치해 있어 식수를 비롯한 다른 제품과 서비스 구매도 이뤄질 수 있다.

④ 임팩트

Jibu는 2015년부터 사업을 개시해, 지금 한창 계획된 결과를 생산중으로, 결과와 임팩트와 관련된 자료들은 계속 제시될 예정이다. 대신 Jibu가 수립한 2020년까지의 '자선적 임팩트' 목표를 참고해, Jibu가 창출할 프로

그램 결과와 임팩트를 예측해볼 만하다.[30]

- 백만명이 안전한 식수에 대한 신뢰할 만한 접근을 가진다.
- 3억 6000만 리터의 식수를 판매한다.
- 고객들의 수인성 질병의 50%를 감소시킨다.
- 5200만 kg의 석탄과 260톤의 C0² 감소시킨다.
- 1000명 이상의 지역 소유의 미션 지행적인 비즈니스를 창출한다.
- 8000개 이상의 양질의 일자리를 창출한다.
- 매력적인 투자성과(ROI)와 수익성
- Jibu 이웃 공동체의 삶의 질의 두드러진 개선.

2. 영국, 독일, 한국의 임팩트 투자 정책

1) 영국 개발금융기관(CDC)의 임팩트 투자

영국의 개발금융기관(CDC)의 대표적인 임팩트 투자 사례로 Ananta Apparels 여성노동자 역량강화 프로젝트를 살펴볼 만하다(주성수 외 2016: 150-2).

30 http://www.jibuco.com/why-hybrid/

(1) 프로젝트 개요

Ananta Apparels은 데님과 바지를 전문적으로 생산하는 의류기업으로 1992년 가족기업으로 출발해 19개 생산라인에서 월간 40만 점의 의류를 생산했는데, CDC의 임팩트 투자 이후 2014년에는 80개 생산라인과 월간 180만 점의 의류를 생산하는 중견기업으로 성장했다. 2014년 새로운 공장을 신축해 가난한 농촌의 여성들이 일자리를 갖고 안정적인 소득과 사회적 임파워먼트를 갖게 되었다.

(2) 사회적 목적과 경제적 목적

세계은행의 최근 보고서에 따르면 방글라데시의 성장하는 의류공장에서 일 하는 노동자 360만 명 가운데 80%가 여성이다. 여성에 대한 일자리는 개발에서 매우 중요한 역할을 한다. 여성들의 학교 등교를 지원하고, 기초보건 등의 인간개발의 결과, 그리고 빠른 빈곤해소 성과 등이 일자리를 통해 이뤄진다. 그럼에도 방글라데시는 여전히 하루 1달러 이하로 살고 있는 인구가 40%를 넘고 있는 빈곤 국가에 해당된다. 그런데 이같은 절대빈곤이 두드러지게 줄어들고 있는 것은 연간 6%에 달하는 지속적인 경제성장에 있고, 경제성장의 기반에는 의류생산으로 수출을 증대시키는 무수한 의류공장들이 있다. 저임금 공급사슬 역할을 하는 착취공장은 제프리 삭스(Jeffrey Sachs)와 폴 크루그만(Paul Krugman) 등 개발 전문가들의 시각에서는 개도국 빈곤층이 생계유지를 위해서도 낮은 임금이라도 수용할 수밖에 없는 개발의 첫걸음이라 볼 수도 있다. 제프리 삭스는 "착취 공장들이 너무 많아서 문제가 아니라 너무 적어서 문제"라고 평가하였다. Ananta

Apparels 프로젝트는 빈곤여성들의 일자리 마련과 소득 증대를 확장하기 위한 임팩트 투자로 사회적 목적과 경제적 목적이 분명하다.

(3) 투입-산출-결과-임팩트

① 투입

방글라데시와 같이 정치적으로 불안한 국가의 기업에 대한 투자는 일반적으로 거의 이뤄지지 않고 있는 실정이다. CDC는 영국 정부의 개발 금융기관으로 남아시아와 아프리카의 비즈니스 구축을 지원하는 주요 임무를 갖고 빈곤층의 빈곤해소에 초점을 맞추고 있다. Ananta Apparels에 대한 임팩트 투자는 2011년에 지역의 펀드 메니저인 Brummer and Partners과 100만 달러 지분투자로 방글라데시에서는 최초의 민간기업 지분투자가 되었다.

② 산출

'책임있는 투자'(responsible investing)는 CDC의 투자 원칙이다. 환경, 사회, 거버넌스(ESG) 기준의 개선은 지속가능한 비즈니스의 관리에서 핵심 부분이며 이는 수익창출과 밀접히 관련된다. CDC와 지역의 Brummer and Patners의 지원 덕분에, Ananta는 수천 개의 일자리를 마련하고, 특히 많은 일자리가 여성들에게 제공되었고 여성들의 아동들을 위한 교육에 투자할 수 있는 상당한 소득을 갖게 해주었다. 노동자가 2006년 2000명 수준에서 2013년 1만 7000명으로 8배 이상 늘었고, 2015년이면 3만 1000명으로 더 늘릴 계획이다. 이처럼 Ananta Apparels는 관리와 재정 모든 측면에서 지속가능성을 갖추고 성장하지만, 많은 개발도상국 의류공장들은 자본 유치를 하지 못해 성장을 멈추고 있는 상태이다.

③ 결과

2014년에는 새로운 공장 Universal Menswear Ltd가 설립되어 새로운 4600개의 일자리가 마련되며, 대부분이 농촌 출신의 여성들이 고용된다. 세계은행의 추산에 따르면 의류공장의 일자리가 방글라데시의 빈곤해소에 가장 중요한 역할을 하는데, 일자리의 90% 가량이 민간 부문에서 마련되고 있다. Ananta Apparels와 같은 민간 기업들의 일자리 창출이 방글라데시 빈곤 해소에 결정적으로 중요한 임팩트를 갖고 있다고 평가할 수 있다.

④ 임팩트

의류공장에서의 일자리는 여성들에게 일자리를 통한 소득뿐 아니라 기술과 임파워먼트를 갖게 하는 개발의 임팩트가 창출된다. Ananta Apparels에서 일하는 여성들의 대부분은 가난한 농촌 출신이라는 배경이 있고, 이들은 농촌의 가족들을 부양하는 책임을 갖고 일하면서 교육과 기술을 익히고, 또한 기초보건 위생 서비스를 제공받으며 건강하고 안전한 노동으로 생활한다. 방글라데시의 의류공장에서 일하는 노동자는 360만 명에 달하는데, 그 중 여성이 80%를 차지한다. Ananta Apparels는 대부분이 여성인 노동자들의 안전한 작업 환경을 위해 노력한다. 작업 환경의 개선으로 모든 작업장이 환풍기와 전등이 잘 설치되어 있고 화재안전 규칙을 준수한다. 모든 공장에 보건소가 운영되어 전문 보건 인력들이 보건서비스를 지공하며, 아동 데이케어 센터가 아동보육 서비스를 제공하고 여러 기관에서 예방주사 등의 서비스도 이뤄진다.

2) 독일 개발은행의 Clean Energy 풍력발전소 임팩트 투자

독일 개발은행(FMO)의 대표적인 사례로 Clean Energy 풍력발전소 임팩트 투자를 살펴볼 만하다(주성수 외 2016: 181-3).

(1) 프로젝트 개요

투자자 FMO는 독일의 개발은행으로 식품, 식수, 에너지 분야에 세계적으로 투자해 개도국의 삶의 질과 생계 개선을 추구한다.[31] 투자처 Clean Energy는 몽고의 특수목적회사(special purpose vehicle : SPV)로, 몽고 최초의 풍력발전소 건설에 금융지원을 하기 위한 특별한 목적으로 설치된 기관이다. FMO의 2140만 유로의 지분 투자로 풍력발전소 건설에 착수하였다.

(2) 사회적 목적과 경제적 목적

임팩트 투자의 목표는 "아시아의 신흥 시장에서 재생 에너지의 이용과 접근의 증대"로 밝히며, 재생 에너지 이용으로 석탄 의존을 줄여 환경적 지속가능성을 추구하며 동시에 저렴한 재생에너지 사용으로 소비자의 경제적 부담의 감소와 빈곤층의 에너지 접근 확대 등의 사회적 기대효과가 발생한다.

31 http://www.thegiin.org/knowledge/profile/clean-energy

(3) 투입-산출-결과-임팩트

① 투입

투자기관 FMO는 1970년에 설립된 독일의 개발 은행으로, 민간 부분의 강력한 역할로 경제적 사회적 개발을 추진하는 목표를 설정해, 민간 부문이 기술로 인적 역량강화와 삶의 질 개선을 하도록 지원한다. FMO는 임팩트 투자로 최고의 장기적인 임팩트를 창출할 수 있는 금융서비스, 에너지, 농기업, 식량, 식수 등 특정 분야에 전문적으로 투자한다. 투자는 지분투자로 전체 2140유로이며, 일부 시니어론이 포함되어 있다. 투자의 목적은 Clean Energy의 풍력 발전소 건설과 설비 투자를 위한 것이다. FMO는 처음 그란트를 지원해 풍력발전소 건설의 비즈니스 기획과 타당성 사정에 드는 비용을 제공했고, 이 자본금은 이후 지분 투자금으로 전환되었다.

② 산출

투자처 Clean Energy는 몽고의 선도적인 청정 에너지와 인프라 투자관리 사 Newcom LLC가 설립된 특수목적회사(SPV)이다. Clean Energy는 SPV로서 법적으로 독립된 기관이지만 풍력발전 사업이 실패하는 경우 대주주인 Newcom LLC의 리스크를 줄이기 위한 특수목적을 갖고 있다. SPV 접근법은 모계 기업의 자산과 유한책임을 분리시키는 프로젝트 파이낸스에서 일반적으로 이용된다. 풍력 발전소는 그린하우스 가스 배출을 하지 않고 전기를 생산하는 재생 풍력을 이용하는 여러 터번들을 갖고 있다. 몽고의 수도 울란바타르에서 남동쪽으로 70km에 위치한 50메가와트의 살키트 풍력발전소는 2013년 완전 가동이 되어 국가 전체의 5%의 전기를 공급한다.

③ 결과

풍력발전소는 전기 공급기관에 생산된 에너지를 판매해 수입을 올리며, 부수적으로는 이미 등록을 마친 카본 크레딧으로부터 수입 흐름이 발생한다. 이같은 환경적 임팩트의 잠재력 때문에도 투자에 대한 관심이 높은 편이다. 풍력은 석찬에 비해 지속가능하며 환경 친화적인 에너지원으로, 몽고의 에너지 95%가 석탄에 의존한 것을 이제 풍력 발전 전기로 대체해 에너지 효율성과 더불어 기후변화에 대처하는 환경적 지속가능성 대안을 보여주는 임팩트 투자가 된다. 몽고는 풍력 발전을 할 수 있는 천혜의 환경을 갖고 있으며 또 에너지 수요가 공급을 크게 앞서는 경제 상황에서 풍력발전에 대한 투자는 매력이라 평가받는다.

④ 임팩트

FMO는 몽고 풍력발전에 대한 임팩트 투자를 계기로 아시아 지역에서의 재생에너지 투자를 확대할 계획으로, 이번의 몽고의 풍력 발전이 최초의 풍력발전투자가 된 것이다. 또한 임팩트 투자처 살키트 발전소는 기업거버넌스와 재정 수익을 보장하며 환경적, 사회적, 거버넌스(ESG) 요건을 충족시킨다. 풍력발전의 관리감독 책임을 맡고 있는 몽고의 Newcom사는 몽고의 존경받는 기업이며 IFC(International Finance Corporation)의 기업 거버넌스 가이드라인을 충족시키며 비즈니스를 수행한다. FMO는 Cleam Energy의 지분 15%를 소유하며 자본 수입을 올리며 또 특정 투자 기간이 지나면 자동적인 출구 기회가 마련되어 있다. 살키크 풍력발전소 건설로 몽고에서의 재생에너지에 대한 이용과 접근이 증대되어 탄소배출을 획기적으로 감소시킬 것으로 기대된다. 풍력발전소의 가동으로 연간 탄소배출 18만 톤의 감소시키고, 물소비 160만 톤을 절약하며 석타 16만 톤의 소비를 감소시킨 것이다. 50메가 와트의 풍력발전으로 생산되는 청정 전기 에너지는 몽고 전역의 소비자들에게 공급되며, 에너지 비용 절감과 탄소배출 절감의 성과를 낳는다.

3) 한국 KOICA의 망고펀드 임팩트 투자

우간다의 망고펀드 임팩트 투자는 KOICA 사업으로 추진된 한국 유일의 개발의 임팩트 투자 사례이다(주성수 외 2016: 73-75).

(1) 프로젝트 개요

우간다의 기업환경은 경제적 자유, 비즈니스 수월성 순위 등에서 파악할 수 있듯이 매우 열악하며, 기업 환경의 개선을 위해서는 부패 척결, 금융서비스에 대한 접근성 향상, 인플레이션 통제 및 안정적인 세수 확보, 인프라 확대, 비효율적 관료주의 개선 등이 시급한 상황이다. 개발도상국에서 특히 중소기업(SMEs)은 경제성장과 일자리 창출의 측면에서 중요한 역할을 담당하며, 특히 신규 소규모 기업(창업 기업 등)은 새로운 성장의 촉매제가 된다. 또한 개도국 내 일자리 창출, 빈곤층 시장참여 확대를 가져오는 개도국 내 빈곤친화적(Pro-poor) 민간부문 활성화는 현지시장과 빈곤층의 상호이익 도모가 가능하다는 점에서 개발문제의 지속가능한 해결책 중 하나로 여겨진다. 이에 우간다 내 산업화 촉진 및 양질의 일자리 창출을 위하여 금융접근성 개선 및 기술자문 등을 통하여 중소기업 성장을 도모할 필요성이 있다.

망고펀드(Mango Fund)는 우간다 내 중소기업 성장을 통한 지역경제 활성화를 목적으로 중소기업 대상 임팩트 투자 펀드를 운영하여 중소기업의 금융접근성 향상을 꾀하고, 기술자문(Technical Assistant)을 제공하여 중소기업의 역량강화를 지원하는 기관이다. 이 프로젝트는 KOICA와 망고펀드의 협업을 통하여 우간다 내 중소기업 활성화를 통한 산업화 촉진, 경제성장의 원동력 구축 및 일자리 창출이라는 개발의제를 효율적, 효과적으로 달성하고자 한다.

(2) 사회적 목적과 경제적 목적

망고펀드는 상업은행을 이용하지 못하는 우간다 내 SMEs들을 대상으로 상당한 사전 준비 작업을 거쳐 금융투자 사업을 진행하고 있는데, 이를 통해 단순한 자금대출기관(money lender)의 개념을 넘어 역량강화(Technical Assistance) 지원을 통한 중소기업 역량구축 기관(capacity builder) 역할도 동시에 추구하고 있다. 이는 기존 영리목적의 전통적 금융회사와 차별화되는 부분이며, 이를 통해 자금대출로 얻을 수 있는 경제적인 목적 외에 중소기업 역량강화 및 역량구축이라는 사회적인 목적 또한 이룰 수 있다는 장점이 있다. 또한 임팩트 투자를 통해 고용의 창출이라는 경제적 목적과 함께 취약계층 포용이라는 사회적 목적도 함께 이루고자 한다.

(3) 투입-산출-결과-임팩트 모형

① 투입

KOICA와 망고펀드가 함께 50만 달러 규모의 신규 펀드(KOICA-Mango

Fund Small Business Innovation Program)를 조성하고, 우간다 망고펀드 지부가 펀드 운영 및 임팩트 투자 결과 보고를 담당한다. 이 펀드는, 특히 가치창출 활동을 가능하게 하는 기술투자(asset financing)에 초점을 맞추어 운영하고 경영기법 혁신을 위한 컨설팅을 제공한다.

② 산출

KOICA와 망고펀드는 ① SMEs의 자금접근성 향상 ② SME 섹터의 역량강화 ③ SMEs에 대한 사회/정부 인식변화 효과를 일으키고자 한다.

③ 결과

망고펀드와의 공동 사업(임팩트 투자)를 통하여 35만 달러의 예산으로 우간다 내 35개 중소기업을 지원할 수 있을 것으로 예상된다. 중소기업에 상품 개발, 판매처 확산, 마케팅, 공급망 및 인적 자원 관리, 회계 등에 관련한 컨설팅을 제공하여 역량을 강화시킬 수 있을 것이다.

④ 임팩트

중소기업 활성화를 위한 자금 및 컨설팅 서비스 지원으로 경제 성장을 이룬다는 경제적 목적을 달성할 수 있다. 이를 통해 중소기업 이익의 증대라는 경제적 목적 뿐 아니라 중소기업의 역량 강화라는 사회적 임팩트도 함께 이룰 수 있을 것으로 보인다. 중소기업의 성장은 직접적으로 고용을 창출하는 경제적 효과뿐 아니라 일출(spillover) 효과로 연관된 1차, 2차 수익자의 소득을 증대시켜 궁극적으로 빈곤 감소의 경제적 임팩트를 가져올 수 있을 것이다. 또한 여성 사업자에 대한 우선적 지원으로 양성 평등에 대한 임팩트와 재활용 중소기업에 대한 지원으로 우간다 환경문제에도 긍정적인 임팩트를 가져올 것으로 기대된다.

3. 민간기관의 개발 임팩트 투자 프로젝트

이상의 주요국 개발협력기관 사례와 함께 민간 투자기관과 중간지원 기관의 임팩트 투자 프로젝트 사례들을 살펴볼 만하다.

1) Honey Care Africa 임팩트 투자

(1) 프로젝트 개요

Honey Care Africa는 2000년 사회적기업으로 설립되어, 동아프리카 지역의 지역사회 기반의 지속가능한 양봉을 진흥시켜 참여하는 농민의 소득 증대로 빈곤문제 해결에 조직의 목표를 두고 있다. 케냐의 농촌지역 소농민이 소규모의 양봉을 통해 만성적인 빈곤에서 벗어날 수 있도록 가난한 농민에게 소액대출을 제공하고 양봉 교육훈련과 지역사회 기반의 현장방문 서비스를 실시한다. 사회적기업을 통해 양봉을 하는 농민에게 지속가능한 벌꿀 판매를 할 수 있는 수단을 제공해 가격 경쟁력을 높이고 시장접근의 장애를 제거시켜주는 중요한 역할을 맡는다.

Honey Care는 혁신적인 사회적기업으로 벌꿀 가치사슬을 관리하면서 가난한 농민들에게 경제적으로 적합한 비즈니스 기회를 제공해준다. 농

민들은 자신이 소유한 농지에 벌통을 설치해 보호하며 벌꿀을 생산하는 생산자가 된다.[32]

(2) 사회적 목적과 경제적 목적

Honey Care는 사회적기업으로 사회적 목적과 경제적 목적을 함께 갖고 있는 '윈-윈' 파트너십 모델로, 세 명의 케냐인 기업가들이 지역사회, 개발협력기관, 민간기업과의 파트너십을 기업 모델로 창설한 것이다. Honey Care는 농민들이 생산한 벌꿀을 공정가격으로 구매하는 보증된 시장을 제공해주며 경제적 목적뿐 아니라 가난한 농촌의 빈곤 감소 그리고 벌목을 막아 자연을 보전하는 사회적, 환경적 목적에도 초점을 맞춘다.[33]

표 6-2 Honey Care의 사회적 목적과 경제적 목적

사회적 목적	경제적 목적
가난한 농민 포용(inclusion)	창업과 일자리 증대(jobs)
역량 강화(capabilities) – 교육	수익과 소득 증대(income)
여성 임파워먼트(empowerment)	자원 보전(resources)

32 http://www.equatorinitiative.org/images/stories/winners/84/casestudy/case_1348161137.pdf

33 http://honeycareafrica.com/about-us/#values

(3) 투입-산출-결과-임팩트 모형

그림 6-2 Honey Care 투입-산출-결과-임팩트

투입	산출	결과	임팩트
그란트/소액대출, 벌통 제작 및 배분, 기술훈련, 기술자문	벌꿀 수확 일괄 판매 현장 수집 운송	가난한 농민 포용 일자리/소득증대 자원 보전 농업	빈곤감소(퇴치) 농민/여성 역량강화 지속가능한 개발
적절성/효율성	효율성/효과성	효율성/효과성	효과성/지속가능성

① 투입

투입으로는 Honey Care에 대한 개발협력기관 DANIDA 등의 증여로 사회적기업이 설립되었다. 이후 UNDP-GEF(Global Environment Facility)의 소액지원(Small Grants Programme), 그라민 재단의 임팩트 투자 등이 이뤄지면 글로벌 비즈니스 모델로 성장했다.

양봉 농민들은 Honey Care의 고품질의 벌통 랑스트로스(Langstroth)를 구입할 수 있는 소액대출을 받아 양봉에 관한 전문 교육훈련을 거쳐 각자가 꿀 생산을 할 수 있는 생산자자로 성장한다. Honey Care의 양봉 기업 활동은 비지속가능한 벌목이나 석탄 생산 등의 환경에 피해를 주는 활동에 대한 대안으로 농민들에게는 보충적 소득을 제공해준다. 양봉 전문기술 교육으로 농민들은 지속가능한 양봉으로 얻어지는 환경적 이득을 잘 인지한다. 또 '나무를 위한 벌'(Bees for Trees) 프로그램을 통해 농민들에게 산림을 보호하는 대가로 벌통과 장비를 공급해준다.

② 산출

Honey Care의 기술지원으로 벌꿀 생산이 증대한다. 농민들이 생산한 벌꿀은 Honey Care가 일괄 수매해 현장에서 공정 가격으로 대금을 지불하고, 직접 집중 수집해 운송해가며 농민들의 운반 등의 비용 부담도 줄어든다.

③ 결과

Honey Care의 현장 기술자들이 벌통의 설치 장소 물색, 설치와 인증의 절차를 지원한다. 매월 정기적인 벌통의 유지, 보수, 병충해 예방 등의 서비스가 포함된다. 벌꿀의 수확 지원으로는 벌꿀 수집 준비. 수집, 계측, 질관리, 중앙 프로세스 시설로 운송 등이 포함된다. 이런 일련의 과정으로 벌꿀의 생산성을 향상시키는 기술지원과 관리가 중요하다. 벌통이 설치되면서 벌 수분 덕분에 다른 농작물 생산량이 15~30% 증가해, 부수입이 발생한다.

벌통의 가격은 60달러로 가난한 농민들의 구입가능한 낮은 가격이다. 벌통 개당 60달러 소득 이상으로 수분으로 발생하는 보충적인 소득이 연간 250달러로 상당한 수준이다. 케냐에서만 농촌지역의 원주민 수혜자가 7만 5000여 명에 이르고, 그 중 여성은 43%의 비중을 차지한다. 농민 조사에서 농민들은 꿀 생산 수입의 1/3을 식량과 의료비에 사용하고, 그리고 종자와 비료 구입비 25%, 학비 18%, 주거 개선 10%, 소규모 창업준비비 5% 등으로 조사되었다.

④ 임팩트

Honey Care는 농민들의 꿀을 일괄 구매하므로 안정적인 소득이 보장된다. 농민들의 벌통을 구입해, 초기 비용을 넘어서 수익이 발생하는 기간은 12~15개월으로, 벌통의 자산유지 기간은 7~10년으로 충분한 소득이 보장될 수 있다. 따라서 빈곤감소 등의 경제적 목적 달성과 농민과 여성 임파워먼트와 지속가능한 개발이라는 사회적, 환경적 목적 달성도 중요한 임팩트에 해당된다.

(4) Honey Care 가치사슬

Hioney Care는 생산현장에서 꿀을 수집해 즉시 대금을 지불하고, 프로세스, 포장, 유통, 그리고 수퍼마켓 체인을 통해 또는 도시 소비자들에게 판매한다. 판매되는 제품 "Honey Care Africa", "Beekeeper's Delight" 브랜드는 동아프리카 지역에서는 잘 알려진 상품으로 상당한 시장 점유율을 갖고 있다. Honey Care는 2010년까지 가난한 케냐 농촌지역의 7만 5000여명 농민들을 수혜인구로 두고 있다.

그림 6-3 Honey Care 가치사슬 : 생산-프로세스-배분-소비

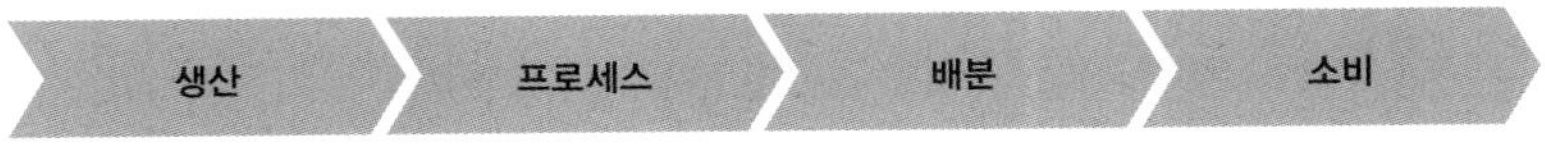

생산	프로세스	배분	소비
– 벌꿀 생산 – 농민 생산자	– 공동구매 – 운송 및 가공 – 제품	– 벌꿀 유통 – 지역과 인접국 유통	– 주민 서비스 – 소비자 판매

Honey Care는 중요한 비즈니스와 사회적 지원활동을 한다. 농촌 지

역사회에 보급하는 Langstroth 벌통을 제조하는 활동, 가난한 지역의 농민들을 대상으로 양봉 기술훈련과 현장 방문 서비스를 제공하는 활동, 농민들이 생산한 꿀을 수집해 공정 가격으로 지불하는 활동, 그리고 수집된 꿀의 제품화 프로세싱, 유통 등이다.

Honey Care 사회적기업은 핵심적인 가치사슬 과정들에 전문역량을 적용시키며 수익을 내고 있다. 프로세스를 거친 꿀 제품은 제품 배분 네트워크에 참여하는 모든 행위자들에게 수익을 생산한다. Honey Care와 공조하는 개발협력기관들은 각자 규정한 지속가능한 개발의 목표들을 실천하고 있다. 또 일반 시민들도 양봉 활동으로 창출되는 환경적 혜택을 간접적으로 제공받고 있다.

케냐의 농촌 빈곤층 2000만 명을 타깃인구로 삼고 있는 개발협력의 파트너십은 Honey Care의 성공에 핵심이 된다. 케냐 정부의 가축어업부와 덴마크 개발협력기관(DANIDA)의 지원으로 두 개 지역에서 시행되었고, 다른 한 개 지역에서는 Aga Khan Foundation의 지원으로, 또 양봉과 생다양성 프로젝트가 Community Action for Rural Development(CARD)를 통해 이어졌다. 또 양봉과 재조림 프로젝트가 UNDP-GEF(Global Environment Facility)의 Small Grants Programme으로 추진되는 등 개발협력의 공조가 활성화되었다.

(5) 생다양성과 정책 임팩트

Honey Care는 이상의 사회적, 경제적 임팩트 이외에도 아래와 같은 생다양성 임팩트와 정책 임팩트를 창출하는 것으로 평가받고 있다.

양봉을 통한 생다양성 성과도 적지 않았다. Honey Care 프로젝트는 자연자원에 해가 되는 벌목 등의 피해를 줄이고 건강한 생태계를 위한 식물의 수분을 증대시키는 생다양성 활동이다. 환경적 임팩트에 대해서는 농업 현장 사무소의 모니터링과 측정으로 성과가 보고되고 있다.

농업과 생다양성을 위한 수분의 혜택은 농업 생산물의 가치로 확인될 수 있을 정도로 중요하다. 2005년의 경제적 가치 추산으로는 수분 서비스의 가치가 2080억 달러로, 세계 농업 식품 생산의 9.5%를 차지한다. 케냐에서는 벌 수분을 이용한 작물 판매 수입이 40% 이상 늘어난 것으로 추산한다. 멜론이나 버터너트 작물은 꿀벌 수분이 없으면 생산될 수 없는 작물이다.

Honey Care는 케냐의 8개 지역 가운데 7개 지역으로 확장되었고, 나아가 국경을 넘어 말라위, 탄자니아, 남수단에도 모델이 보급, 시행되고 있다. Honey Care Africa는 비즈니스와 빈곤감소 기여로 개발협력기관과 민간기업들로부터 상당한 지원을 받으며, 농촌의 소농민들과의 파트너십으로 개발과 보존을 위한 삼자 파트너십 모델(tripartite model)을 구축해두고 있다. 이 모델은 케냐뿐 아니라 세계은행과 UNDP의 인정과 재정지원을 받으며 수상하였고, 2004년에는 IFC의 인내자본 융자를 받아 탄자니아에 보급되기도 하였다.

타지역의 보급에서 참고할 만한 가장 중요한 문제는 양봉의 지역 기반 구축을 위한 지역별, 권역별 협력체제를 구축하는 일이다. 양봉을 지원하는 정책 지원은 국가마다 차이가 있지만 지역사회에 대해서는 중요한 영향력을 갖고 있다. 따라서 지역사회 생계수단으로서의 양봉의 장기적인 상업적 생명력은 지역의 인프라 기반을 구축하는 공공기관과 개발협력기관의 역할, 상업화를 지원하는 민간부문의 역할에 크게 의존한다.

(6) 임팩트 투자

① 민관 공조의 임팩트 투자

이제 Honey Care는 새로운 민관 공조체를 구축해, 케냐에서 대규모의 양봉을 장려하는 사업으로 확장되고 있다. 더불어 케냐 정부의 가축부와 국립양봉사업단과 공조로 양봉 전문교육 기술이 보급되고, 또 Equity Bank 등이 투자하는 'Asali Loan'을 통한 양봉 장비에 대한 민간 파이낸싱 제공이 이어지고 있다.

Honey Care는 7년간의 가치사슬 개발이 완료된 이후 수익을 내는 기업으로 발전되어 있다. Honey Care의 가치사슬은 환경적, 사회적 활동으로 경제적 수익을 창출하는 결과를 농민들뿐 아니라 정부기관과 민간 투자자 등 모든 행위자들에게 제공해줌으로써 제도적으로나 환경적으로 지속가능한 임팩트를 창출한다는 것이다. 행위자 각각은 보조금을 받지 않고도 완전한 참여를 통해 혜택을 누리고, 농촌 지역사회 각각은 지속가능한 직접, 간접적 소득증대를 생산하는 양질의 양봉 제품, 전문적인 역량구축, 시장에 대한 접근의 가치를 인지하고 있다.

Honey Care는 가치사슬 모델에서 주도적 기업 역할을 하며 가치사슬의 실행에 핵심이 된다. 협력조직들은 농민들에게 초기의 양봉 활동 기간에 필요한 그란트보다는 융자 방식으로 금융지원을 해주는 도움을 준다. 초기 단계를 지나면 농민들이 자력으로 활동하는 지속가능성을 갖게 되지만, 중간 성장기까지는 대부분이 금융지원을 필요로 한다. 개발협력기관들은 현장 네트워크를 구축해 지역사회에 대한 접근기회를 제공하며 지속가능성에 기여한다.

② 그라민 재단의 임팩트 투자

그라민 재단은 2012년 5월에 3년 기간의 전환적 융자(convertible loan) 34만 5000달러 규모의 임팩트 투자를 해, Honey Care 이사회에 1명 이사로 의결권을 행사한다. Honey Care의 2013년 전체 자산은 673,018달러, 전체 채무는 170만 7144달러, 전체 벌통은 6676개, 전체 현장직원은 24명이다.

연간 2~3회 벌꿀 수확을 하지만 다른 농작물에 비해 소득원을 다양화하는 비교 경쟁력이 있다. 현지의 소액대출기관 Kiva가 벌통의 구매가격의 절반 가량을 소액대출해주며, 다른 현지 소액대출기관의 지원도 이뤄지고 있다. 투자 리스크는 벌통이 질병, 페스트, 콜로니(colony) 붕괴의 리스크가 있다. 현재 보험이 없지만 점진적 소득을 제공하는 투자 때문에 리스크는 크지 않다.

2) Bridge Int'l Acedemies 사립학교(Omidyar 임팩트 투자)

개발협력에서 사립학교 모델을 혁신적이며 또한 민간 투자자의 자본으로 운영되다는 점에서 또한 혁신적인 모델로 살펴볼 만하다(주성수 외 2016: 156-8).

(1) 프로젝트 개요

투자자 Omidyar Network는 자선적 투자사로 시장의 파워를 활용해 삶의 질 향상을 추구한다. 투자처 Bridge International Academies는 저비용의 영리적 사립학교의 네트워크를 운영하는데, 아프리카 전역에서 영질의 교육 서비스 제공을 목표로 한다. Omidyar Network의 지분 투자로 투자처의 교육 서비스 사업이 케냐를 넘어 다른 아프리카 지역으로 확장될 것으로 기대된다[34].

(2) 사회적 목적과 경제적 목적

임팩트 투자 목적에는 "아프리카 빈곤층 아동의 양질의 교육 접근 기회 증대"라 밝히고 있어, 분명한 사회적 목적이 제시되고 있다. 또 투자처이며 시행기관인 Bridge의 미션은 "모두를 위한 교육"(Knowledge for all)이다.

(3) 투입-산출-결과-임팩트

① 투입

투자자 Omidyar Network는 2004년 eBay 설립자 Pierre Omidyar 부부가 설립한 자선 투자사이다. 시장의 파워로 삶의 질 개선을 위한 기회를 증대시키는데 목적으로 두고 있다. Omidyar Network는 융통적인 자본 접근법을 활용해 사회적 임팩트 촉매 역할을 하는 목표를 지향한다. 비영리기관에 대한 그란트 지원도 하고 영리 기업들에 임팩트 투자도 하는 다양한 접근으로 비즈니스 혁신으로 비즈니스 확장과 지속가능성을 추구하도록 지원한다. 투자 방식은 지분 투자로, 시리지 A, 시리즈 B, 시리즈 C로 나뉘어 투자가 이뤄지는데 전체 투자 규모는 알려지지 않고 있다.

34 http://www.thegiin.org/knowledge/profile/bridge-international-academies

② 산출

투자처 Bridge International Academies는 케냐에 본부를 두고 있는 교육과 초등교육의 체인을 운영하는 영리기업이다. 하루 2달러 이하로 생활하는 빈곤층 고객들은 평균 월 5달러 비용으로 아동의 양질의 교육 서비스를 받을 수 있는 혁신적인 비즈니스를 운영한다. Bridge는 빈곤 해소의 효율적인 접근법은 저렴한 비용으로 양질의 교육 서비스를 제공하는데 있다는 신념으로 아동과 지역사회 삶의 질 개선을 위한 지식과 기술의 개발에 초점을 맞춘 교육 서비스를 제공한다.

Bridge의 성공의 핵심에는 수직적으로 통합된 '통합 아카데미'(Academy-in-a-Box) 모델에 있다. 양질의 교육 서비스 제공의 모든 과정을 통합 관리하는 것이다. 아카데미를 설립하는 과정부터 교실내 강사법에 이르기까지 모든 과정에 통합 관리에 해당된다. 서비스 질을 높이고 비용을 낮추기 위해 데이터, 테크놀러지, 규모의 레버리지를 하며 또한 새로 설립되는 아카데미에 교과, 교육자료, 시스템, 과정, 훈련 프로그램, 테크놀러지, 모니터링 등 모든 도구들을 제공한다. '통합 아카데미' 모델을 표준화시켜 아카데미 규모를 확장시키며 사하라이남 아프리카 모든 지역에 아카데미 설립을 목표로 한다. 또 아카데미 설립 대상 지역의 관리자와 교사를 충원해 지역사회 관계 개선과 일자리와 소득 증대 등 경제적 목적을 추구한다. 교사 양성 프로그램 또한 양질의 콘텐츠와 비디오 등의 기법을 활용한다. 교사들은 지속적인 교육훈련 서비스를 제공받으며 양질의 강의를 할 수 있도록 품질 보증 관리를 철저히 한다. Bridge 아카데미는 자료와 테크놀러지 기반의 관리로 학생들의 학습 참여와 성적 관리 등으로 운영비용을 절감한다.

③ 결과

다양한 교육의 질 평가를 통해 학부모 등의 만족도를 높이며, 교육비용 지불은 현금이 아닌 모발일로 지불하도록 하고 Bridge의 공급업체에게도 같은 방식으로 비용을 지불한다. 투자자에게는 고객의 비용부담이 적고 양질의 교육 서비스를 제공하기 때문에 투자가치가 높은 프로그램이다. Omidyar의 임팩트 투자로 Bridge 비즈니스는 여러 지역에 아카데미가 설립되어 운영되어 이용하는 고객들도 늘면서, 아카데미에 종사하는 관리자와 교사 등의 일자리는 2015년이면 1만 5000명에 달할 것으로 추정된다. 직접 고용을 통한 일자리 창출과 소득 증대라는 경제적 임팩트가 창출되고 있다.

④ 임팩트

Bridge는 영리추구의 혁신이 사회변화에 긍정적으로 기여하는 대표적인 사례가 되면서 타지역으로의 보급 가능성이 높은 것으로 평가받는다. 아프리카 전역을 대상으로 하면서 아시아 등 세계적으로 비즈니스 모델의 보급 가능성이 높다고 GIIN 사례 연구 보고서는 제시한다. 사하라이남의 아프리카 빈곤층 아동의 교육은 크게 개선되지 않은 상황에서 이들에게 양질의 교육 서비스를 제공하는데는 한계가 있다. 그럼에도 테크놀로지 기반의 혁신적인 아카데미 운영으로 빈곤층도 이용가능한 저렴한 비용으로 양질의 교육 서비스를 제공하는 비즈니스 모델은 임팩트 투자가 있었기 때문에 가능해졌다. Omidyar의 임팩트 투자는 Bridge의 비즈니스 지속가능성이 달성될 때까지 안정적으로 투자될 것이며, 교육을 받는 아동들 의 수적 증대와 교사와 관리자 등의 인력의 고용과 소득 안정의 성과를 상 당한 임팩트를 갖게 될 것이다.

3) GoCooP 온라인 소셜 마켓플레이스(USAID 임팩트 투자)

인도의 GoCoop는 협동조합과 지역사회 기업들을 위한 온라인 마켓플레이스 플랫폼 역할을 한다. GoCoop는 USAID의 PACE 이니셔티브의 지원을 받은 Unitus Seed Fund가 인도의 다양한 혁신적 기업들에 대한 투자를 지원하는 포트폴리오 중 하나로 초기단계의 자본 투자를 받아 비즈니스를 성공시킨 사례이다(주성수 외 2016: 209-11).

(1) 프로젝트 개요

Unitus Seed Fund는 새로운 2300만 달러의 초기단계의 투자 펀드로 인도의 뱅갈로와 시애틀에 본부를 두고 인도의 대중 소비자를 위한 창업에 투자하는 임팩트 투자 플랫폼이다. 씨드 펀딩(seed funding), 전략적 및 운영 지원, 비즈니스 연계, 성장 자본의 확보 등을 통해 '성장을 위한 준비'를 지원한다.

(2) 사회적 목적과 경제적 목적

인도에서 협동조합과 지역기반의 기업들은 조합원들과 지역사회 주민들의 사회경제적 생활의 개선에 결정적으로 중요한 역할을 한다. 인도에서 협동조합 운동은 100년의 역사적 전통으로 성공을 거둬 왔다. 협동조합은 대부분 농촌에서 지역에 사업을 확장하지 못한채 대부분이 늑장 지불 등 중간상인의 횡포에 시달리는 실정이다. 이는 협동조합의 취약한 경제적 기반, 전문 관리의 결여, 비활성적인 조합원 등의 요인으로 낮은 생산성과 협동조합 모델의 분산이 빚어낸 문제들이다.

따라서 협동조합 생산자들을 소비시장에 연계시키는 상당한 기회가 존재한다. 조합 대 조합의 시장 연계 등의 가능하지만 조합들 사이의 간편하고 효율적인 거래 공조의 결여 때문에 저조한 거래와 비효율적인 가격 메카니즘이 문제로 제기된다. 이에 GoCoop은 협동조합과 지역기반의 기업들을 위한 온라인 소셜 마켓플레이스 플랫폼(online social marketplace platform)으로 이들이 제품들을 올려 판매하며 시장에 대한 접근의 확장시키고 협동조합과 조합원들의 가격경쟁력을 갖도록 지원해준다.

(3) 투입– 산출–결과–임팩트

① 투입

2013년 인도를 대표하는 임팩트 투자기관 Unitus Seed Fund는 인도 앤젤 네트워크(Indian Angel Network)와 공조해 GoCoop에 임팩트 투자를 결정하였다. 인도에는 2억 4000만 조합원을 가진 60만 개의 협동조합들이 있다. Indian Angel Network는 앤젤 투자자 250명의 회원을 두고 IT, 모바일, 보건, 교육 분야의 60개 창업 기업들에 투자해 왔다. 2011년에 11개 기업에 800만 달러, 2012년 17개 기업에 1000만 달러 투자했고, 그간 약 40개의 벤처들의 인큐베이팅 펀딩을 해왔다. 한편 Unitus Seed Fund는 USAID의 PACE 이니셔티브의 지원으로, 다양한 혁신적 기업들에 대한 투자를 지원한다. USAID는 인도에서 강력한 기업가정신 생태계 조성 지원을 하면, Unitus는 양질의 임팩트 기업가들의 초기 단계의 자본 문제를 해결하는데 투자를 유치하는 역할을 한다. 초기단계 비즈니스에 대한 자문과 지원 서비스를 통해 대규모, 취약층을 위한 지속가능한 기회를 창출하는 데 초점을 맞춘다.

② 산출

GoCoop의 플랫폼은 조합 생산자들에게 b2b, b2c 거래를 가능하게 해준다. 디렉토리 서비스, 마이크로사이트 서비스, e-store와 마켓 플레이스를 갖춘 e-commerce 서비스 등이 주요 활동이며, 협동조합들이 공조해 상업 네트워크를 조성하도록 지원한다. GoCoop은 이같은 서비스 제공에 클라우드 컴퓨팅(cloud computing), 모바일, 기타 오픈 소스(open source) 기술을 활용해 협동조합들에게 제공해준다. 서비스는 매우 저렴하거나 첫 투자금이 없는 월간 회원제로 운영되는데, 2012년 1월 개설 이후 2500 협동조합들이 플랫폼에 등록되어 있다. GoCoop은 100개 이상의 협동조합 조직들과 협회 등에 마켓팅과 관리 서비스도 제공해주고 있다.

③ 결과와 임팩트

GoCoop은 5년 기간에 2만 개의 협동조합을 위한 온라인 거래/판매를 촉진시키는 목표를 설정해두고 있다. 협동조합 당 평균 100명의 조합원으로 계산하면 약 200만 가정을 서비스하는 임팩트를 갖고 있다. 설립자 겸 CEO 시바 데비레디(Siva Devireddy)는 저소득층을 위한 기술 혁신에 열정적인 기업가로 기술과 컨설팅 12년 경력을 갖고 있다. GoCoop는 인도과학기술부의 록히드 마틴(Lockheed Martin) 인도 혁신 프로그램의 50대 기업가 중 하나로 선정될 정도의 명성을 갖고 있다. GoCoop팀은 협동조합 부문의 전문가, 관리와 기술 컨설팅 전문가들로 구성되어 있다.

4) Guayaki 공정 무역(RSF Social Finance 임팩트 투자)

(1) 프로젝트 개요

투자자 RSF Social Finance는 돈으로 움직이는 세상의 방식을 변화시킬 목적으로 사회적기업에 투자하는 비영리 금융서비스 조직이다. 투자처 Guayaki는 남미의 열대우림에서 생산되어 미국에서 판매되는 yerba maté tea를 생산하는 사회적기업이다. RSF Social Finance는 125만 달러의 융자 투자로 Guayaki가 성장하기 위한 운영 자본을 제공하는 크레딧 라인이 되고 있다.[35]

(2) 사회적 목적과 경제적 목적

임팩트 투자의 목표는 "열대우림을 보호하고 원주민 농민들에게 공정한 임금을 제공"하는 것으로 밝히고 있다. 임팩트 투자의 목표는 열대우림의 복원에 기여하고 남미 지역의 원주민들을 위한 공정 임금의 일자리를 제공해 주는 방안으로 공정 임금의 양질의 일자리는 원주민 농민들의 생산한 차를 공정 가격으로 구매하는 지역 소싱에 기초한다.

---

35 http://www.thegiin.org/knowledge/profile/guayaki-sustainable-rainforest-products

(3) 투입-산출-결과-임팩트

① 투입

투자기관은 RSF Social Finance는 비영리 금융서비스 기관으로 제도권 금융기관과는 다른 방식으로 세계의 변화를 추구한다는 비전을 제시한다. RSF는 1984년 이래로 식품과 농업, 교육과 예술, 생태계 분야에서 활동하는 사회적기업에게 2억 5000달러의 융자금을 지원해왔다. Guayaki 공정무역 투자는 RSF의 사회적 투자 펀드(Social Investment Fund)로 이뤄진 것으로, 펀드의 자본금은 1000달러 이상을 투자한 1200명의 개인과 기관들의 투자금이다. 투자자 중 90%가 개인이고 10%는 기관이다. RSF는 메자닌 펀드, 프로그램 연계 투자(PRI) 펀드 등도 관리하고 있다. 투자기관은 125만 달러의 융자를 지급했는데, 2009년에는 매자닌 펀드로 그리고 이번에는 융자로 임팩트 투자를 하였다.

② 산출

투자처는 Guayaki 지속가능한 열대우림 제품(Sustainable Rainforest Products)으로 본부는 미국에 두고 아르헨티나, 브라질, 파라과이에 지점을 두고 있다. Guayaki가 공정무역으로 수입하는 제품은 아르헨티나, 파라과이, 브라질의 대서양 연안 열대우림 지역에서 자란 전량이 자연 인증받은 유기농의 예르바 마테(yerba maté) 차로 건강과 피트니스에 좋은 건강식품의 일종이다. 이 제품들을 남미에서 수입해 미국 시장에 판매한다. 비즈니스 모델은 '시장 주도 적인 보존' 모델은 열대우림을 보전하기 위한 전략으로 시장주도의 건강식품을 공정무역으로 수입해 생산지역의 보전농업 방식인 유기농 생산으로 열대우림을 보호하는 것이다.

Guayaki는 원주민 농민들이 재배한 예르바 마테차를 구입하는 공급사슬을 구축해두고 있다. 차나무들은 천연 열대우림의 나무들 아래에서 경작되거나 복원된 열대우림 지역에서 경작되어 차를 생산하는 원자재들이다. Guayaki는 농민들에게 차나무 식수와 배양의 기술을 훈련시켜 환경친화적인 지속가능한 방식으로 차나무 관리 과정을 실천하도록 지원한다. 차나무 식수와 배양과 차잎의 수확과 처리로 차 제품의 생산에 이르는 공급사슬의 지속가능성이 중시된다.

③ 결과

농민들은 차생산으로 안정적인 소득원을 확보해 생계를 유지하며 빈곤에서 해방되고 있다. Guayaki는 2020년까지 아틀랜틱 열대우림의 20만 헥타르의 열대우림을 복원시켜 1명의 공정 임금의 일자리를 창출하는 목표를 갖고 있다. RSF가 지속가능한 비즈니스를 실천하고 공정하고 포용적인 일자리를 창출해 노사 분쟁의 리스크가 없으며 공정 무역으로 지역사회에 공정한 가격으로 지역소싱을 하고 가치사슬 모든 과정에 주역주민들이 관여하는 등, 사회적기업으로서의 기준에 적합한 사회적 목적도 수행하고 있기 때문에 투자자에게는 매력적인 투자처가 된다.

④ 임팩트

Guayaki는 강력한 재정수익을 창출하며 성장하는 비즈니스로 평가받고 있다. 예르바 마테차는 지금 커피, 차, 에너지 드링크 등이 주도하는 미국의 30억 달러 규모의 시장에서 상당히 매력적인 피트니스 신제품으로 주목받고 있어, 장래 투자 전망도 밝은 편이다. Guayaki는 2005년에 즉석 음료 시장에 진출시켰고 2009년에는 에너지 드링크 시장에 진출해 새로운 천연 제품으로 관심을 끌어 왔다.

5) Pro Mujer Bolivia 여성 크레딧 서비스(SNS 임팩트 투자)

(1) 프로젝트 개요

투자자 SNS Impact Investing는 세계적으로 사회적 임팩트와 시장 수익을 보장하는 마이크로 파이낸스와 농업에 집중 투자한다. 투자처 Pro Mujer Bolivia는 볼리비아의 가난한 여성들에게 크레딧 서비스, 교육, 보건 의료를 제공하는 마이크로 파이낸스 기관(MFI)이다. SNS Impact Investing의 약 300만 달러 규모의 시니어론(senior loan)은 마이크로 파이낸스 기관의 운영 자금으로 제공되어 고객의 범위를 확장하는데 주로 활용될 것이다.[36]

(2) 사회적 목적과 경제적 목적

SNS 임팩트 투자(Impact Investing)의 목적은 "마이크로 파이낸스 기관의 긍정적인 임팩트를 확장시키는 자본을 제공해 금융 서비스의 접근에 어려움을 겪고 있는 일하는 여성들의 금융적 욕구를 충족시켜주는 것"이다. 주로 자영업 등으로 일하는 여성들은 사업 자금의 부족으로 수익을 높일 수 없는 한계에 직면해 일하면서도 빈곤 상태에 머무는 경우가 많다. 일하는 가난한 여성들의 빈곤 탈출과 생계유지를 지원하기 위한 방안으로 저리

---

36 http://www.thegiin.org/knowledge/profile/pro-mujer-bolivia

의 저비용 소액대출을 통한 안정적인 수익을 확보하도록 금융서비스와 교육훈련과 보건의료 서비스 등의 비금융 서비스도 제공한다.

(3) 투입-산출-결과-임팩트

① 투입

투자기관 SNS 임팩트 투자(Impact Investing)는 사회적으로 책임있는 자산 관리에서 대표적인 SNS Asset Management의 개발 투자기관이다. SNS Impact Investing는 전세계에 마이크로 파이낸스와 농업 비즈니스에 임팩트 투자를 한다. SNS Impact Investing은 임팩트 투자 방안을 개발, 진흥, 배분해 투자자, 고객, 사회 모두에 대한 긍정적인 임팩트를 창출하는 목표를 갖고 있다. 임팩트 투자의 규모는 2100만 달러 시니어 융자(senior loan)으로 3개의 독립적인 펀드로 제공되었다.

② 산출

투자처 Pro Mujer Bolivia는 볼리비아의 마이크로 파이낸스 기관으로 남미에서 비즈니스 활동을 한다. Pro Mujer Bolivia는 남미에의 마이크로 파이낸스 네트워크 Pro Mujer International의 가장 오래된, 가장 큰 규모의 마이크로 파이낸스 기관이다. 1990년에 설립된 Pro Mujer Bolivia는 영세기업을 운영하는 여성들에게 소액대출을 하는데, 대출 방식은 개인보다는 18~28명 규모의 여성 회원들의 협회나 조합을 통해 이뤄진다. 또 Pro Mujer Bolivia는 고객들이 협회 등의 단체조직을 통해 수익을 저축하는 방식도 제시해준다. 대출 규모는 다른 대출기관에 비교하면 가장 소액의 대출을 하는데, 다른 대출기관들에 비해 비즈니스 훈련과 보건 서비스 등 비금융적 서비스를 제공하며 강력한 사회적 목적 수행을 하는 기관으로 평가받고 있다.

③ 결과

Pro Mujer Bolivia의 여성 고객들은 약 9만 명에 달하며, 고객수에서 볼리비아 최대 규모에 올라 있다. 고객수가 많기 때문에 운영비 절감과 함께 대출자의 비용 부담도 적은 것이 상대적 어드밴티지의 핵심이 된다. 이런 지속가능성 때문에 안정적인 임팩트 투자기 이뤄지고 있다고 평가된다.

④ 임팩트

Pro Mujer Bolivia는 강력한 금융적 프로필을 갖고 있고 경쟁적 어드밴티지, 굿 거버넌스의 역사 등으로 투자기관의 관심을 모으고 있다. 볼리비아에서는 최상의 등급에 올라 있다(BBB Fitch/B+ Microrate). 특히 단체 대출 방식은 대출자의 비용 절감뿐 아니라 강력한 자산의 질, 적절한 크레딧 커버리지라는 금융적 지속가능성을 보여준다. 볼리비아는 마이크로 파이낸스의 경쟁적 시장이 되고 있는 가운데, Pro Mujer Bolivia는 가난한 여성들을 대상으로 바람직한 금융과 비금융 서비스를 제공해주는 틈새 시장을 개척한 사례이다.

6) I&P의 세네갈 낙농기업(LDB) 임팩트 투자

(1) 프로젝트 개요

세네갈 최초의 임팩트 회사 La Laiterie du Berger(LDB)는 북부 세네갈에서 낙농 제품을 생산하는 중소기업이다. 낙농인으로부터 우유를 수집해, 낙농인들의 생계를 개선하고 동시에 세네갈 인구의 영양가 있는 식품을 제공한다. 세네갈 인구의 30%가 목축 낙농인인데, 세네갈 낙농제품의 90%가 영양가 낮은 수입 파우더 유제품이다.[37]

(2) 임팩트 투자

LDB는 아프리카 중소기업에 임팩트 투자를 하는 임팩트 펀드사 I&P(Investisseurs e Partenaires) 포트폴리오의 하나이다. I&P는 스타트업 시기에 투자해 이제는 25% 지분을 갖고 있다. 임팩트 측정 전문기관(Impact Measurement) WG의 평가에 따르면, 펀드는 임팩트 측정의 베스트 사례에 해당된다. 결과 메트릭스 개발과 결과 측정 등의 주요 과정에 투자처(LDB)가 동참해, 모범적인 결과측정 방법을 개발, 추진한다.

(3) 결과와 임팩트

결과 메트릭스는 낙농인이 LDB에 우유 공급을 원하면 생산자 인식 표기가 된 우유통(churn)을 제공받아 매달 말에 공급된 우유통의 수와 양을 계산해 대금을 지불하는 단순한 방식에 의존한다. LDB 유제품은 6000여 가계에서 판매되며, 2014년 기준 1400명의 낙농인이 우유를 공급해 2000톤의 원유 공급을 한다. 낙농인의 연수입은 3년 전 314유로에

---

37 자료 http://www.socialimpactinvestment.org/case-studies.php

서 408유로로 30% 이상 늘었다. 우유생산 증대, 낙농인 수입 증대 등의 임팩트가 생산되면서, PhiTrust Partennaires, Grameen Credit Agricole Microfinance 재단 등 임팩트 투자 기관들의 잇달은 투자 유치를 할 수 있었다.

7) 유누스 소셜 비즈니스의 '사회성과노트'(Social Success Note: SSN)

중간지원기관 유누스 소셜 비즈니스(Yunus Social Business)가 운영하는 사회성과노트(Social Success Note: SSN)는 융자에 의한 임팩트 투자가 결과지불금과 복합된 '깨끗한 식수' 프로그램이다.

(1) 프로그램 개요

우간다 인구 1/3 가량이 안전 식수를 누리지 못하고 있고, 매주 44명에 달하는 아동이 수인성 질병으로 사망한다. 학교도 안전한 식수를 공급하지 못해, 수인성 질병 40%가 가정보다 학교에서 오염된 식수 때문인 것으로 조사되고 있다.

(2) 임팩트 투자

투자자(UBS Optimus Foundation Network)가 50만 달러의 운영자본을 Impact Water에 융자로 제공한다. Imapct Water는 융자금으로 5년 기간 3600학교의 150만 명의 학생이 안전하게 마실 수 있는 깨끗한 식수를 공급한다. 성과가 달성되면 투자자는 원금은 물론 수익도 지급받는다. 자선기부자 록펠러 재단은 결과지불자로 성과금으로 20만 달러를 투자자와 시행기관 Impact Water에 배분한다. 성과금이 투자자 유치는 물론 시행기관의 임팩트 성과 달성에 레버리지 효과를 가진다. 투자자의 융자금 이율은 연 5%이지만 성과가 달성되면 10%까지 수익을 갖게 되므로 투자유인 효과가 상당하다.

그림 6-4 Impact Water 사회성과노트(SSN) 임팩트 투자

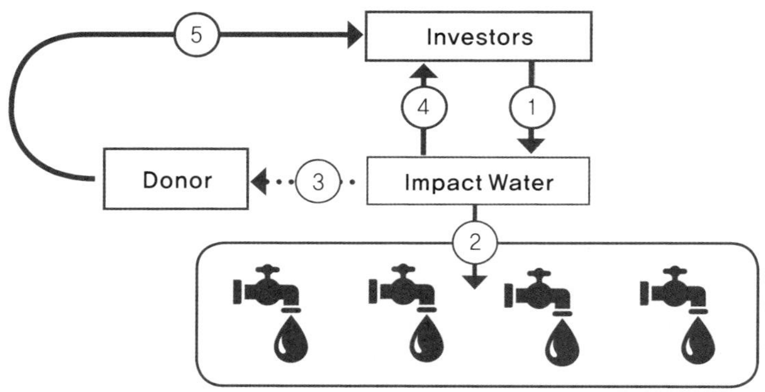

① 투자자(investors)가 사회적기업(Impact Water)에 융자(loan) 제공
② Impact Water는 융자금으로 깨끗한 식수 프로그램 스케일링
③ Impact Water는 자선기부자(donor)에게 임팩트 보고서 제출
④ Impact Water는 투자자에게 융자금 상환
⑤ 자선기부자는 투자자에게 시장수익 이자 지급

자료 Rockefeller Foundation, 2017. "Social Success Note." https://assets.rockefellerfoundation.org/app/uploads/20170706180703/Social-Success-Note.pdf

(3) 결과와 임팩트

Impact Water는 학교에 정수시설을 설치해, 물을 끓여 먹지 않고 CO^2 배출이 없이 깨끗한 식수를 공급하게 되면서, '지속가능성'이 추가적인 사회적 임팩트로 생산된다. 2018년 11월에 이미 100만 명 이상의 학생이 깨끗한 식수 공급을 받은 것으로 중간성적이 발표되었다. 시행기관 Impact Water는 사업 시행 첫 해에 540개 학교(21만 명 학생)에서 이듬 해 630개(24만 5000명) →810개 (31만 5000명) →900개(35만 명)로 스케일링을 해서 5년 기간 전체 3600학교, 140만 명의 학생이 혜택을 누리는 프로그램이다.

4. 개발임팩트채권(DIB) 사례

개발도상국에서 개발되어 추진되는 개발임팩트채권(DIB) 또한 점차 늘고 있다. 최근의 연구는 24개의 사례를 소개하는데(Brookings Institution and Convergence 2017), 이 중 6개가 단기간에 완료된 것이며, 다른 대다수가 시행 초기 또는 사업 디자인 단계에 있다. 아래에서는 주요 일곱 개 사례를 차례로 살펴본다.

1) 페루 아마존의 지속가능한 코코아와 커피 생산 DIB

사업 계약일 2015년 1월 계약 체결, 2월에 10개월 기간으로 시행되었

표 6-3 페루 아마존의 지속가능한 코코아와 커피 생산 DIB

- 시행기관(열대우림 재단(Rainforest Foundation UK)와 현지 파트너기관
- 결과지불자(Common Fund for Commodities: CFC)
- 투자자: 캘리포니아의 민간재단

a) 결과 매트릭스(outcome metrics):
 1) 케미토 에네 생산자 협회에 회원의 생산량 20% 증가;
 2) 회원의 코코아 생산성을 헥타르에 600kg 이상 증대;
 3) 협회의 코코아 구매와 판매 톤(ton);
 4) 잎녹병 예방이 되는 새로 조성된 커피 조림지의 0.5 헥타르 소유 생산자 수.

b) 평가 방법: 베이스라인(baseline) 비교(메트릭스 1,2는 2013년 12월 31일 기준), 프로젝트 데이터 (메트릭스 3,4)

c) 지불 한계점: 최저 한계점은 메트릭스 1과 2는 회원 20% 이상, 메트릭스 3은 최소 12톤, 메트릭스 4는 19명의 생산자. 이상의 한계선은 목표 달성의 50%에 해당.

d) 지불 금액: 결과지불자(Common Fund for Commodities: CFC)는 투자자(캘리포니아의 민간재단)에게 각 메트릭스의 파이롯트 종료 시점에 지불. 100% 달성시 $27,500, 70% 달성시 $20,625, 50%(최저 한계점) 달성시 $13,750. 그 이하는 지불 없음.

e) 투자자의 잠재적 투자금 손실: 100%

f) 최대 수익: 결과 메트릭스 각각에 최대지불금 $27,500 (프로젝트 예산 $11만의 25%)

g) 최근 결과: 전체 결과지불금 $75,625 지불(11만 달러의 68.75%). 메트릭스 1(목표 75% 달성), 메트릭스 2(목표 달성 못함), 3(목표100% 달성), 4(목표 100% 달성).

자료 Brookings Institution and Convergence 2017: 79.

다. DIB는 영국 열대우림재단의 투자금으로 페루 아마존 지역 에네 강 유역의 아사니카 원주민을 지원한다. 작은 투자금으로 투자채권의 효과성, 효율성을 테스트하는 성격의 파이롯트이다(Brookings Institution and Convergence 2017: 78-79).

〈대상집단〉 페루 아마존의 에네 강(Ene River)의 아샤니카 원주민, 특히 케미토 에네 생산자협회.

〈수혜자〉 133 가계(1가계는 부부와 5명 아동).

〈개발 과제〉 대상자들은 코코아와 커피 농사에 의존해 수입으로 생계를 유지하며 교육과 의료 비용을 해결한다. 그런데 생산품의 상당 부분이 수확후 보관 등 문제로 손실이 많고 잎녹병(leaf rust disease)으로 커피 농사를 망치게 한다.

〈프로그램〉 영국 열대우림 재단과 페루 현지 파트너 기관의 코코아 수집과 수확 이후의 관리, 마켓팅, 커피 작물의 잎녹병 처리와 식목 등 기술지원,

2) 페루 지속가능한 코코아와 커피 생산 DIB

2015년에 시행한 〈지속가능한 코코아와 커피 생산 DIB〉의 임팩트를 확장하기 위한 DIB다. 페루 중안 정글의 리우 에네 지역(Rio Ene Basin)의 22개 마을의 4천여명의 아샤닌카 원주민들이 대상이다(앞글: 106-7). 농임업 생산품의 샌상성 개선과 아샨니카 지역사회의 숲의 보전을 위한 DIB라 알려지고 있다.

빈곤, 숲제거, 숲퇴화가 이슈다. 아샤닌카 원주민들은 숲 자원에 의존해 생계를 유지한다. 특히 커피와 코코아 농사로 생계를 유지하며 수입으로 의료와 교육 비용에 충당한다. 그들의 지역사회는 도로에서 멀리 고립되어 있고, 숫자에 밝지 않아 중간상인들의 농간에 제 값을 받지 못하는 등 가격 협상에서 불리한 위치에 있기 때문에, 가치사슬의 가장 취약한 생산

표 6-4 페루 지속가능한 코코아와 커피 생산 DIB

- 시행기관: 영국 열대우림 재단(RFUK)
- 결과지불자: IDB의 MIF(Multilateral Investment Fund) 43%($3,047,700), 다른 결과지불자는 추후 결정.
- 투자기관: Common Fund for Commodities, 캘리포니아 임팩트 투자 펀드
- 중간기관: 알려지지 않음
- 결과 평가기관: 추후 결정.

a) 결과 매트릭스:
 1) 경제적 임팩트: 코코아 개선의 경제적 임팩트, 커피 개선의 경제적 임팩트(달러).
 2) 사회적 임팩트: 사회적 지속가능성 – 굿 거버넌스(질적 지표), 환경적 지속가능성: 기후변화 대응의 농업(코코아와 커피 임농업 시스템의 헥타르 수).
 3) 환경적 지속가능성: 숲 보전(숲 보전과 숲제거 방지 헥트르 수).
b) 평가 방법: 역사 비교 (이전의 상황과 DIB 이후의 상황 변화 비교)
c) 지불 한계점: 설정하지 않음.
d) 지불 금액: 추후 결정
e) 투자자의 잠재적 투자금 손실: 추후 결정
f) 최대 수익: 추후 결정

자료 Brookings Institution and Convergence 2017: 107.

자 부분에 해당된다. 코코아와 커피 생산성은 낮고, 농지는 녹엽병 등이 자주 발생하며, 거주하는 토지는 다른 코코아 재배자들의 불법 점거에 위협도 받는다.

프로젝트의 목표는 이들의 수입을 높이고 동시에 환경적 지속가능성을 높이는 것이다. 이를 위해 a) 코코아와 커피 생산성과 질 개선이며, b) 이들의 상업화 전략을 국제 시장의 틈새 전략으로 통합시키는 것이다. 이들의 자연보존 노력과 원주민 공동체의 역사를 인정하는 사회적, 환경적 가치를

활용하는 전략이다. c) 케미토 에네(Kemito Ene) 협회를 지속가능성을 추구하는 협동조합으로 발전시킨다. d) 토지이용과 보존 활동에 대한 지역사회 거버넌스를 강화시킨다. e) 저소득 인구에 높은 가치사슬의 개발을 위해 DIB 구조를 활용해 새로운 이해관계자들의 참여시켜 효율성 증진을 탐색한다.

3) 인도 소녀 교육(Educate Girls) DIB

소녀 교육(Educate Girls) DIB는 인도 라자스탄 주의 학교이탈 여학생의 등교와 학습 능력(영어, 힌두어, 수학) 향상의 결과에 대한 지불 채권이다. 여학생들의 학교교육 개선이라는 임팩트 증대에 목표를 두고 새로운 민간투자를 유치하는 개발임팩트채권이다(Brookings Institution and Convergence 2017: 80-81). 교육 서비스 시행기관에 대한 인센티브 제도를 도입해, 이들의 재량으로 학교교육 개선의 혁신을 일으켜, 이후 타지역에도 확대될 가능성을 검증하는 데 프로그램의 목표가 있다.

〈목표 대상〉 라자스탄 주의 빌와라 지역의 140개 마을의 15,000명 아동(9천명은 여학생).

〈가계 방문〉을 통해 학교이탈 학생 전수조사, 다채널 접근으로 등교의 장점에 대한 설득 및 홍보활동.

〈청년 자원봉사자〉들이 3~5학년 학생을 대상으로 일주일에 3회 학습지도, 참여 자원봉사자에게는 경력개발 기회 인센티브 제공.

표 6-5 인도 소녀 교육(Educate Girls) DIB

- 시행기관: Educate Girls
- 결과지불자: Children's Investment Fund Foundation(CIFF)
- 투자기관: UBS Optimus Foundation(UBSOF)
- 중간기관: Instiglio (프로젝트 관리, DIB 디자인, 성과관리)
- 결과 평가기관: IDinsigh

---

a) 결과 매트릭스:

1) 등록 결과(결과지불금의 20%; 3년 기간 치료집단의 2–8학년 학교등록 여학생의 수),

2) 학습 결과(결과지불금의 80%; 힌두어, 영어, 수학 성적.

b) 평가 방법:

1) 등록: 프로그램 시행에 앞서 가계조사를 통해 학교이탈 여학생 베이스라인 추산 및 학교등교율 (결과 평가기관 IDinsight가 학교 및 가계 방문 조사 검증).

2) 학습 능력: IDinsight는 무작위통제실험(RCT) 방법으로 학습 결과 평가.

ASER 학습 측정방법으로 학습능력 개선 평가. 치료집단과 비교집단의 학습능력 성적을 3년 기간 매년 측정.

c) 지불 한계점: 설정하지 않음.

d) 지불 금액: 투자기관(UBSOF)는 시행기관(Educate Girls)에 2015년 투자금의 50%, 2016년 50% 선지급. 결과지불자(CIFF)는 2018년에 투자기관(UBSOF)에 $0–412,000 결과지불 예정.

e) 투자자의 잠재적 투자금 손실: 100%

f) 최대 수익: 목표 수익(IRR) 10%, 최대 수익 15%. 투자기관은 시행기관에 투자금의 32% 인센티브로 지불.

g) 최근 결과: 3년 기간중 2년이 지난 결과 측정에서 학교이탈 여학생 중 69%가 등교했고, 학습능력도 목표치의 50%를 달성했다. 최종 결과는 2018년 6월에 측정 예정.

자료 Brookings Institution and Convergence 2017: 81.

4) 콜럼비아 취약층 인력개발 SIB

콜럼비아 취약층 인력개발 SIB는 개발도상국 최초의 SIB이다. 콜럼비아 정부(사회번영부)가 50% 미만의 결과지불금을 마련하고, 다른 절반 이상은 인터아메리카 개발은행(IDB)의 다자투자기금(Multilateral Investment Fund: MIF)으로 조성된 스위스의 경제부의 투자금이다(Brookings Institution and Convergence 2017: 61, 82-83). SIB 투자금은 514명의 취약층을 위한 기술훈련, 심리사회적 지원, 공식 일자리 마련과 유지를 위한 중개 서비스 등 고용 지원을 지원한다.

사업 디자인은 2016년 7월에 개시되어 2017년 3월에 계약이 체결되며 5월에 시행에 들어가, 2018년 7월말까지 15개월 추진된다. SIB의 특징은 콜롬비아 정부와 스위스 정부가 공동으로 결과지불의 SIB를 시행한 것이다. 여기에 콜롬비아의 3대 재단들이 최초의 임팩트 투자기관으로 참여하였다. 이 SIB는 양국 협력으로 3개의 인력개발 SIB의 최초의 하나로 추진되었다.

결과 메트릭스는 일자리 마련, 3개월 일자리 유지, 6개월 일자리 유지 등 세가지다. 일자리가 마련되면 전체 비용의 50%가 결과지불에 이뤄지고, 나머지 50%는 일자리가 3개월 유지되면 지불된다. 6개월 이상 일자리를 유지한 개인들에 대해서는 스위스 정부가 지원하는 MIF 기금에서 결과지불금의 10%에 해당되는 보너스가 지불된다.

〈대상 인구〉 정부기관(Prosperidad Social)의 고용훈련 자격요건을 갖춘 취약층.

- 빈곤 측정 점수(SISBEN) 0 to 41.74, 극빈층(Red Unidos)로 등록, 또는 군사충

돌로 집터를 상실한 피해자;

- 연령은 18-40세;
- 고교 졸업자;
- 지난 2년간 정부기관(Prosperidad Social)의 고용 프로그램에 참여하지 않은 취약층.

표 6-6 콜롬비아 취약층 인력개발 SIB

- 시행기관: Quepa, Volver a la Gente, Gente Estrategica, Fundacion Carvajal
- 결과지불자: 콜롬비아 정부($340,000), 스위스 정부(SECO, IDB/MIF $410,000)
- 투자기관: 콜롬비아 민간재단(Fundacion Corona, Fundacion Bolivar Davivienda, and Fundacion Mario Santo Domingo)
- 중간기관: Fundacion Corona
- 결과 평가기관: Deloitte Colombia

a) 결과 매트릭스: 일자리 마련(50%), 일자리 3개월 유지(50%), 일자리 6개월 유지(10% 보너스)
b) 평가 방법: 보건부의 검증된 행정 자료
c) 지불 최저수준: 설정하지 않음.
d) 지불 금액: 콜롬비아 정부의 결과지불 (최대 10억 페소)
e) 투자자의 잠재적 투자금 손실: 향후 결정 예정(TBD)
f) 최대 수익: 8%
g) 최근 결과: 향후 결정 예정

자료 Brookings Institution and Convergence 2017: 83.

표 6-7 카메룬 백내장 수술 DIB

- 시행기관: Africa Eye 재단
- 결과지불자: Conrad N. Hilton Foundation (90%), Fred Hollows Foundation (5%), Sightsavers (5%)
- 투자기관: 투자 유치 진행중
- 중간기관: D. Capital Partners
- 결과 평가기관: AEDES/IRESCO

a) 결과 매트릭스: 백내장 수술 건수, 백내장 수술의 질, 병원의 재정 지속가능성, 극빈층의 접근 기회.
b) 평가 방법: 반연간 환자 샘플에 대한 현장 검증 및 감사
c) 지불 최저수준:
  1) 3년 이내에 7,000, 5년 이내에 18,000 건 수술.
  2) 수술후 시력검사 결과로 질 측정(산출),
  3) 5년 기간의 재정적 지속가능성(EBITDA)
d) 지불 금액: 3년 기간, 원금 3/5 + 미지급 이자(1~3년 기간)
  5년 기간, 원금 2/5 + 미지급 이자(4~5년 기간)
e) 투자자의 잠재적 투자금 손실: 25%
f) 최대 수익: 8%

자료 Brookings Institution and Convergence 2017: 89.

5) 카메룬 백내장 수술 임팩트채권

임팩트 채권은 2017년부터 2022년까지 5년 기간 운영된다. 백내장 채권(Cataract Bond)은 케메룬의 스타트업 비영리 안과병원에 임팩트 투자를 해, 예방가능한 백내장 맹인의 수를 감소시키는데 목표를 맞춘다(앞글: 88-89). 임팩트 채권이 필요한 이유는 백내장 수술과 같은 결과를 생산하는 사

회적 임팩트가 중요하기 때문이다. 백내장 위험성을 초기에 개입해 취약층 삶의 질 개선에 기여하는데 목표가 있다.

백내장 수술을 받을 만한 재정적 여유가 없는 취약층 1만 8000명을 대상으로 백내장 수술을 시행한다. 극빈층에 대해서는 병원이 무료 또는 할인 혜택을 제공한다.

6) 국제적십자사 인도적 구호 임팩트 투자(PHII)와 DIB

(1) 인도적 구호 임팩트 투자(PHII)

국제적집자사의 인도적 구호 임팩트 투자(ICRC Programme for Humanitarian Impact Investment: PHII)는 개발도상국 장애인의 종합재활서비스를 위한 임팩트 투자이다(Brookings Institution and Convergence 2017: 84-85). 개발도상국의 9천만 명의 지체장애인은 교육과 고용의 장애에 직면해 있다. 이는 사회적 배제와 장기적인 빈곤의 근본원인이다. 이들에게 치료와 이동수단을 제공하고 사회적 포용의 서비스를 지원해 교육과 고용 증진에 기여하는 프로그램이다. 그런데 이런 서비스 프로그램은 인프라 부족과 지역의 재활자원 부족의 욕구의 5~15%만이 충족되고 있는 실정이다. ICRC는 2016년 34개국에서 139개의 지체재활프로그램을 시행해, 33만 명에게 서비스를 제공했다.

PHII의 2년 프로그램은 말리, 나이지리아, 콩고의 장애인 3600명을 대상으로 한다. 대상 자격으로는 a) 전쟁이나 재난 피해자, b) 인지장애, c) 천연두 등 질병 장애 등이다. 국제적십자사 PHII는 3개국의 분쟁, 분쟁 이

표 6-8 국제적십자사 인도적구호 임팩트 투자(PHII)

– 시행기관: 국제적십자사(ICRC) – 결과지불자: 벨기에, 스위스, 영국, 이탈리아, 네덜란드 정부 및 la Caixa 재단 – 투자기관: 유럽의 기관투자자, 개인 고액자산가 – 중간기관: KOIS Invest – 결과 평가기관: Philanthropy Advisors
a) 결과 매트릭스: 결과기반의 스탭효율성 비율(Staff Efficiency Ratio; 프로그램 종료시 지역 재활 스탭 일인당 종합재활서비스로 이동수단을 갖춘 장애인 수) b) 평가 방법: 기존 센터의 역사적 스탭효율성비율(벤치마크)에 비교한 신설 센터의 스탭 효율성비율 c) 지불 최저수준: 기존 센터의 역사적 스탭효율성 비율(벤치마크) d) 지불 금액: 알려지지 않음 e) 투자자의 잠재적 투자금 손실: 알려지지 않음 f) 최대 수익: 알려지지 않음 g) 최근 결과: 알려지지 않음

자료 Brookings Institution and Convergence 2017: 85.

후의 종합적인 지체장애 재활서비스를 제공하는 $2610만 DIB이다. DIB가 필요한 이유는 재활서비스 센터에 혁신적 시설과 서비스를 갖춰 재활서비스의 효과성과 효율성 증대를 위한 것이다. 궁극적인 목표는 종합 재활서비스를 받은 장애인의 수를 확대하는 것이다.

(2) 인도적 구호 재활 DIB

인도적 구호 임팩트채권(humanitarian impact bond: HIB)은 국제적십자사(ICRC)가 개발한 최초의 인도적 구호 분야 개발임팩트채권이다. 갈등이 심한 국가에서 장애를 가진 취약층에 인도적 구호 서비스를 하기 위한 공공 및 민간 자본을 제공하는 금융수단이다. 5년 프로그램으로 구성된 HIB는 나이지리아의 마두구리, 콩고의 킨샤사, 말리의 몹티, 세 지역에 ICRC가 운영하는 물리재활센터를 건설해 운영하는 것이다(OECD 2018b: 158). 또한 기존의 ICRC가 운영하는 8개 지역의 센터들의 새로운 스탭 훈련과 재활 효율성 증진사업에 3년 기간 투자한다.

민간 투자자들이 임팩트 투자를 하고 계획된 성과가 달성되면 프리미움으로 수익도 지급받는다. 결과지불자로 벨기에, 이탈리아, 스위스, 영국 정부 및 스페인 은행이 나섰다. 2000만 스위스 프랑 투자금이 유치되었다(ICRC 2018). 자활 센터 프로그램 효율성이 높아질수록 결과지불금이 높아지는 채권구조를 갖추고 있다. 결과지불금을 정확하게 결정하는 결과 측정을 추진하고 ICRC가 보고한 자료를 검증하는 전문기관도 참여한다.

제7장

한국형 개발 임팩트 투자

1. 사회적금융과 임팩트 투자의 발전

국내 임팩트 투자는 2018년 큰 첫걸음을 떼면서 글로벌 임팩트 투자 플랫폼 GSG에서도 한국의 변화와 혁신을 긍정적으로 평가한다.

1) 한국 임팩트 투자의 발전단계

(1) GSG의 한국 임팩트 투자 생태계 평가

한국 정부는 GSG가 제시하는 임팩트 투자 생태계 조성에서 이미 상당한 역할을 하고 있거나 계획을 발표해 준비하고 있는 것으로 나타난다(GSG 2018b).

먼저 시장 진흥자(market facilitator) 5대 기능 중 4개에서, 시장 참여자

(market participant) 기능 3개 중 2개, 시장 규제자(regulator) 6개 기능 중 4개에 해당된다. 한국은 발전단계에서는 초보 형성기에 해당되지만, 발전가능성에서는 G20 중 강력한 후발강국에 해당된다.

한국은 아직 민간주도의 국가자문위원회(NAB)를 구성하지 못하고 있지만, 정부가 강력한 '시장 진흥자' 역할을 하는 것으로 평가받고 있다. 문재인 정부의 출범과 함께 청와대 사회수석실과 사회정책실이 신설되면서 핵심적인 중앙기관이 강력한 리더십을 발휘하는 것으로 평가받고 있다. 실제로 사회수석실을 통해 정부부처 합동회의에서 〈사회적경제 활성화〉(2017.10.) 종합계획과 〈사회적금융 활성화〉(2018.2) 계획이 제시되었다. 또 '사회가치기금'이 영국식 BSC와 같은 도매은행으로 제도화되었다.[38]

둘째, '시장 참여자'로서의 정부의 역할 부분에서는 정부 관계부처의 다양한 기금 마련으로 자본접근이 활성화한 것으로 평가받고 있다. 또 임팩트기업인 사회적기업, 소셜 벤처 등이 생산하는 사회적 가치를 인정하는 정부조달도 상당히 진전한 것으로 긍정적 평가를 받고 있다.

셋째, '시장 규제자' 역할도 상당한 것으로 나타난다. 사회적기업 육성법(2007) 도입을 비롯한 협동조합법(2015)의 시행, 그리고 사회적경제기본법과 사회적가치법의 입법 계획 등 특별 법제를 통한 정부의 '시장 규제자' 역할도 GSG의 긍정적인 평가를 받는 부분이다. 그런데 사회적기업이나 소셜벤처에 투자되는 사회적 금융에 대한 수요측 인센티브는 비교적 강하게 나타나 있는 반면에 자본 공급측 인센티브는 미미하거나 불확실한 것으로 평가되고 있다. 이와 함께 고액자산가나 일반 소비자의 임팩트 투자 참여를 이끄는 소매상품의 개발도 불확실한 상태로 국가적 과제로 남아 있다.

---

38 한국사회가치연대기금이 2019년 설립되었다. https://www.svsfund.org/

표 7-1 임팩트 투자 생태계를 지원하는 정부의 15가지 역할: GSG 8개국 비교

	시장 진흥자							시장 참여자			시장 규제자					
	정부AB대표	1. 역량구축	2. 중앙기관	3. 교육훈련	4. 국가전략	5. 도매시장	6. 임팩트거래소	7. 자본접근	8. 임팩트위탁	9. 임팩트조달	10. 신의성실의무	11. 임팩트리포팅	12. 특별법제	13. 수요유인	14. 공급유인	15. 소매상품
한국		○	○	○				○		○			○			
일본		○		○				○	○							
프랑스	○	○	○	○	○			○			○		○	○	○	○
독일	○			○				○								
이탈리아		○		○		○										
포르투갈		○	○	○	○	○		○							○	
영국		○	○	○		○	○	○		○					○	
미국								○	○		○		○		○	

자료 GSG, 2018b: 8.

○ 시행중

준비중

(2) 한국 정부의 '사회적 금융' 현황 평가

2018년 2월 정부의 〈사회적 금융 활성화 방안〉 보고서는, 한국의 사회적 금융이 "① 태동단계로서 ② 절대적인 자금 공급량이 부족할 뿐만 아니라 ③ 관련 생태계도 미형성된 상황"라 평가한다.

① 사회적 금융시장이 구축된 영국이나 미국에 비해 시장이 형성되지 않은 태동단계(그림에서 "조화되지 않은 혁신" 단계)에 해당된다.

② 성장기에 들어선 사회적경제의 발전 정도(자금수요)에 비해 금융 공급이 부족한 사회적 금융의 과소공급 상태가 지속되고 있다. 사회적기업 평균 매출액(억 원)은 2013년 11.7 → 2014년 12.0 → 2015년 13.4 → 2016년 15.8으로 늘어나고 있다. 사회적기업 자금조달(2015년, 고용부)은 정부보조금(51.4%), 특수관계인 차입(43.6%)으로 구성된다. 공공부문 주도로 자금공급을 확대하고 있으나 지속적으로 증대되는 사회적경제의 자금수요에는 미치지 못하고 있다. 사회적경제의 특수성에 대한 고려가 미흡하여, 만기(인내자본 희망), 지원수단(융자·보증에 편중) 등에서 수급간 미스매치도 발생하고 있다.

③ 사회적 금융 중개기관 등 생태계 구축이 미흡하고, 사회적 성과 평가 등 관련 시장 인프라도 미비해서 거래·정보비용이 크다. 사회적 금융을 복지제도로 혼동하거나 기대수익이 낮은 반면 리스크는 높다는 인식 등으로 민간의 자율적 참여가 저조하다.

그림 7-1 사회적 금융 시장의 발전단계

조화되지 않은 혁신 (한국) ▶	시장 구축 현재(영·미) ▶	시장가치의 포착 5~10년후? (영·미) ▶	시장 성숙
- 시장 요구와 정책 인센티브에 반응해 산발적인 기업가 활동 발생 - 외견상 성숙된 시장에서 분열적인 혁신가들이 새로운 사업모델을 추구 - 시장의 상단을 제외하면 시장경쟁이 부재	- 활동의 중심이 발전하기 시작 - 거래비용을 낮추고 더 많은 활동을 지원하는 시장 인프라가 구축	- 주류시장 참가자들의 사회투자시장 참여로 성장이 일어남 - 시장활동이 증가함에 따라 기관들이 이전 인프라에 투자한 고정비용을 회수할 수 있음(leverage) - 조직들이 보다 전문화되는 조짐	- 활동이 정상화 상태에 도달, 성장이 둔화 - 일부에서는 정리통합(consolidation)의 조짐이 일어남

자료 Monitor Institute(2009), "Investing for Social & Environmental Impact" 2009. p.11.

2) 한국 사회적 금융의 현황

사회적 금융은 정부·공공재원을 중심으로 중소기업·서민 정책금융 지원체계 내에서 수행되는 특징이 있다. 정부의 2018년 〈사회적 금융 활성화 방안〉 보고서는 〈표 7-2〉와 같이 소개한다(관계부처 합동 2018).

반면에 민간재원을 활용한 자발적인 사회적 금융은 다양한 시도가 있지만 절대적인 규모는 미미한 수준에 머물러 있다. 2018년 〈사회적 금융 활성화 방안〉 보고서는 다음과 같이 소개한다.

첫째, 특정 대기업은 사회공헌활동의 일환으로 사회적기업 및 전문인력 육성과 함께 사회적 금융 관련 사업을 실시하고 있다. SK행복나눔재단의 2013년 KAIST 사회적기업가 MBA 과정 신설 등 사례가 있다.

표 7-2 한국 사회적 금융의 현황 : 정부·공공재원 중심

- 미소금융과 중소기업정책자금 중 일부를 사회적기업에 대출('16년중 각각 9.5억 원, 106억 원)* 미소금융은 민간사업수행기관을 통해 간접적으로 대출 실행 - 지자체에서도 다양한 사업을 실시중이며, 서울시의 경우 별도기금("사회투자기금")을 조성하여 저리융자 ('16년중 207억 원) - 신보와 지역신보에서 사회적기업·협동조합에 대해 일반기업에 비해 보증비율을 높인 특례보증 제공 ('16년중 각각 46억 원·94억 원) - 투자방식으로는 모태펀드 내 사회적기업 펀드를 별도로 조성하여 민간자금과 매칭을 통해 사회적기업에 투자 ('16년중 15.5억 원)

둘째, 일부 사회적 금융 중개기관은 공공자금 내 민간부문에서 재원을 조달하여 상업적 원리에 기반한 임팩트 투자를 수행한다. 자금지원뿐 아니라 재무·회계, 경영, 마케팅 등에 대한 컨설팅을 병행함으로써 사회적경제기업의 성공가능성을 제고한다.

셋째, 사회적경제단체가 공제형태의 자조기금을 조성하여 회원사인 사회적경제기업에 대해 자금을 지원하는 사업도 존재한다.

3) 민간부문의 임팩트 투자 현황

국내 임팩트 투자는 아직 태동기다. 임팩트 투자 기업으로 소풍·크레비스파트너스·에이치지이니셔티브 등이 현재 국내에서 활약 중이다. 또 벤처캐피털 쿨리지코너인베스트먼트가 40억 원 규모의 'CCVC 소셜벤처투자조합'을 조성해 사회적기업에 투자하며, 미래에셋벤처투자·포스코기술

투자 등도 사회적기업 펀드를 운영하고 있다(한국일보 2018.6.17.).

기업들도 임팩트 투자에 점차 동참하고 있다. 2017년 12월 SK행복나눔재단(40억 원), IBK투자증권(60억 원), KEB하나은행(10억 원)이 공동 출자해 국내 최초의 사회적기업에 주로 투자하는 '사회적기업 전문 사모투자신탁 1호'가 출범했다. 최근에는 자산운용사들도 임팩트 투자에 보다 적극적으로 나서고 있다. 2003년 설립된 아크자산운용은 2017년 아크임팩트자산운용으로 이름을 바꾸고 국내 첫 '임팩트 투자전문 자산운용사'로 이름을 올렸다(한경비즈니스 2018.2.27.). 라임자산운용 등도 소셜 벤처에 대한 투자를 늘리고 있다. 나무를 심어 환경 문제를 해결하는 사회적기업 '트리플래닛'에 대한 투자가 대표적이다.

SK는 사회적기업의 경영 활동에 대한 사회적 가치를 계량화하는데 주도적 역할을 한다. 임팩트 투자에 참여를 확장시키기 위해 사회적 가치를 화폐 단위로 측정한 뒤 재무제표 등을 통해 공시해 투자자, 주주 등 이해관계자들이 회사를 판단하는 데 도움을 준다. 2015년부터 지원하고 있는 사회적기업을 대상으로 사회적 가치를 화폐 가치로 측정해서 현금으로 보상하는 '사회성과 인센티브제'를 운영하고 있다. 2017년 130개 기업이 그 대상이며, 취약계층 고용, 재활용 쓰레기 활용, 그리고 취약계층 위한 상품을 시장 가격 평균보다 얼마나 더 싸게 제공했는지 등을 기준으로 삼고 있다.

글로벌 임팩트 투자 민간협의체(GSG)의 가입을 목적으로 추진된 임팩트금융추진위원회는 2017년에 출범해 2018년 활동에 들어갔다. 이 위원회는 이헌재 전 경제부총리가 주축이 되어 소셜 벤처 등 사회적기업가들에 투자하기 위해 2700억 원 규모의 임팩트 펀드를 조성한다는 계획을 발표했다. 700억 원은 금융사 등의 출연과 기부를 통해 조달하고 2000억 원은 일반 투자자로부터 투자를 받아 재원을 마련한다. 임팩트금융추진위원회는 이를 위해 지난해 7월 유한회사 법인인 한국임팩트금융(IFK)을 설립했다. 그 밑에 사모펀드 운용사 임팩트캐피털코리아(ICK)와 재단법인 한국사회투자를 두는 형식으로 조직을 운영한다.

위원회는 향후 투자대상을 선별하는 데 해결이 가장 시급한 사회문제에 우선 초점을 맞추고 있다. 특히 주거 문제를 해결하는 데 투자의 우선순위를 두고 있다. 주거는 사회적 불평등 해결에도 기여하며 사회적 가치 생산이 높은 영역으로 판단된다. '셰어하우스'와 같은 사회적 주택의 활성화에 관심이 집중되고 있다.

4) 정부의 사회적 금융 활성화 계획

정부는 2018년 2월 〈사회적 금융 활성화 방안〉에서, 향후 5년간 3000억 원 수준의 '사회가치기금'(Social Benefit Fund)을 조성하겠다고 발표하였다. 한국형 사회가치기금은 영국에서 2012년 설립된 빅소사이어티캐피털(BSC)을 모델로 하고 있다. BSC는 휴면 예금(4억 파운드)과 4대 은행의 출자(2억 파운드)를 기반으로 6억 파운드(약 1조 원) 정도의 자금을 조성해 사회적 기업들을 지원하고 있다. BSC는 사회임팩트 투자 도매은행으로, 중간지원기관들에 자금을 공급하면 이들이 투자금을 사회적기업이나 프로젝트에 지원하는 방식이다.

한국형 사회가치기금 역시 민간의 자발적 기부와 출연을 중심으로 재원을 마련하고 기금 운용 또한 정부로부터 독립적이다. 사회가치기금의 독립성 확보를 위해 정부의 출연·출자는 민간재원 이내의 범위로 한정했다. 민간의 투자를 독려하기 위해 세제혜택 등 인센티브를 제공한다.

이와 함께 임팩트 금융을 확산시키기 위한 정부와 공공 재원도 대폭 확대했다. 신용보증기금과 지역신용보증재단의 사회적경제기업 특례 보증을 550억 원으로 확대하고 신보에 2022년까지 5000억 원의 보증 공급이 가능한 별도의 사회적경제기업 계정을 신설한다.

'모태펀드'를 운용 중인 중소벤처기업부 산하 한국벤처투자는 연내 1000억 원 규모의 임팩트 투자펀드를 조성한다. 모태펀드는 정부 기금을 벤처기업에 직접 투자하는 것이 아니라 벤처캐피털에 출자하는 펀드다. 임팩트 투자펀드는 벤처기업 중에서도 사회적 목적을 가진 소셜 벤처 등에 집중 투자된다.

'성장사다리펀드'를 운용 중인 한국성장투자금융운용은 300억 원 규모의 사회투자펀드(사회적 기업 투자 분야 100억 원, 임팩트 투자 분야 200억 원)를 조성할 계획이다. 금융위원회 소관의 성장사다리펀드는 KDB산업은행·IBK기업은행 등 은행권이 주요 출자 기관이고 삼성전자·SK하이닉스 등 민간도 돈을 낸다. 모태펀드가 창업 단계의 기업에 투자를 많이 하는 반면 성장사다리펀드는 성장·회수 단계의 기업에 주로 투자한다는 점에서 차이가 있다.

성장금융은 2017년 12월 약 100억 원 규모의 사회적 기업 투자 분야 위탁 운용사로 IBK투자증권을 선정한 데 이어 2018년 2월 200억 원 규모의 임팩트 투자 분야 위탁 운용사로 크레비스파트너스와 라임자산운용을 선정했다(한경비즈니스 2018. 2.27.). IBK투자증권은 성장사다리펀드 출자금을 토대로 110억 원 규모의 '사회적기업 전문 사모투자신탁 1호'를 조성할 계획이다. 사회적기업에 주로 투자하는 국내 최초의 사모펀드(PEF)가 된다. 크레비스파트너스와 라임자산운용이 위탁을 맡게 된 임팩트펀드의 자금은 최소 200억 원으로 성장금융이 130억 원을 대고 크레비스파트너스(7억 원)

와 라임자산운용(3억 원)이 10억 원을 낸다. 나머지 60억 원 정도는 외부 기관투자가로부터 조달한다.

2. KOICA의 개발 임팩트 투자 실험

한국 원조기관 KOICA가 추진한 개발 임팩트 투자 사례로 2015년에 개시된 망고펀드와 같은 해의 팔레스타인 창·취업 지원 프로그램이 대표적이다.

1) '망고펀드(Mango Fund)'와 협업

망고펀드는 우간다의 중소기업 성장을 통한 지역경제 활성화를 목적으로 임팩트 투자 펀드를 운영하여 중소기업의 금융접근성 향상을 꾀한다. 동시에 기술자문(TA: Technical Assistant)을 제공하여 중소기업의 역량강화를 지원한다. 이 프로젝트는 KOICA와 망고펀드의 협업을 통하여 우간다 내 중소기업 활성화를 통한 산업화 촉진, 경제성장의 원동력 구축 및 일자리 창출 이라는 개발의제를 효율적, 효과적으로 달성하는데 목표를 둔다.

망고펀드는 상당한 사전 준비 작업을 거쳐 금융투자 사업을 진행하였다. 이를 통해 단순한 자금대출기관(money lender)의 개념을 넘어 기술자문(TA) 지원을 통한 중소기업 역량구축 기관(capacity builder) 역할도 동시에 추구하고 있다. 이는 기존 영리목적의 전통적 금융회사와 차별화되는 부분이며, 이를 통해 자금대출로 얻을 수 있는 경제적인 목적 외에 중소기업 역량 강화 및 역량구축이라는 사회적인 목적 또한 이룰 수 있다는 장점이 있다. 또한 임팩트 투자를 통해 고용의 창출이라는 경제적 목적과 함께 취약계층 포용이라는 사회적 목적도 함께 이루고자 한다.

KOICA는 우간다의 임팩트 투자기관인 미국의 '망고펀드(Mango Fund)'와 협업(MOU 체결)을 통해 '우간다 중소기업 금융접근성 개선사업'을 진행하였다. 사업기간은 3년 6개월 (2015.1~2018.6)이며 총 투자금액은 50만 달러(KOICA 35만 달러, 망고펀드 15만 달러)이다. 망고펀드는 2011년 미국에 설립된 비영리기관으로, 동부 아프리카 중소기업에 금융 대출과 컨설팅을 제공하고 있다. 우간다에 처음으로 지부를 설립했다.

KOICA는 소액 투자이지만 중소기업에 금융지원(36개 중소기업 대상)을 통해 기업의 활성화를 촉진해, 장기적으로는 산업화에 이바지하는 데 목표를 두고 있다. KOICA 최초의 임팩트 투자 사업으로, 이는 재정적 투자수익뿐만 아니라 사회·환경적인 성과(임팩트)도 함께 실현하는 프로젝트이다.

이 사업은 투자와 자금회수라는 금융 메커니즘(cash flow)을 따른다. 그럼에도 일반적인 투자와 달리 기업의 상황에 맞게 이자율과 상환기간이 다르게 적용된다(박영호 외 2015: 48). KOICA는 법적으로 지분투자를 할 수 없기 때문에 증여를 통한 분담금 납부 방식으로 망고펀드에 편입했는데, 여기에 투자된 분담금은 중소기업으로부터 출자금이 상환되면 재투자하는 회전기금(Revolving Fund)으로 운영된다. 펀드 손실율(출금을 돌려받지 못하는 비율)을 20%로 책정했으며, 망고펀드가 연간 제공하는 컨설팅 및 사업종료 평가비용을 산정하여, 사업종료 후 KOICA 분담금이 모두 소진되도록 한다. 망고펀드 사례는 중소기업의 금융접근성 개선을 통해 중소기업의 성장을 지원하고, 이것이 지역경제의 활성화로 이어지며 개발효과성을 높일 것으로 기대된다.

개발협력의 효과성을 높이기 위해서는 망고펀드 사례와 같이 개발의 역동성과 임팩트가 높은 전략 분야에 집중하는 것이 필요하다(앞글: 49). 어느 분야에 집중할 것인지 선택은 수요와 공급에 따라 결정될 수 있다. 아프리카의 민간부문개발을 가로막는 주요 요인들은 열악한 인프라, 사회 전반에 만연한 부정부패, 과도한 규제, 금융소외, 인적자원 및 개발역량 부족, 두뇌유출(brain drain), 자본도피(capital flight) 등으로, 이것들은 한국의 개발협력 역량을 초월하고 있다. 한국은 아프리카 개발협력의 후발주자로 다른 원조공여국보다 자금력이 열세일 뿐만 아니라, 아프리카 현지사정에 이해도가 높지 못하고 개발협력 노하우를 충분히 축적하지 못한 상태이다.

2) 팔레스타인 창·취업 지원 프로그램

팔레스타인 창·취업 지원 프로그램(2015~2019, 700만 달러)은 혁신적 금융수단에 해당된다. 혁신적 금융 중 '투자기관에 대한 증여를 통한 간접 투자 및 보증'을 적용한 기업 비즈니스 분야 KOICA 개발컨설팅 사업이다(민준기 2016: 60). 2016년 7월 PM(Project Management Service, 사업기획관리자)인 삼정회계법인이 선정된 이후 본격적인 사업을 시작하고 사업 개요는 〈표 7-3〉과 같다.

이상과 같이 참여기관들은 다양한 현지 이해관계자들과 개발효과성 개선을 위해 공식 협업하고 있다. 이 사업은 수원국 요청이 아닌 현지 산업 수요를 반영해 팔레스타인 사무소가 주도적으로 사업을 발굴한 사례로서

표 7-3 팔레스타인 창·취업 지원프로그램 개요

사업명: 팔레스타인 창·취업 지원프로그램 (Palestine Start-up Support(PASS)Program) 수원기관: 팔레스타인 정보통신부 기간/예산: 2015년~2019년/700만 달러 대상지역: 팔레스타인 서안지구/동예루살렘 지역 및 가자지구 사업목표: 팔레스타인 스타트업 생태계 성장을 통해 지속가능한 경제발전에 기여 참여기관: 현지 국제기구(United Nations Relief and Works Agency for Palestine Refugees in the Near East, 이하 UNRWA), 공여기관 (Belgian Development Agency, 이하 BDA), 대기업(Paltel Group, 이하 PG), 비영리기구(Welfare Association, 이하 WA)

자료 민준기 2016, p.60.

다양한 현지 기관들과의 협업도 사무소의 노력이 빚어낸 결과물이다.

사업 구조에는 혼합재원 조성 및 임팩트 투자를 활용한, 외부투자를 유치하기 위한 혁신적 금융수단이 포함되어 있다. 초기자금 확보가 중요한 현지 스타트업이 주요 수혜자인 만큼 혁신적 금융수단을 연계하여 개발효과성을 높이고 있다.

KOICA는 PG 및 WA와 1:1 사업비 매칭사업 실행을 계획하였다. KOICA-PG 각각 50만 달러 투입, KOICA-WA 각각 70만 달러 투입 계획이다. 먼저 PG와의 사업은 청소년 코딩교육(Code for Palestine)과 청소년/대학생 창·취업 기술역량강화 교육(Technical Training), 글로벌혁신센터(Glcbal Innovation Center) 설립 등에 사용하는 것을 논의 중이며 PG의 PASS(Palestine Start-up Support Program) Fund 투자자 참여도 검토 중이다. 이는 혼합재원 조성의 광의적 개념인 '개도국에서의 민간자본 유치를 위한 공공 개발재원 및 자선기금의 전략적 사용'에 부합하며 PASS Fund 참여를 통해 PG에게 적정수익을 제공해 주면 혼합재원 조성이 제시하는 요소들을 모두 갖추게

된다(앞글: 62).

한편 WA와의 사업은 그들이 보유한 국외 팔레스타인 엔젤 투자자 네트워크를 확대 및 활용하는 사업이다. 이는 투자자의 현지 스타트업 투자확대 및 우수 스타트업 발굴을 통한 적정수익 확보에도 기여할 수 있다. KOICA는 PC에게 자금을 증여하여 펀드의 기초재원을 마련할 예정이며 이를 통해 PM 및 PC는 KOICA외 투자자를 유치할 예정이다. 그리고 자금을 KOICA로부터 증여받은 PC는 투자를 직접 집행하거나 최우선손실자본(first loss capital)을 조성하여 투자를 유치할 계획이다. 두 가지 방법론 중 투자금을 더 많이 확보할 수 있는 방안을 탐색하며, KOICA는 '최우선손실자본의 무상ODA사업 적용시 유의점'을 검토 확인 후 PC와 약정을 체결한다.

이 사업은 혁신적 금융수단이 무상ODA 사업이 적용되어 외부투자의 유입 및 수혜 스타트업의 성장, 나아가 SDG 8의 달성을 촉진할 수 있는 모범사례라고 판단된다. KOICA가 PASS Fund 조성에 촉매자본으로 지원하는 금액은 35만 달러(USD)이며, 해당 재원을 위탁운용하는 현지 벤처캐피털 또는 액셀러레이터가 매칭자금 제공을 통해 지분투자나 컨버터블 노트 방식으로 투자가 진행된다(김정남 외 2018: 113). PASS Fund는 KOICA가 국별협력사업 내 최초로 도입한 임팩트 투자 시범 사업으로서, 당초 사업기획을 주도한 KOICA 사업담당자와 PM사가 다수의 국제기구와 공여기관, 한국정부의 유사 사례를 벤치마킹하여 현지 이해관계자와 함께 논의 후, 현지 여건과 특성에 맞게 펀드 조성방안과 운용 프로세스를 설계한 사례이다.

3) KOICA의 개발 임팩트 투자 과제

개발 임팩트 투자에서는 개발원조기관인 KOICA의 임팩트 투자 추진 현황과 향후 과제를 살펴볼 수 있다.

(1) KOICA의 개발 임팩트 투자의 한계

〈KOICA 임팩트 투자 및 혼합재원 활용 가이드라인 수립 연구〉(김정남 외 2018)는, KOICA가 혁신적 개발협력 수단으로 임팩트 투자 사업을 추진할 것을 제안한다. KOICA가 목표하는 중점 개발협력 성과에 따라 특정 중점지원 지역 및 분야를 설정해 여러 사업들에 적용 가능하다는 것이다. KOICA 혁신적 파트너십 솔루숀(Innovative Partnership Solution; IPS), 창의적 기술 솔루숀(Creative Technology Solution; CTS), 포용적 비즈니스 솔루숀(Inclusive Business Solution; IBS), 국별협력사업 등에 임팩트 투자가 적용될 수 있다.

그런데 KOICA의 개발 임팩트 투자는 심각한 재정적 한계에 직면해 있다. KOICA에서 임팩트 투자와 연계하여 추진할 수 있는 사업으로는 혁신사업실의 IPS, IBS, CTS 사업과 국별협력사업, 그리고 국제 질병퇴치기금 운영실의 기금 활용 사업 등이 있다. 그러나 IPS 사업의 경우, 현재 가용 예산이 5년간 총 100만 달러(연 최대 20만 달러)로 한정되어 있어 임팩트 투자 사업을 시범적으로 운영하기에 그 규모가 극히 제한적이다(앞글: 113). 최근 KOICA 또한 타기관펀드 참여형 혹은 공동 기획형 형태로 협력을 고려하고 있는 GIF의 각 공여기관별 출자금을 살펴보면 USAID는 7800만 달러, DFID는 6900만 달러, DFAT은 2400만 달러, SIDA는 1400만 달러 수준으로, 현재 KOICA의 가용예산 규모의 최소 14배, 최대 78배 규모이다.

또한 사업구조와 예산의 제약 외에도 KOICA의 잠재적 협력파트너와 사업기회 또한 제한적인 실정이다(앞글: 115). 국내 대부분의 임팩트 투자 자금은 설립 5년 미만의 기관이 운용하며 개도국 투자경험이 풍부하지 않아, 개도국 대상 임팩트 투자 사업을 안정적으로 추진할 수 있는 국내 적정 파트너 후보가 한정적인 실정이다. 현재 국내에서 KOICA 임팩트 투자 사업을 함께 수행할 적정 파트너를 찾는 데에 상당한 노력과 시간이 필요할 것으로 예상된다. 해외에서는 개도국 대상 임팩트 투자 사업 경험을 보유한 민간기관이 다수 존재하나, KOICA는 예산제약과 관련 전문성 및 경험의 부족, 업무과중 등의 이유로 아직까지 잠재적 협력파트너 발굴과 사업 기회 모색에 소극적인 자세를 견지할 수밖에 없는 실정이다.

(2) KOICA 임팩트 투자 추진과제

KOICA의 임팩트 투자가 가능한 펀드 유형별로 살펴보면 다음과 같다(김정남 외 2018: 115-6). 우선 타기관펀드 참여형의 경우, 이미 조성된 펀드이므로 전문성과 경험이 풍부한 파트너와의 협력을 통해 KOICA가 비교적 부담 없이 참여할 수 있다. 기존의 인력과 현 KOICA IPS 사업구조 내에서 확보한 소규모 예산을 활용하여 KOICA에 먼저 협력을 제안하는 공식력이 높은 파트너기관을 통해 임팩트 투자 사업을 시범적으로 추진할 수 있다.

둘째 공동 기획형의 경우, KOICA가 직접 타 기관과 함께 펀드를 기획하고 조성해야 하므로 타기관펀드 참여형보다 부담과 리스크가 높은 편이다. 해당 업무 수행을 위한 별도의 전담인력이 배치되어야 한다. 기존 국별

사업 또는 IPS, IBS 등의 혁신사업의 예산을 활용해, 공통의 목적을 가진 선진 공여기관 또는 민간파트너와 함께 임팩트 투자 사업을 기획할 수 있지만, 사업 규모나 목적에 따라 추가 예산 확보가 필요할 수 있다. 공동기획형은 함께 기획하는 협력기관의 역량에 따라 소요 시간과 비용, 리스크 수준이 좌우될 수 있으므로, 기관 간 시너지를 창출할 수 있는 전문성이 풍부한 파트너기관과의 협력이 필수적이다. 이를 위하여 KOICA는 잠재적 협력 파트너 및 사업기회 발굴을 위한 탐색 투입이 요구된다.

마지막으로 KOICA가 단독으로 임팩트 투자 사업을 기획하는 단독 기획형의 경우, 많은 시간과 비용이 소요될 뿐 아니라 리스크가 상당할 것 같다. 사업기획관리를 위하여 별도 조직 마련과 인력확충이 선행되어야 한다. 공여기관의 단독 기획형 사업은 주로 국별사업보다는 큰 규모의 지역별 사업으로 추진되므로, 기존 국별사업을 확대한 새로운 형태의 지역별사업 추진을 고려할 수 있다. 또한 KOICA 임팩트 투자 펀드 기획 방향성 수립, 펀드 운용주체 선정, 성과관리 방안 마련 등을 위한 본부와 현지 지역사무소의 노력, 선제적인 잠재 협력파트너 발굴, 국내외 외부 전문가의 적극적인 활용이 요구된다.

따라서 사업추진 용이성과 적합성 측면을 종합적으로 검토해보면, 임팩트 투자 도입 단계에 있는 KOICA는 타기관펀드 참여형을 가장 우선적으로 추진해볼 만하다. 임팩트 투자 초기 단계를 타기관펀드 참여형으로 거쳐 성장기와 제도화기 단계에서 다른 두 가지 유형으로 응용해 다각화하는 것이 바람직한 전략이라 볼 수 있다. 단기적으로는 타기관펀드 참여형을 착수하는 동시에 KOICA의 도전과제를 해결해나갈 수 있는 방안을 점진적으로 마련하는 과정이 중요하다. 이 과정이 누적되는 장기에 걸쳐 공동 기획형과 단독 기획형으로 성장해가는 발판을 마련하는 단계적 접근

전략이 바람직할 것 같다(앞글: 116).

(3) KOICA 임팩트 투자 사업추진을 위한 단계별 로드맵

임팩트 투자 사업을 도입하여 본격적으로 시범사업을 추진하는 초기 단계에서는 내부인식의 전환과 이해도 제고, 역량 증진이 중요하다(김정남 외 2018: 117). 또한, 초기단계에서는 GSG 등의 글로벌협의체 관련 네트워크 확장, 또 이를 통한 국내외 협력파트너와 협력사업 기회 발굴이 뒷받침되어야 할 것이다.

KOICA는 공여기관으로서의 개도국 임팩트 투자 사업 경험과 노하우를 우선 축적하는 것이 중요한데, 시범 사업을 단계적으로 추진하는 것이 바람직하다. 이를 위해 영국의 CDC, 미국의 OPIC와 같은 임팩트 투자 사업 추진을 위한 별도의 자회사를 설립하거나, 혁신사업실의 협력법인 등을 활용할 수 있다. 여기에 KOICA가 단독 기획한 펀드 운용을 전담하는 업무를 위탁해볼 수 있다. 또 국제적 수준의 역량 있는 파트너와의 협력 확대와 사업기회의 발굴 및 추진도 주요 추진전략 과제로 제시되어 있다.

3. 결론: 한국형 개발 임팩트 투자

한국의 개발 임팩트 투자는 국내에서는 정부의 역할에 크게 의존하며, 글로벌 차원에서는 GSG 등의 민간부문의 동향에도 많은 영향을 받는다. 글로벌 차원에서도 영국과 미국 등 일부 국가들이 개발금융의 패러다임 전환 차원에서 개발 임팩트 투자를 크게 활성화시키고 있다. 한국은 그간 사회적경제 중심의 법제와 중앙정부의 제도와 정책 기반이 비교적 건실해서 국내 사회적 임팩트 투자뿐 아니라 해외의 개발 임팩트 투자도 확장할 수 있는 비교적 안정적인 생태계를 갖춰가고 있다. 2018년 GSG의 19개국 비교평가 보고서에도 한국의 현황에 대한 상세한 비교적 긍정적인 평가가 이뤄지고 있다.

이런 상황에서 국내의 '사회적 금융'은 2018년부터 활성화되는 강력한 동향을 보여준다. 정부는 향후 5년의 '사회가치기금' 설치로 도매은행을 통한 사회적기업과 소셜 벤처에 지속가능한 투자자로 나서고 있다. 또 임팩트 금융을 확산시키기 위한 정부와 공공 재원도 대폭 확대하고 있다. 신용보증기금과 지역신용보증재단의 사회적경제기업 특례 보증이 크게 확대되고 신보에 사회적경제기업 계정이 신설된다.

창업 단계의 기업에 투자하는 모태 펀드와 성장·회수 단계의 기업에 주로 투자하는 성장사다리펀드도 성장하고 있다. '모태펀드'를 운용 중인 중소벤처기업부 산하 한국벤처투자는 1000억 원 규모의 임팩트 투자펀드를 조성한다. 임팩트 투자펀드는 벤처기업 중에서도 사회적 목적기관인 소셜 벤처 등에 집중 투자하게 된다. 또 '성장사다리펀드'를 운용 중인 한국성장투자금융운용)은 총 300억 원 규모의 사회투자펀드도 조성된다. 금융위원회의 관리를 받는 성장사다리펀드는 KDB산업은행·IBK기업은행 등 은행권이 주요 출자기관이고 삼성전자·SK하이닉스 등 민간기업도 투자한다.

이상과 같이 국내 임팩트 투자의 강력한 주류화 동향은 개발 임팩트 투자에도 직접적으로 많은 영향을 미치고 있다. 그간의 개발 임팩트 투자는 KOICA 중심으로 몇 가지 실험적 시도가 있었고, 실험의 성과에 대해서는 아직 평가로 확인되고 있지 않은 상태이다. 그럼에도 KOICA가 현행 수준의 재원과 조직과 법적 기반에서도 임팩트 투자를 확장할 수 있는 기회는 열려 있다. KOICA는 우선 단기적으로 타기관펀드에 참여해 학습과 역량구축의 초기 단계를 거쳐 타기관과의 공동 또는 단독으로 임팩트 투자 사업을 추진하는 단계별 접근이 필요하다.

중요한 것은 개발협력을 이해하고 전문성을 갖춘 중간지원조직과 KOICA의 협업으로 국내-해외 연계망을 구축하는 것이 중요하다. 국내 임팩트 투자도 활성화되지 않은 상황에서 국내 투자기관들과 사회적경제 조직들이 개발 임팩트 투자에 나서는 것이 단계별로 접근할 필요가 있지만 동시적으로 진행될 만한 여건도 성숙되고 있다. 정부는 적극적인 시장 조성자, 참여자, 규제자 역할을 하고 있다. 영국, 미국 등지의 개발 임팩트 투자는 이런 정부의 진흥 역할의 단계적 경로를 거쳤다. 임팩트 투자와 사회적경제는 개발 효과성에 기여하는 탁월한 성과를 생산한 것은 이미 영국과 미국 등 주요국 원조기관들의 사업에서 충분히 확인되고 있다(주성수 2017; 주성수 외 2016).

개발 임팩트 투자는 영국과 미국을 선두그룹으로 G8 국가들이 선도적 역할을 하면서 글로벌 임팩트 투자 민간협의체 GSG가 구축되면서 두드러진 발전을 해왔다. 이에 따라 기관투자자들과 기업들과 재단들과 자산운영사들뿐 아니라 개인 고액자산가들까지 동참하며 이제는 안정적인 '글로벌 개발 임팩트 투자 생태계'가 갖춰지고 있는 것으로 평가받는다. 주요국 정부들도 이제 G8에서 G20으로 참여가 확대되면서 한국이 이제 마지막 그룹에 동참하는 움직임을 보여주고 있다.

참고 문헌

관계부처 합동, (2018) "사회적 금융 활성화 방안."

김정남 외, (2018) "KOICA 임팩트 투자 및 혼합재원 활용 가이드라인 수립 연구." KOICA.

민준기, (2016) "혁신적 금융수단의 무상ODA사업 적용방안 및 사례분석." 국제개발협력 2016년 3호.

박영호 외, (2015) "아프리카 민간부문개발(PSD) 현황 및 한국의 지원방안."대외경제정책연구원 연구보고서.

일자리위원회, (2017) "사회적경제 활성화 계획."

주성수, (2017) 『사회적경제와 사회적 임팩트』. 한양대 출판부.

주성수, 남영숙, 김성규, (2016) "사회적 경제 접근법을 활용한 민관협력사업 혁신방안 연구." KOICA.

Ashley, C. (2009) "Harnessing core business for development impact: evolving ideas and issues for action." ODI Background Note. Overseas Development Institute.

Banerjee et al. (2015) "A Multi-faceted Program Causes Lasting Progress for the Very Poor: Evidence from Six Countries." *Science*. May 2015.

Belinsky et al. (2014) "Social impact bonds and universal health care." *WHO South-East Asia Journal of Public Health*. July-December 2014.

Birchall, J. and Ketilson. L. (2009) "Resilience of the Cooperative Business Mod-

el in Times of Crisis." ILO.
Birdsall, N. and Kuczynski, P. (2015) "Look to the Forests: How performance payments can slow climate change." Center for Global Development.
Bridges Venture. (2015a) "Better Outcomes, Better Value: The evolution of social impact bonds in the UK."
____, (2015b) "Bridges Spectrum of Capital."
British Council. (2014) "What will Social Enterprise look like in Europe by 2020"
Brookings Institution and Convergence. (2017) "Impact Bonds in Developing Countries."
Canada National Advisory Board. (2014) "Mobilizing Private Capital for Public Good: Priorities for Canada."
CCA, DIDI. (2012) "Canadian Co-operatives in International Development."
CGD(Center for Global Development). (2017) "Foreign Assistance Agency Brief: Overseas Private Investment Corporation (OPIC)."
DFID, (2015a) "The Impact Programme Annual Report 2014."
____, (2015b) "DFID's Evaluation Framework for Payment by Results."
____, (2017) "Economic Development Strategy."
Drew, R. and Clist, P. (2015) "Evaluating Development Impact Bonds: A Study for DFID."DFID.
Duke University Fuqua School of Business. (2014) "Fundraising for Global Health Social Enterprises."
European Commission, (2014a) "Proposed Approaches to Social Impact Measurement in the European Commission legislation and practice."
____, (2014b) "Social Innovation : A Decade of Changes."
____, (2015a) "A Map of Social Enterprises and their Eco-systems in Europe."
____, (2015b) "Proposed Approaches to Social Impact Measurement."
____, (2016a) "The Social Business Initiative."
____, (2016b) "A Recipe Book for Social Finance."
____, (2018) "Commission legislative proposals on sustainable finance"
France National Advisory Board on Impact Investing, (2015) "The Hows and Whys of Social Impact Investing: Financial innovation driving social innovation."
HM Government, UK. (2013) "G8 Social Impact Investment Forum: Outputs

and Agreed Actions", UK Cabinet Office, London.
Gavin, E. and Wilson, R. (2016) "*The challenge: Can blended finance increase the scale and sustainability of finance for development?*
German National Advisory Board, (2015) "Social Impact Investing: Financing Social Change."
Global Entrepreneurship Monitor(GEM). (2009) "2009 Global Report."
Global Impact Investing Network(GIIN), (2016a) "2016 Annual Impact Investor Survey."
____, (2016b) "Achieving the Sustaniable Development Goals: The Role of Impact Investing."
____, (2018) "Annual Impact Investment Survey."
GSG, (2014a) "Impact Investment: The Inivisible Heart of Markets."
____, (2014b) "International Development."
____, (2014c) "Measuring Impact."
____, (2014d) "Impact Measurement Guidelines in Practice: Five Case Studies."
____, (2018a) "Investing for A Better World: Strengthening the Financial Services Value Chain to Meet the Sustainable Development Goals."
____, (2018b) "Catalysing an Impact Investment Ecosystem: A Policymaker's Toolkit."
Gustafsson-Wright, E., Gardiner, S. and Putcha, V. (2015) "The Potential and Limitations of Impact Bonds: Lessons from the First Five Years of Experience Worldwide." Brookings Institute.
Gustafsson-Wright, E. and Gardiner, S. (2016) "Using Impact Bonds to Achieve Early Childhood Development Outcomes in Low- and Middle-Income Countries." Brookings Institute.
ICRC(International Committee of the Red Cross) (2018) "The ICRC Humanitarian Impact Bond (HIB)." Geneva.
IIX(Impact Investment Exchange), (2017) "IIX Women's Livelihood Bond." Singapore.
____, (2018) "Women's Livelihood Bond: Innovation in Fundraising Strategies for Impact Enterprises." Singapore.
Instiglio, (2018) "The Village Enterprise Development Impact Bond for Poverty Alleviation."
Japan National Advisory Board, (2014) "The Social Impact Investment Landscape in Japan."

____, (2016) "Current State of Social Impact Investment in Japan (2016."

J.P. Morgan, Global Social Finance. (2015) "Eyes on the Horizon: The Impact Investor Survey."

Knowledge@Wharton, (2016)"Innovative Finance: Mobilizing Capital for Maximum Impact."

KPMG, (2018) "The Impact of Impact Investment."

Landrum, N. (2007) "Advancing the base of the pyramid." *Strategic Management Review*, 1/1.

Liebman, J. and Sellman, A. (2013) "Social Impact Bonds : A Guide for State and Local Governments." Harvard Kennedy School.

Martin, M. (2013) "Status of the Social Impact Investing Market: A Primer." UK Cabinet Office.

OECD, (2015a) *Social Impact Investment : Building the Evidence Base*. Paris.

____, (2015c) "Social Impact Bonds: Promises & Pitfalls." Paris.

____, (2015e) "A How-To Guide for Blended Finance." Paris.

____, (2015f) "OECD Social Impact Investment Project." Paris.

____, (2015g) "Social Impact Bonds-Promises and Pitfalls."Paris,

____, (2016a) "2016 Development Cooperation Report." Paris.

____, (2016b) "Understanding Social Impact Bonds." Paris.

____, (2016c) "Social Impact Bonds : State of Plat and Lessons Learnt." Paris.

____, (2016d) "Development Co-operation Report 2016: The Sustainable Development Goals as Business Opportunities." Paris.

____, (2018a) "Development aid stable in 2017 with more sent to poorest countries." Paris.

____, (2018b) *Global Outlook on Financing for Sustainable Development* 2019. Paris.

____, (2018c) "Making Blended Finance Work for Sustainable Development." Paris.

____, (2019) "Development Co-operation Profiles 2019." Paris.

OECD netFWD, (2014) "Venture Philanthropy in Development: Dynamics, Challenges and Lessons in the Search for Greater Impact" Paris.

Oxfam, (2013) "The Enterprise Development Programme Annual Review." London.

Porter, M. and Kramer, M. (1999) "Philanthropy' New Agenda: Creating Value",

Harvard Business Review.

____, (2011a) "Creating shared value: how to reinvent capitalism."Harvard Business Review.

____, (2011b) "Strategy and society: the link between competitive advantage and corporate social responsibility." *Harvard Business Review.*

____, (2011c) "The competitive advantage of corporate philanthropy." *Harvard Business Review.*

Prahalad, C. (2010) *The Fortune At The Bottom Of The Pyramid: Educating Poverty Through Profits*(New Jersey: Pierce Education).

Rangan, Kasturi V., S. Appleby, and L. Moon. (2011) "The Promise of Impact Investing." *Harvard Business School.*

Rockefeller Foundation, (2017) "Social Success Note." New York.

Salamon, L. (2014) "Leverage for Good: The New World of Social-Purpose Finance." *World Financial Review* November–December 2014.

Savedoff, W. and Madan, J. (2015) "A Social Impact Bond without the Impact? Critics Question Success of Early Childhood Development Program."

Schwab Foundation, (2011) "Social Investment Manual."

Shujog ACTS, (2015) "Improving Livelihoods through Fair Trade." Singapore.

Seymour, F. (2017) "Five Key Findings from Why Forests? Why Now? The Science, Economics, and Politics of Tropical Forests and Climate Change."Center for Global Development.

SIIT(Social Impact Investment Taskforce), (2011) "Social Investment Manual : An Introduction for Social Entrepreneurs."

Silverman, R., Over, M. and Bauhoff, S. (2015)"Aligning Incentives, Accelerating Impact: Next Generation Financing Models for Global Health."

Skloot, E. (2000) "Evolution or Extinction: AStrategy for Nonprofits in the Marketplace." *Nonprofit and Voluntary Sector Quarterly*, 29/2, pp.315-324.

Social Finance, (2011) "A Technical Guide to Developing Social Impact Bonds",

Triodos Bank, (2014) "Impact Investment for Everyone."

UKAID, (2015a) "The Impact Programme."

____, (2015b) "DFID Impact Fund: Fund Snapshot."

____, (2015c) "Results Framework of the DFID Impact Programme."

____, (2015d) "Tracking reach to the Base of the Pyramid through impact investing."

____, (2017) "The Impact Programmme Annual Report 2016."
UK Ministry of Justice. (2015) "The payment by results Social Impact Bond Pilot at HMP Peterborough: final process evaluation report."
U.K. National Advisory Board. (2014) "Building a social impact investment market: The UK experience."
UN, (2013a) "Development Financing for Tangible Results: A Paradigm Shift to Impact Investing and Outcome Models."
____, (2013b) "From corporate social responsibility to corporate sustainability: Moving the agenda forward in Asia and the Pacific."
UNDP, (2012a) "Innovative Financing For Development: A New Model For Development Finance?"
____, (2012b) "The Women and Wealth Project: Empowering positive women through social enterprises."
____, (2014) *Impact Investment in Africa*.
____, (2016) "Financing the SDGs in the Least Developed Countries(LDCs): Diversifying the Financing Tool-Box and Managing Vulnerability."
____, (2017) "How Development is Funded through UNDP."
UNGC. (2015) "Impact: Transforming Business, Changing the World."
USAID, (2017) "Investing for Impact." Washington, D.C.
____, (2018) "Development Innovation Ventures." Washington, D.C.
U.S. National Advisory Board. (2014) "Private Capital, Public Good."
Walsh, J., J. Kress and K. Beyerchen. (2005) "Book review essay: promises and perils at the bottom of the pyramid."*Administrative Science Quarterly*, pp. 473-482.
World Economic Forum, (2009) "The Next Billions: Business Strategies to Enhance Food Value Chains and Empower the Poor."
____, (2013) "From the Margins to the Mainstream Assessment of the Impact Investment Sector and Opportunities to Engage Mainstream Investors."
____, (2014) Paying for Zero: *Global Development Finance and the post*-2015 *Agenda*.

찾아보기

【ㅇ】

주성수 한양대학교 공공정책대학원 명예교수이며, 학술지 〈시민사회와 NGO〉 편집위원장을 맡고 있다. 1997~2019년 기간 제3섹터연구소장으로, 시민사회와 사회적경제 연구 및 활동을 이어오고 있다. 시민사회에서는 1992년 경실련 사회복지위원회와 강동송파 경실련 공동대표, 1995년 한국자원봉사포럼 총무, 1996년 한국대학사회봉사협의회 전문위원, 1998년 공동모금회(사랑의열매) 기획위원, 1999년 KOPION 자문위원, 2007년 아시안프렌즈 이사로 활동해왔다. 2013년에는 서울시NPO지원센터 운영위원장을 맡았다. 현재는 국무총리실의 시민사회발전위원회 위원, 국가자원봉사진흥위원회 위원, 성동구 사회적경제위원회 위원장, 복지대타협(전국시장군수구청장협의회) 자문위원장으로 활동하고 있다. 또한 1차(2004~2006)와 2차(2008~2010)에 걸쳐 글로벌 시민사회연대 네트워크인 CIVICUS의 48개국 글로벌 시민사회지표 조사분석에 한국 대표로 국제연구활동을 진행했다. 개발협력과 사회적경제 관련 저서로는 『빈곤에서 권력으로(From Poverty to Power) D. Green 저서 번역』(2010, Oxfam), 『사회적경제와 사회적 임팩트』(2017), 『글로벌 개발 거버넌스』(2018), 『시민사회, 제3섹터, 비영리섹터, 사회적경제』(2018), 『사회적경제: 이론, 제도, 정책』(2019) 등이 있다. 연구로는 『사회적경제 접근법을 활용한 민간협력』(2016, KOICA), 『사회적경제 국내외 사례집』(2016, KOICA) 등이 있다.

글로벌 개발 임팩트 투자

펴낸날 2020년 1월 30일 초판 1쇄

지은이 주성수 · **펴낸이** 김우승

펴낸곳 한양대학교출판부 · **출판등록** 제4-7호(1972.2.29)

주소 서울 성동구 왕십리로 222 · **전화** 02.2220.1432-4 · **팩스** 02.2220.1435

홈페이지 press.hanyang.ac.kr · **이메일** presshy@hanyang.ac.kr

본문 박민지 · **표지** 안광일 · **인쇄** 현문

ISBN 978.89.7218.644.1 (93330)